Kintsugi

Tomás Navarro

KINTSUGI

A arte japonesa de aceitar suas imperfeições e encontrar a felicidade

Tradução
Sandra Martha Dolinsky

Benvirá

Título original: *Kintsukuroi*

Preparação Augusto Iriarte
Revisão Tulio Kawata
Diagramação Nobuca Rachi
Capa Deborah Mattos
Imagens de capa iStock/GettyImagesPlus/photoBeard
Impressão e acabamento Ricargraf

Dados Internacionais de Catalogação na Publicação (CIP)
Bibliotecária responsável: Angélica Ilacqua CRB-8/7057

Navarro, Tomás
Kintsugi: a arte japonesa de aceitar suas imperfeições e encontrar a felicidade / Tomás Navarro; tradução de Sandra Martha Dolinksy. – São Paulo: Benvirá, 2019.
272 p.

ISBN 978-85-5717-290-6
Título original: *Kintsukuroi*

1. Autoajuda 2. Emoções 3. Resiliência (Traço da personalidade) 4. Felicidade I. Título II. Dolinksy, Sandra Martha

18-2295 CDD-158.1
CDU-159.9

Índice para catálogo sistemático:
1. Autoajuda

1ª edição, fevereiro de 2019 | 3ª tiragem, dezembro de 2023

Av. Paulista, 901, 4º andar
Bela Vista - São Paulo - SP - CEP: 01311-100
SAC: sac.sets@saraivaeducacao.com.br

Código da obra 644051 CL 670849 CAE 644875

Introdução

Primeira parte

Segunda parte

Terceira parte

Conclusões

Introdução

O sonho de Sokei

Uma porta entreaberta deixava ver a silhueta de Sokei sentado sobre seus pés. Diante do olhar atento do pupilo de Chojiro, um dos melhores ceramistas de Kioto, estavam dispostas umas trinta bolas de barro. Sokei estivera assim por toda a manhã. Sem se mexer. Calmo. Analisando-as. Pegando-as e devolvendo-as à mesa. Uma a uma. Todas e cada uma. De repente, esboçou um leve sorriso. Finalmente havia encontrado a peça adequada!

Sokei era uma pessoa inteligentemente perseverante. Escolher a peça de barro mais adequada era muito importante para ele; cada uma tem um toque diferente e inspira algo único ao mestre. A diferença entre o ordinário e o extraordinário é a minuciosidade no trato do detalhe, e Sokei estava decidido a criar uma peça única e extraordinária.

Fez uma reverência com as mãos no peito diante de uma das peças e se preparou para pegá-la com delicadeza, desfrutando de todas as sensações associadas a esse momento tão especial. Notou o toque úmido e levemente frio da argila. Sua alma se conectou com a alma da peça, com sua história e com a viagem que havia realizado até chegar a suas mãos.

Sokei estava havia dias procurando o barro mais adequado. Seus passos o tinham levado a bosques, a margens de rios e até à beira do lago Biwa. Ali ele fechava os olhos enquanto afundava as mãos no barro para poder se conectar melhor com sua essência. Naquele momento, na oficina, ao fechar os olhos, recordou as expectativas e os sonhos depositados em sua escolha, e se sentiu afortunado e grato.

Sentou-se em um canto da oficina, perto da janela, lugar onde tantas horas havia passado aprendendo. Os jovens de hoje em dia têm pressa de aprender. Se não aprendem rápido, ficam desencantados, desmotivados, e desistem de aprender. Não têm consciência de que para aprender e consolidar o aprendido é necessário tempo e uma atitude receptiva e curiosa. Entretanto, Sokei não era um jovem comum; Sokei tinha a paciência de um ancião e a vontade de aprender de uma criança. A mente de Sokei estava cheia de pensamentos, seus olhos estavam iluminados pelo entusiasmo e seu coração cavalgava ao ritmo frenético da impaciência. Ele sabia que era um momento muito especial, mas que precisava serenar seu corpo, sua mente e sua alma.

Chojiro, em um canto da oficina, o olhava atentamente. "Os jovens têm tanta vitalidade", pensou. No entanto, Sokei era diferente. Tinha uma sensibilidade especial e uma fortaleza emocional extraordinária. Chojiro sabia que tinha diante de seus olhos seu sucessor, um jovem com a serenidade de quem viveu toda uma vida e a energia de quem tem toda uma vida por viver.

Sokei tocava a peça de argila com os olhos fechados. Focava toda sua atenção em amassar a peça, em sentir seus dedos se fundindo com a argila, com a terra, com a natureza e com a arte. Com a peça em suas mãos, sentia que tudo era possível, que qualquer uma dos milhões de formas que habitavam nela estava esperando para se conectar com as mãos do ceramista. Sokei se conectava com todas e cada uma dessas possíveis formas, imaginando-as e sentindo-as. Pouco a pouco, ia levantando as laterais da vasilha sem pensar em nada, concentrando sua mente no aqui e agora, pois não se pode fazer direito duas coisas ao mesmo tempo. Ele tinha consciência de que, se quisesse fazer algo extraordinário, precisaria dedicar toda sua atenção a isso. Seu nível de concentração era tanto que perdeu a noção do tempo e do espaço. Todo seu universo se concentrava em suas mãos. Nesse instante, não havia nada além dele e sua vasilha.

Ele sabia que a beleza está na simplicidade, que o extraordinário não requer adornos nem floreios, que é simplesmente belo e harmônico, e com essa ideia em mente esmaltou delicada e pausadamente a peça. O resultado foi uma vasilha austera. O essencial é belo. O rústico é inspirador. O autêntico é forte. Para Sokei, a vasilha era uma projeção de sua alma, de sua vida, de sua criatividade e de sua mente livre. A textura da vasilha era uma viagem pela história de suas mãos, pela espiritualidade de sua vida e por seu amor à natureza.

Chojiro preparou o forno para o momento-chave do processo; o mais complexo, mas também o mais belo. Sokei introduziu a vasilha no forno. Gradualmente, a peça foi mudando de cor pelo efeito da temperatura. Quando a peça ficou branca, ele a segurou firmemente com pinças de ferro e a depositou em um recipiente cheio de cavacos de madeira. A fumaça e as chamas da combustão abraçaram a vasilha de Sokei, fundindo-se em um, construindo e criando uma nova entidade. O esmalte da peça também queria fazer parte dessa dança essencial e transformadora, oferecendo-lhe uma delicada gama de cores com formas e brilhos caprichosos. Sokei contemplava todo o processo com o entusiasmo contido de quem é testemunha direta do nascimento de algo belo e único. Mal podia conter a emoção.

Chegou o momento de tirar a peça. Fogo, terra e ar haviam desenhado formas aleatórias e excêntricas, atribuindo luzes e sombras a sua vasilha. Depois de tanto tempo, de tanta dedicação, de tanta paciência, Sokei podia, enfim, ver o resultado de todo seu trabalho e amor. Era tão precioso que ele não pôde evitar estremecer. Um calafrio correu por suas costas. Ele sentiu o hálito frio de Buruburu, o fantasma do medo, que fez todo seu corpo estremecer e, ao chegar a suas mãos, fez a bela peça cair no chão e se quebrar em seis pedaços. Sokei largou de lado as pinças de ferro fundido, ajoelhou-se diante da peça e ficou quieto, com uma expressão de incompreensão no rosto. Suas mãos tremiam, seus olhos choravam. Como havia sido efêmera a vida de sua criação... Sentiu uma mão pousar suavemente em seu ombro.

– Não chore, Sokei – disse Chojiro.

– Mas é minha vida! Como quer que eu não chore? – respondeu Sokei.

– Você fez bem em pôr toda sua vida e sua paixão nessa peça, mas a cerâmica é bela e frágil, como a própria vida. A cerâmica e a vida podem se quebrar em mil pedaços, mas nem por isso devemos deixar de viver a vida intensamente, de trabalhá-la intensamente e de depositar nela todas nossas esperanças e expectativas. Em vez de evitar viver, devemos aprender a nos recompor depois de uma adversidade. Sokei, recolha os pedaços, chegou a hora de recompor suas esperanças. O quebrado pode ser unido de novo, e, ao fazer isso, não pretenda esconder sua fragilidade, porque sua aparente fraqueza se transformou em uma força manifesta. Querido Sokei, chegou a hora de eu lhe explicar uma nova técnica, de lhe explicar a arte ancestral do Kintsugi, de ajudá-lo a recompor sua vida, suas esperanças e seu trabalho. Vá buscar o ouro que guardo na caixa da última prateleira.

Kintsugi é a antiga arte japonesa de recompor o que se quebrou. Quando uma peça de cerâmica se quebra, os mestres Kintsugi a reparam com ouro, deixando à vista a reconstrução, pois, para eles, uma peça reconstruída é símbolo de fragilidade, força e beleza.

A cerâmica é, ao mesmo tempo, frágil, forte e bela, como as pessoas. Assim como nossa vida, pode se quebrar, mas também pode ser recomposta, se soubermos como. Neste livro, detalho um método para recompor sua vida depois de quebrada, para curar as feridas emocionais. Começaremos entendendo o papel desempenhado pela adversidade em nossa vida, como reagimos diante dela e suas consequências para nossa existência e nossa saúde.

Na segunda parte do livro, explico em que consiste a arte de recompor a vida com um método simples e eficaz nascido das contribuições mais rigorosas e válidas da psicologia, bem como de vinte anos de experiência trabalhando com pessoas que tiveram que recompor sua vida, curar feridas emocionais e embelezar suas cicatrizes. Por fim, na terceira parte, compartilho diversas histórias reais como a própria vida; cada capítulo começa com uma história, e a seguir explico as chaves e os recursos para conseguir enfrentar a situação descrita. Você vai ver que, para o caso que explico, aplico o método que trabalhamos antes, detalhando o processo bem didaticamente para que você mesmo possa aplicar o que leu, se for necessário.

Ao longo do livro, narro diversas situações com as quais me deparei em minha prática profissional. São todos casos reais. E, infelizmente, todos são comuns, frequentes. Decidi compilá-los e compartilhá-los com você para que, caso um dia se encontre no mesmo contexto, vivendo a mesma situação, ou caso queira ajudar alguém que necessite recompor sua vida, encontre aqui um guia que o ajude e inspire.

Minha ênfase foi em explicar o como. Sim, o como. Acho que existe muita literatura que diz o que você deve fazer e para o quê, inclusive literatura revigorante e motivacional. Entretanto, em minha opinião, são necessários mais livros que expliquem o como. Os profissionais, que têm como ferramenta o conhecimento, com frequência têm medo de compartilhá-lo. Não é o meu caso. Sempre acreditei que a psicologia deve sair do consultório, das salas de aulas, e se colocar a serviço das pessoas. No meu primeiro livro, *Fortaleza emocional*, eu apresentava um conceito, um método e um como aos leitores. Em *Kintsugi*, vou além e ofereço casos reais com soluções reais, apresentados como um guia para que o leitor possa trabalhar de forma autônoma.

O objetivo da psicologia é tornar as pessoas fortes e felizes e lhes proporcionar ferramentas para que superem as adversidades; e, em alguns casos, só o que elas precisam é saber como. Levando em conta que nem sempre as pessoas têm acesso aos serviços de um psicólogo, me esforcei muito para que este livro seja um recurso que o ajude a superar as adversidades. Um recurso que o ajude a recompor sua vida de forma autônoma, sem perder rigor nem efetividade.

Com *Kintsugi,* eu o ajudarei a recompor diversas situações com um triplo objetivo. Em primeiro lugar, quero que veja que o que acontece com você não é estranho nem raro. Às vezes, nos estigmatizamos – ou somos estigmatizados –, nos sentimos estranhos e achamos que a culpa do que nos acontece, e da incapacidade de superá-lo, é nossa. Mas isso não é verdade. Ao longo de minha experiência profissional, vi repetidamente os mesmos problemas. Isolei os fatores comuns e os desenvolvi, analisei e expliquei. Aquilo que é compreendido pode ser superado. É possível que, ao ler este livro, você encontre o caso de uma pessoa que conhece. Se assim for, incito-o a ligar para a pessoa e dizer que agora você a entende melhor. Compartilhe sua dor, a sua e a do outro, e compartilhe sua reconstrução como o melhor exemplo a seguir.

Meu segundo objetivo é que você possa mostrar às pessoas que o cercam aquilo que lhe acontece e o que sente. Às vezes somos prejulgados de forma frívola e não nos sentimos capazes de nos defender, nem de explicar o que estamos passando. Mas é justamente quando estamos passando por maus bocados que precisamos de doses maiores de empatia, compreensão, apoio e compaixão. Visitei muitas pessoas, muitas mesmo. Sofri com elas. Também me alegrei com suas conquistas. Neste livro, explico didática e empaticamente o mesmo que você pode estar sentindo ou vivendo.

Por fim, meu terceiro objetivo é lhe proporcionar ferramentas para que supere as adversidades e reconstrua sua vida como um verdadeiro mestre Kintsugi. Depois de ler este livro, você será mais forte e mais bonito, já que terá superado as adversidades, aprendido com isso, e se sentirá capaz de enfrentar o que quer que a vida lhe reserve, sejam desafios, problemas ou reveses.

Muito se fala de resiliência, mas eu me propus a ir além e lhe proporcionar um método para reconstruir sua vida. Gostaria que você lesse *Kintsugi* lentamente, sem pressa, saboreando cada conceito, história e recurso que compartilho aqui. Esqueça a leitura dinâmica, esqueça a leitura em diagonal, esqueça a leitura e dialogue comigo. Eu tento imaginar você, explico em primeira pessoa, tento falar e escutar. Converse com o livro, converse comigo, aos poucos, pensando e saboreando. Conecte-se com *Kintsugi*, conecte-se comigo, conecte-se com o *slow reading.*

Eu escrevi este livro sem pressa, em sua maior parte na montanha, cercado de marmotas e cabras-montesas. E lhe peço que também o leia sem pressa. Pode lê-lo no metrô ou no aeroporto, mas sugiro que encontre um espaço onde se sinta confortável para poder saboreá-lo ao máximo. Vá a um parque, à praia ou à montanha, dê uma volta e encontre o silêncio que necessita para dialogar comigo e consigo mesmo.

Neste livro, eu o estimulo e o ajudo a viver intensamente, a se reconstruir e a recompor sua vida. Citando Chojiro: não se esqueça de que a cerâmica e a vida podem se quebrar em mil pedaços, mas nem por isso devemos deixar de vivê-la intensamente, de trabalhá-la intensamente e de depositar nela todas nossas esperanças e expectativas. Em vez de evitar viver, devemos aprender a nos recompor depois de uma adversidade.

Primeira parte

Raku-yaki, a arte do essencial

> *– Querido Sokei, o essencial nesta vida é viver. – As palavras de Chojiro ecoavam na cabeça de Sokei sem parar. – Sokei, viva intensamente, trabalhe cada peça com amor infinito, sabendo que, se a vida ou uma peça se quebrar, você poderá recompô-la.*

O essencial nesta vida é viver. Sim, viver, que não é o mesmo que sobreviver. Existe uma diferença clara entre viver e sobreviver. Quando vivemos, tudo é mais intenso; as cores são mais brilhantes, os beijos são carregados de paixão e o corpo estremece com cada emoção. Viver é algo reservado apenas aos corajosos, já que implica tomar decisões, superar o comodismo e buscar de maneira ativa o desenvolvimento e o crescimento. Quando vivemos intensamente, corremos mais riscos e nos tornarmos mais frágeis.

Viver implica grandes doses de força emocional, visto que demanda um discernimento firme que atue como proteção contra as pressões externas que sofremos. No entanto, não podemos esquecer que nós também nos pressionamos, sem ter consciência disso. Com frequência, somos nosso pior juiz. Interiorizamos as expectativas dos outros e as transformamos em pressões que nos oprimem a alma e a vida. Nós nos angustiamos à toa. Temos que atingir metas irreais, realizar sonhos que um dia alguém quis que tivéssemos, quimeras incompatíveis com a vida, filmes que nós mesmos criamos.

Viver intensamente requer coerência para poder tomar as decisões que quiser, independentemente das expectativas que outras pessoas tenham sobre você. Sim, estamos falando do tipo de coerência que é incompatível com uma fachada, com uma vitrine ou com uma imagem formada de retalhos de desejos de outras pessoas.

Uma vida intensa é uma vida autêntica. Ser diferente é a melhor coisa que lhe aconteceu. Não tente se parecer com o resto. Não abandone nem cale sua idiossincrasia para viver a vida que todos vivem. Não estamos aqui para pagar contas e só desfrutar um mês por ano. Você é um apanhado de virtudes que estão esperando ser ativadas e colocadas para trabalhar para você, a seu serviço.

Viver intensamente é essencial e necessário, visto que o que está em jogo é nossa felicidade e a das pessoas que amamos. Mas, às vezes, viver é perigoso, e quem vive intensamente pode se machucar. Já sabemos que aquele que nada faz nada sofre. No entanto, não deixe de fazer algo por medo de se machucar! Seu corpo está preparado para reparar o dano, assim como sua mente e suas emoções. Sim, nosso corpo, nossa mente e nossas emoções têm o que chamamos de impulso de reparação, que é responsável por garantir a reparação do que está quebrado e a cura da dor. Se não quiser sofrer, se não quiser se quebrar, limite-se a sobreviver sem sair de casa, lugar onde tudo está controlado, que lhe oferece segurança e conforto; mas você precisa saber que seu corpo está preparado para reparar a dor, as feridas e o sofrimento.

Não queira ter uma vida plácida e sem sofrimento, pois, assim, estará se resignando a sobreviver, em vez de viver intensamente; busque uma vida ativa e rica, sabendo que você é mais forte do que qualquer adversidade que possa sofrer, sabendo que pode recompor sua vida a qualquer momento. Portanto, você decide: pode se limitar a sobreviver, a atravessar os dias de forma rotineira, a não fazer perguntas, a não amar por medo de se machucar, a não correr por medo de se cansar, a não pular por medo de cair, a não entrar nu no mar por medo de perder a roupa, a não se permitir tempo para pensar deitado sob o sol no meio de um prado, a não beijar a pessoa a quem ama, a não se despentear nem perder a compostura... enfim, a não enriquecer seus dias com uma dose dupla de paixão e vitalidade; ou você pode começar a viver.

Não deixe de viver por medo de sofrer uma adversidade. A adversidade nada mais é que um desafio; portanto, treine para superá-la. Prepare-se para quando ela aparecer, porque o essencial, não se esqueça, é viver. Pule, corra, despenteie-se... Viva intensamente!

Permita-me começar explicando um conceito muito importante: o conceito de *perspectiva*. A vida é como é, mas, dependendo do foco de sua atenção, você poderá enxergar uma coisa ou outra.

Permita-me compartilhar com você um exemplo ilustrativo. Eu me lembro de uma viagem que fiz há muitos anos para as Dolomitas. Peguei o carro com a ideia de dirigir o dia todo sem parar, pois queria chegar a meu destino antes do anoitecer. Mas, no caminho, decidi fazer uma parada em Nice para tomar um banho de mar, e esse desvio me fez chegar às Dolomitas à noite. Acampei na escuridão, sem ver nada além daquilo que as luzes do carro podiam iluminar, e fui dormir com a sensação de que aquele lugar não tinha nada que qualquer outro vale dos Pirineus não tivesse. Mas essa sensação mudou na manhã seguinte, quando acordei. A visão que tive ao sair da barraca foi impressionante e inesquecível. As Dolomitas, com seus tons avermelhados iluminados pelos primeiros raios do sol, dominavam todo o vale mergulhado em sombras. Graças à luz do sol, eu ganhei perspectiva. Essa vista sempre esteve ali, só que, sem luz, simplesmente não existia. O fato de eu não ver as Dolomitas não significava que não estavam ali, da mesma maneira que não saber do que você é capaz não quer dizer que você não esteja cheio de virtudes e de força. Assim, a pergunta é: você está preparado para iluminar sua vida, ganhar perspectiva e adotar um novo ponto de vista sobre a adversidade e sobre suas capacidades para administrá-la? Se a resposta for sim, vamos em frente.

Conviver com a adversidade e a dor

Sokei sabia que aquela não era a primeira peça que quebrava. Provavelmente também não seria a última. Mas era a mais apreciada, a mais querida, a mais amada. Conseguiria continuar amando cada peça? Sokei tinha medo do medo de não poder suportar outra desgraça, outro desengano, outra adversidade.

"Acho que as pessoas não sabem em que consiste a vida", disse de repente, sem qualquer preâmbulo, meu interlocutor, um inteligente e cético cientista que me desafiava a uma conversa profunda na sala de convidados de um estúdio de televisão.

Devo admitir que eu pretendia aproveitar aqueles minutos para me preparar para a entrevista, mas abandonei com prazer minha intenção para conversar com ele. Quando encontro uma mente brilhante, gosto de explorá-la, jogar junto e debater; de modo que não podia me permitir perder uma oportunidade tão boa para aprender.

"As pessoas têm expectativas irreais. Acham que a vida tem que ser maravilhosa; além do mais, essas expectativas irreais são irresponsavelmente promovidas pela literatura de autoajuda e motivacional", prosseguiu.

A coisa estava ficando interessante. Não lhe faltava razão: o tempo todo tentam nos convencer de que temos que ser felizes para sempre; mas a verdade é que temos de ser fortes, pois a vida constantemente nos propõe desafios que precisamos enfrentar, querendo ou não. Além do mais, a felicidade é um estado transitório, não dura eternamente. Nós nos julgamos incompletos, achamos que necessitamos de algo para ser felizes, perseguimos o nirvana acreditando que seremos felizes quando o alcançarmos, e não sabemos que a felicidade, se está em algum lugar, é na viagem. Cada montanha que subimos, cada rio que navegamos, cada deserto que atravessamos nos faz mais fortes, e, ao nos percebermos mais fortes, nos sentimos mais seguros, mais preparados e, durante um tempinho, mais felizes.

Com frequência, a única opção que temos é ser fortes. Cada um dos bilhões de habitantes da Terra, em um momento ou outro, terá de enfrentar a adversidade, a dor, o sofrimento, a tristeza ou qualquer desafio em forma de problema ou calamidade. Isso é inevitável. Assim, dado que teremos de enfrentar a adversidade, melhor que ela nos encontre treinados. A adversidade é um elemento colateral da vida, e, em vez de tentar negá-la ou fugir dela, devemos olhá-la nos olhos e lidar com ela, administrá-la ou superá-la. Por isso, não vou ensiná-lo a ser feliz, e sim a ser forte, a conviver com a adversidade e a administrar os desafios e problemas do dia a dia e suas consequências.

Há pouco tempo, conversei com uma pessoa que havia acabado de perder a mãe em um acidente de carro. Ela estava arrasada, quebrada. Tinha o olhar perdido, era incapaz de manter uma conversa, seus olhos estavam vermelhos de tanto chorar, e suas mãos não paravam de tremer. Estava mal, muito mal. Sentia-se sozinha e desamparada, não sabia o que fazer e havia vários dias vagava de um lado para o outro pela casa sem nenhum objetivo claro. Minha querida amiga estava enfrentando a coisa mais difícil que jamais poderia ter imaginado, a coisa mais difícil que já havia enfrentado; para piorar, tinha de enfrentá-la com uma grande desvantagem: nunca, em seus 29 anos de vida, precisara superar uma adversidade. Sua mãe e seu pai haviam se encarregado de retirar as pedras de seu caminho, de pintar um sol radiante em sua vida, de afastar as nuvens que ameaçavam tempestade e de lhe proporcionar uma vida tranquila, confortável e protegida. Com o amor mais profundo, seus pais pensaram que isso seria o melhor para ela, sem perceber que, na realidade, só a estavam prejudicando, pois, não tendo tido oportunidade de aprender a enfrentar a adversidade, ela não colocara em prática as habilidades necessárias para superá-la.

A vida é dinâmica e instável. A mudança faz parte da vida, do mundo e da existência. O que era válido ontem, hoje não é mais. O cenário que a vida nos desenhou quando éramos pequenos não tem nada a ver com o que encontramos à medida que crescemos. A vida não pode ser controlada nem prevista, e, quando tentamos fazer isso, criamos autoenganos, construímos realidades imaginárias que desmoronam com o passar do tempo e deixam grandes crises existenciais.

Ao longo da vida conviveremos com problemas e crises, sem dúvida, mas a boa notícia é que podemos aprender a administrá-los e superá-los. Uma reprovação escolar, um braço quebrado ou uma desilusão amorosa são acontecimentos com os quais devemos trabalhar e aprender. Uma crise, um problema, uma adversidade não é nada mais que uma dificuldade que precisa ser resolvida. É nisso que temos que acreditar, e é isso que temos que ensinar a nossos filhos.

Convivemos com a adversidade todos os dias. Da mesma maneira que aprendemos a correr e a pular, a ler e a escrever, a comer e a nos vestir, deveríamos aprender a identificar e a administrar a adversidade, visto que a maneira como a enfrentamos condiciona nossa probabilidade de sucesso. E aprender a administrar a adversidade é uma força emocional tão importante que, em minha opinião, deveria ser ensinada sistematicamente na escola, junto com as demais forças emocionais. Ninguém nos ensina que a vida pode nos reservar desafios e problemas e que nossa felicidade e nossa saúde mental e física dependem de uma gestão adequada deles; ao contrário, nos fazem acreditar que a vida tem que ser um mar de rosas, quando, na realidade, essa ideia é completamente irracional e enviesada.

A vida é um contínuo ir e vir, uma constante mudança de cenário, um desafio permanente que não podemos nem devemos evitar. É um caminho com subidas e descidas. É exigente, incerta e às vezes caprichosa, e nos colocará diante da beleza e da dor, do sucesso e da frustração, do amor e do desengano. A vida, tão bela quanto desafiadora, vai nos recompensar e nos testar. E você, está preparado para conviver com a adversidade?

Por que sentimos dor?

Para continuar vivos. A dor é necessária para viver, visto que tem uma clara função adaptativa. Todos os seres vivos precisam ser capazes de reagir a um estímulo nocivo, a um perigo ou a uma ameaça. A dor é um mecanismo essencial de adaptação que nos alerta preventivamente da presença de algo que pode nos fazer mal, atacar ou ferir, seja física ou emocionalmente.

De modo que, quando ignoramos a dor emocional provocada por um relacionamento tóxico, por exemplo, estamos fechando os olhos para os sinais de alerta que nosso corpo emite. Não ignore a dor, especialmente a emocional, pois ela indica que você tem que fazer algumas mudanças, tomar algumas decisões e partir para a ação.

Não sofremos todos da mesma maneira

Era 26 de dezembro de 2015 à noite e estávamos voltando para casa depois de passar o dia de Natal e de Santo Estêvão fora. Abrimos a porta do quintal e estacionamos o carro. Nesse momento, apareceu Duna, minha cachorra, uma boxer de 13 anos. A seguir, chegou Vilu, o border collie de 2 anos de minha filha. Mas eu não vi Idefix, o west highland de 4 anos de minha esposa. Descarregamos o carro e entramos em casa.

"Meu bem, abra a porta para Idefix, ele deve estar no alpendre", falei à minha mulher.

"Ele não entrou?", perguntou ela.

Idefix não havia entrado. Jazia sem vida no canto onde costumava tomar sol. Aparentemente, sofrera uma parada cardíaca. Tudo que recordo a partir desse momento é muita tristeza e choro. Mas a morte de Idefix afetou a família toda por igual? Minha mulher sofreu mais do que minha filha? É possível quantificar a dor? Podemos dizer quem sofreu mais? Foi aquele que chorou mais alto ou o que chorou por mais tempo? Sem dúvida nenhuma, a morte de Idefix causou um grande impacto nos três; nós três sofremos, mas não da mesma maneira. É difícil classificar o impacto que uma adversidade tem sobre uma pessoa e compará-lo ao que provoca em outra, já que há um componente subjetivo que determina o valor que damos a uma adversidade e ao impacto que acreditamos que ela terá sobre nossa vida. Talvez essa seja a chave: a palavra "acreditamos".

E agora eu me pergunto: a morte de Duna será mais dolorida para mim? Ou é possível que eu esteja mais preparado para enfrentá-la? Duna é uma cachorra já velha, tem praticamente 100 anos humanos. Percorremos metade da Europa com Duna. Ela tem fotos com a Pequena Sereia em Copenhague, no Atomium de Bruxelas e na Torre Eiffel. Já correu pelos Pirineus, pelos Alpes e por uma infinidade de cordilheiras europeias, e tomou banho nos fiordes noruegueses e em todos os lagos por que passamos de Bergen a Cádis. Viajou de barco, de trem e de ônibus... e até de teleférico. Fez amigos em metade do mundo e, com seu jeito bobo e ingênuo, roubou o coração de muitas pessoas. Posso afirmar que Duna viveu intensamente alguns anos mais do que se espera de um boxer. Hoje em dia, gosta de correr pelo Cadí, explorando rastros e tomando banho no primeiro rio ou lago que apareça. Duna corre ao meu lado, praticamente me tocando. Está cega e surda, mas não perde uma oportunidade de ir à montanha para correr e pular.

A morte esperada de Duna vai doer mais em mim do que a morte inesperada de Idefix? Bem, não sei. Não posso prever; não posso nem imaginar. E para minha mulher, doeu mais a morte de Idefix do que doerá a de Duna? Afinal, o que significa "doer mais"? Como podemos quantificar a dor? Existe uma escala para medi-la? A dor é algo subjetivo cuja apreciação pode variar enormemente. É possível que uma pessoa, diante de uma mesma situação, sinta diferentes intensidades de dor. Pense bem; tente recordar aquela dor de dente que você teve. Procure na memória uma dor de barriga, uma dor de cabeça ou uma cólica menstrual. Agora, analise se sua cabeça sempre dói com a mesma intensidade, se todos os meses seus ovários doem da mesma maneira, se cada dor de barriga ou de dente é igual à anterior. Você vai ver que, dependendo de diferentes fatores, a intensidade da dor varia. Se para uma mesma pessoa uma mesma dor pode se expressar de maneira diferente em momentos distintos, imagine para pessoas diferentes. Por enquanto, não dispomos de uma medida confiável e universal para quantificar a dor; portanto, por ora, não podemos fazer nada mais do que nos guiar pelas avaliações subjetivas da dor, sabendo que elas podem ser afetadas por nosso estado de ânimo, nossa fadiga ou nossa capacidade de administrá-la.

Fisiologia da dor

A dor começa com a ativação de um tipo especial de receptores, chamados nociceptores, especializados na percepção da dor. Eles estão distribuídos por todo o corpo e são capazes de diferenciar entre estímulos inócuos e estímulos nocivos. Quando são ativados, enviam sinais ao cérebro pela medula espinhal e provocam o reflexo de fuga, que permite afastar a parte ferida da fonte causadora de dor. Quando esses sinais chegam ao cérebro, ativa-se a experiência de dor como experiência sensorial completamente subjetiva, de difícil quantificação, mas que costuma levar a estados de ânimo como tristeza ou ansiedade.

Não se esqueça que nosso cérebro é uma espécie de centro não só da realidade tangível, mas também da realidade virtual, de tal modo que, às vezes, podemos sentir dor mesmo que não haja um elemento físico ativando as sentinelas da dor – os nociceptores. A dor é um processo fisiológico adaptativo altamente complexo que a natureza e a evolução criaram e aperfeiçoaram para nos permitir continuar vivos. Entretanto, algumas vezes, apesar do *design* acertado, podemos sofrer por coisas que nunca aconteceram nem acontecerão.

Uma coisa é a dor, outra é a expressão do sofrimento

Às vezes confundimos os dois conceitos. Permita-me explicar com um exemplo real, que me aconteceu certa vez. Estava eu, bem novinho, dando uma aula de comunicação quando ocorreu algo muito interessante. De repente, no meio da explanação, uma pessoa se levantou, começou a andar em círculos e, interrompendo a todos, informou em voz alta que estava com um resfriado terrível e passando muito mal. Não parou de se queixar e de reclamar durante toda a aula. Queixou-se da dor de cabeça, do catarro, da dor de garganta e do peso nas pálpebras. Na verdade, eu não sei quão mal ela estava, mas nenhum dos presentes teve a menor dúvida de que aquela pessoa estava vivendo o pior resfriado de sua vida.

Algumas cadeiras à sua direita havia um aluno que claramente estava sofrendo episódios agudos de dor. De repente, ele se desligava da aula, levava a mão ao rosto e fechava os olhos. É bem provável que estivesse com dor de dente, mas eu nunca saberei. O rapaz não reclamou de nada; não tornou público seu sofrimento. Não o explicou a ninguém. Tendo analisado seu comportamento e a expressão de seu rosto, não tenho dúvida de que estava com muita dor. Mas, aos olhos dos presentes, quem estava com mais dor? A pessoa que mais se queixava ou a que tentava administrar sua dor discretamente?

Com frequência, somos incapazes de controlar a dor, mas podemos controlar a expressão do sofrimento. Comunicamos e compartilhamos nossa dor, e envolvemos nela as pessoas que estão próximas a nós, em função da expressão que adotamos. É normal fazer isso, e até bom, uma vez que, ao compartilhar a dor, despertamos a empatia daqueles que podem nos ajudar a aliviá-la. De modo que, se tentarmos avaliar o quanto uma pessoa está sofrendo apenas por sua expressão, é bem possível que nos enganemos. A dor compartilhada não dói menos. A dor silenciosa não necessariamente dói mais. A verdade é que sabemos pouco, muito pouco, sobre como a vida dói para uma pessoa.

Quando a dor se torna perversa

Algumas pessoas precisam constantemente ser o centro das atenções e, para isso, não hesitam em adotar uma das estratégias mais antigas e simples que existem: fingir dor. Observamos isso na pessoa que pede dinheiro no metrô, no jogador de futebol que se joga no chão e se contorce, na criança que sabe que vai levar bronca dos pais, na pessoa que não está a fim de fazer amor porque não está bem e em tantas e tantas situações cotidianas.

Fazer-se de vítima é expressar uma dor, normalmente falsa, que exige ser levada em consideração. A vítima solicita uma contrapartida à pessoa próxima como moeda de troca diante de tanto sofrimento. É um comportamento frequente, sem dúvida, mas nem por isso menos tóxico ou cruel, visto que, ao fazer isso, na realidade se está brincando com as emoções e a preocupação das pessoas próximas.

Quando um ente querido sente dor, sofremos com ele, choramos com ele e nos contorcemos com seu sofrimento. Sem que notemos, nossos neurônios-espelho e nossa capacidade empática nos provocam dor. Literalmente. Sim, é isso mesmo que você está lendo. Talvez a intensidade seja menor do que a da outra pessoa, talvez seja diferente... Talvez seja parcial, mas, de qualquer maneira, não é desprezível.

Não esqueça...

- Não se preocupe em ser feliz; é melhor tentar ser forte.
- Assuma: nós convivemos com a adversidade; logo, você não deve evitá-la, ignorá-la ou negá-la.
- Temos que exercitar nossas habilidades de enfrentamento e de reconstrução diante da adversidade.
- Se conseguirmos transformar a adversidade em um desafio, será mais fácil abordá-la e administrá-la.
- As pessoas não sofrem todas da mesma maneira.
- Aquele que mais chora não é aquele que mais sofre; não confunda dor com expressão da dor.

O que é que dói?

Sokei não sabia se doía mais a decepção, a tristeza ou a desilusão. Sentia o peso da culpa em seus ombros. Por que abrira as pinças que seguravam sua vasilha?

Em todas as profissões, inclusive na psicologia, você vai encontrar dois tipos de profissionais que são facilmente reconhecíveis pelo modo como enfrentam os problemas (ou os casos, em se tratando de psicólogos).

Vamos imaginar que o pneu de seu carro estourou e você foi ao mecânico. O *profissional tipo 1* (devo confessar que adoro esse eufemismo neutro e elegante que uso para evitar dizer "irresponsável e desmotivado") vai se limitar a trocar o pneu. Você vai encontrar muitos profissionais tipo 1: o médico que receita um antiácido para uma dor na barriga, o nutricionista que se limita a lhe dar uma cópia da dieta da moda; o vendedor que lhe mostra o que tem mais à mão; e o psicólogo que se limita a convencê-lo de que nada do que acontece com você é tão ruim assim e que há gente em situação pior. Mas, por sorte, também existem os *profissionais tipo 2*, aqueles que gostam do que fazem, que se preparam, que são curiosos e inquietos e que tratam o cliente ou paciente com o respeito, o profissionalismo e o amor que este merece.

Os profissionais tipo 1 passam as horas de trabalho esperando que não aconteçam muitos problemas, ao passo que os de tipo 2 curtem cada cliente que atendem, porque sua profissão é sua paixão. Um profissional tipo 2 vai querer saber o motivo do que acontece com você. Se for um mecânico, avaliará a suspensão do carro e detectará um mau funcionamento que provoca um desgaste anormal do pneu. Se for médico, analisará a origem da dor na barriga e descobrirá que você é celíaco. Se for nutricionista, analisará o motivo de seu sobrepeso e revisará seus hábitos alimentares, avaliará seu metabolismo e sua função endócrina. Se for um vendedor de roupas, analisará a estrutura de seu corpo e selecionará para você as peças que mais o favoreçam. Se for psicólogo, um bom psicólogo, analisará a origem de seu sofrimento.

A verdade é que sofremos por muitos motivos, e, em função da origem do sofrimento, temos de utilizar uma ou outra abordagem para tratá-lo. Mas vamos por partes; identifiquemos primeiro as diferentes origens e causas do sofrimento.

A adversidade dói

A dor emocional nasce da adversidade. Todos os dias enfrentamos centenas, se não milhares, de adversidades. Uma adversidade é uma situação pouco favorável, ou até mesmo contrária a nossos interesses; é um infortúnio ou uma desgraça. Em nossa pretensão de ter uma vida tranquila, ignoramos que a adversidade não só é habitual, como também necessária para um desenvolvimento psicossocial correto.

A dor bem administrada nos permite aprender e, literalmente, crescer. Com frequência, tentamos encobrir a dor com medicamentos ou autoenganos e, ao fazer isso, não nos permitimos enfrentar o problema, solucioná-lo e, assim, crescer mais fortes e seguros. Por isso, você deve parar de tentar se convencer de que o que está vivendo não é tão ruim, de que há gente em situação pior que você, ou de qualquer argumento do tipo, e começar a aceitar que a adversidade é consubstancial à vida, bem como uma oportunidade para crescer e adquirir segurança. A adversidade não tem necessariamente que ser ruim; podemos transformá-la em um desafio a vencer.

A frustração dói

A dor emocional também nasce da frustração que experimentamos quando nossas expectativas não se concretizam. Mas que expectativas temos da vida?

Como achamos que ela será? Temos expectativas incertas e desajustadas. Colocamo-nos metas que às vezes são irreais e que só provocam sofrimento.

Uma expectativa irreal nunca se realizará. É possível que você pense que, um dia, alguém fará algo por você. Não vou destruir essa sua ilusão, mas sugiro que, enquanto isso que você espera não acontece, faça algo por si mesmo, como reavaliar suas expectativas quanto ao futuro, às pessoas e ao mundo.

Os outros também nos estabelecem expectativas, as quais interiorizamos e tornamos nossas. Dizem-nos como temos de ser, o que podemos esperar e quando devemos alcançar o sucesso, e nós acreditamos. Assim, formamos uma ideia do mundo e da vida com base em retalhos de realidade, em campanhas publicitárias, em frases célebres proferidas por algum sábio, em máximas lidas nas redes sociais, em ladainhas copiadas repetidamente e em ilusões, medos e desejos. E consideramos que essa ideia do mundo, essa imagem construída, é a certa, e confundimos o real com o desejado; e, claro, o desejado nunca se realiza. E, quando percebemos isso, sofremos. É um sofrimento gratuito que poderíamos ter evitado.

Na terceira parte do livro, mostrarei vários exemplos de como reconstruir o que se quebrou. Mas, até lá, meu melhor conselho é que você aprenda a criar expectativas realistas, que reavalie as que tem e que as calibre conforme a realidade.

O que você espera que aconteça?

Vou compartilhar com você um exemplo pessoal. Em novembro de 2015, fui convidado a correr a Transvulcania, uma renomada corrida de montanha que atravessa de sul a norte a bela ilha de La Palma, percorrendo o topo de todos seus vulcões. A corrida aconteceria no dia 7 de maio de 2016; seriam 78 quilômetros de percurso e mais de 8.400 metros de desnível acumulado.

Já na ilha, fiquei hospedado no mesmo hotel que a elite dos corredores, e o tema das conversas era o tempo em que prevíamos terminar a prova.

Vinte anos atrás, possivelmente eu teria levado dez horas para completá-la. Mas, naquele momento, tendo treinado muito pouco, se não surgisse nenhum problema físico (coisa pouco provável), talvez a completasse, com muito esforço, em umas doze horas. No fim, levei quinze, que fora o tempo que eu havia dito a todos que me perguntaram. De onde nasceu tal expectativa? Da realidade. A realidade era que eu não havia treinado o necessário, pois o tempo de que dispunha para isso era limitado. A realidade era que eu pesava alguns quilos a mais do que vinte anos antes, que meu corpo estava mais rodado e que minha motivação para desfrutar apesar do sofrimento também havia mudado muito. Assim, depois dessa análise da realidade, defini que cinco quilômetros por hora era um ritmo aceitável de corrida, o qual eu poderia manter por muitos quilômetros. Determinei tempos para a passagem por cada posto de controle a fim de ter uma referência e comecei a correr.

Com efeito, eu estava muito bem de forças e o ritmo que mantinha era um tanto superior ao esperado, especialmente nas subidas. Se fosse capaz de mantê-lo, poderia finalizar a corrida em umas treze horas sem sofrer. Mas, de repente, surgiu um pequeno problema físico, coisa que poderia acontecer, e eu sabia. Mais tarde, o acúmulo de quilômetros começou a prejudicar as articulações – resultado da falta de treinamento e de costume. Consegui manter um bom ritmo nas subidas, já que em termos musculares estava muito bem; mas, nas descidas, não conseguia correr. No final da prova, cravei o ritmo de cinco quilômetros por hora. O que aconteceu? Fiquei frustrado quando tive que diminuir o ritmo? De forma alguma. Minha expectativa mais realista me disse que estava acontecendo aquilo que eu esperava que acontecesse. Não houve frustração, não houve dor, não houve sofrimento, não houve choque de realidade. Aconteceu o que tinha que acontecer. Sem amargura nem decepção.

Mas o que teria acontecido se minha expectativa fosse completar a corrida em doze horas? Ao final, haveria frustração, dor e, muito provavelmente, eu teria abandonado a prova. No caso da Transvulcania, assim como na vida, uma expectativa adequada é a diferença entre prosseguir e abandonar, entre desfrutar e sofrer, entre construir e quebrar. Contextualize suas expectativas na realidade, em vez de ajustá-las a seus desejos, assim, poupará muito sofrimento e dor.

O desengano dói

A dor emocional também pode nascer do desengano. Com frequência, não vemos a realidade como ela é, e sim como queremos que seja. As pessoas são como são, não como você quer que sejam. A vida é como é, não como você gostaria que ela fosse. As coisas são como são, mas com frequência não queremos vê-las assim e criamos uma imagem completamente distorcida da realidade.

Nós nos enganamos a respeito de nosso cônjuge, de nosso casamento, de nosso trabalho, de nosso carro, de nossas decisões, de nossos desejos, de nossos filhos e de nosso futuro. Queremos acreditar que as coisas vão bem e que as dificuldades se resolverão sozinhas, em um passe de mágica. Comprometemos nossa vida por uma felicidade aparente, não queremos ver os problemas, e os escondemos com uma boa dose de autoengano. Quando a realidade nos lança seus avisos em forma de ansiedade, inquietude ou tristeza, em vez de analisar o que acontece, procuramos algo para nos distrair.

Mas a realidade insiste e nos mostra de novo sua face mais verdadeira, e nós nos enganamos mais uma vez, não queremos admitir a evidência. Insistimos em nossa mentira. Somos obrigados a engordá-la, a reforçar sua fachada. O cenário em que vivemos começa a desmontar e, nesse momento, fazemos todo o possível para nos enganar mais e passar para o nível seguinte. E assim vamos levando, até que a mentira se desmancha por completo, até que o cenário em que vivemos cai, até que o filme que estamos montando acaba. Quando isso acontece, é com grandes doses de dor e sofrimento.

Por que enganamos a nós mesmos?

Às vezes, vivemos um filme, criado por nós, no qual o tema central não é nada mais que um autoengano mais ou menos deliberado ou consciente. Quando não gostamos do que vemos, podemos fazer três coisas a respeito: aceitar a situação, mudá-la ou nos enganar. Aceitar ou modificar a realidade requer uma grande força de vontade e altas doses de maturidade e de responsabilidade, ao passo que montar um cenário e viver um engano é muito mais simples. Por esse motivo, muitas pessoas vivem uma mentira, uma espécie de conto, uma fábula sem final feliz. Mas acontece que todo conto, toda mentira e toda fábula chegam ao fim, apesar de nossas tentativas de adiá-lo; e, quando chegam, invariavelmente deixam para trás um rastro de dor e sofrimento.

Um desengano é o conhecimento da verdade que desfaz um erro. E, embora conhecer a verdade nos faça livres, dói tomar consciência de que fomos nós mesmos que nos enganamos. Tomar um banho de realidade machuca, mas proporciona a melhor base para começar a construir um edifício sólido e estável que lhe permitirá ser feliz, muito mais feliz do que quando se vive uma mentira.

Lembre-se, o autoengano, viver uma mentira, proporciona uma felicidade apenas aparente. Além do mais, essa felicidade é de curto prazo. Viver um autoengano não é uma escolha válida.

A mudança dói

Mudar é penoso, mas somente porque partimos de uma premissa que é falsa. Buscamos a estabilidade por acreditarmos que ela nos dará segurança e felicidade, quando, na verdade, a vida é instável e mutante. Tentamos controlar o incontrolável, queremos pôr freio nas mudanças vertiginosas, tentamos construir parapeitos que nos protejam do incontrolável e, no caminho, pagamos um pedágio caro: perdemos nossa energia e nos sentimos inseguros e fracos. Enquanto não aceitarmos que a única coisa estável sobre a qual podemos construir uma vida saudável é o fato de que a vida é mudança, não nos sentiremos fortes e seguros.

A vida é mudança, e a pessoa mais feliz é aquela que aceita isso e se prepara para administrar essa mudança. Que a vida é mudança é uma boa notícia, visto que isso indica que tudo pode mudar, que mesmo a pior desgraça terá um ponto-final se seguirmos na direção certa.

Aprender a administrar as mudanças não é tão complicado. Muitas vezes, achamos que uma mudança será para pior, mas, na realidade, não sabemos como ela se desenrolará. Portanto, tiramos conclusões precipitadas, nos fechamos e perdemos a possibilidade de aproveitar as consequências positivas da mudança.

Tipos de mudanças

Existem três tipos de mudanças: para melhor, para pior e a incerta. Quando trocamos um carro velho por um novo, a mudança é para melhor, sem dúvida. Quando nos mudamos de uma casa nova para uma velha e em mau estado, é uma mudança para pior, certamente. Mas existem muitas mudanças que são de natureza incerta, cujo processo pode ser positivo ou negativo em função do modo como as administramos. A mudança de emprego, de namorado ou de residência não precisa necessariamente ter consequências negativas; no entanto, se vivermos a mudança de forma negativa, faremos com que nossos piores pesadelos se tornem realidade.

A verdade é que reagimos mal a mudanças inesperadas, o que nos leva, em muitos casos, a um sofrimento precipitado, mas nem por isso menos doloroso. Da mesma maneira, às vezes sofremos antecipadamente por uma mudança futura esperada ou temida; ou seja, sofremos por coisas que acreditamos que acontecerão depois de uma mudança, mesmo que nunca venham a acontecer.

Sofremos por causa de nossos julgamentos e pensamentos

Sem sombra de dúvida, nossa melhor aliada para viver plenamente e ser feliz é nossa mente. Temos a capacidade de pensar – uma grande conquista evolutiva –, mas, em geral, pensamos pouco e mal, e desperdiçamos grande parte do potencial que temos.

Em mais de uma oportunidade, ouvi dizer que pensar é extenuante e que não leva a nada. Ao ouvir afirmações desse tipo, costumo perguntar ao interlocutor se ele está se referindo a pensar ou a se preocupar, porque são duas coisas diferentes. Gastamos muito tempo com preocupações e ruminações sobre um assunto sem chegar a lugar nenhum, como um *hamster* em uma roda; e isso não tem nada a ver com pensar. O pensamento, o bom pensamento, é produtivo, criativo ou prático. Nisso consiste pensar bem, e poucas pessoas sabem fazer isso. No entanto, contrariamente ao que pode parecer, aprender a pensar é algo simples; só requer prática.

Quando falamos em pensar bem, é necessário comentar um comportamento no qual tendemos a incorrer ao analisar nossa realidade e que nos conduz diretamente ao sofrimento: confundir o possível com o provável. Isso acontece quando acreditamos que qualquer coisa pode acontecer e não percebemos que o realmente importante é a probabilidade de que aconteça. Há um exemplo que ilustra bem essa questão: as loterias. É possível ganhar na loteria. Mas a questão não é se é possível ganhar ou não; o que deve guiar nossa conduta é a probabilidade de isso acontecer. A verdade é que a probabilidade nesse caso é muito baixa, e, por mais que você compre muitos bilhetes para tentar aumentar essa probabilidade, não se iluda, ela continuará sendo baixa. A possibilidade continua existindo, isso é verdade. Você pode continuar sonhando, esperando o possível. Mas, se quiser ser feliz, pare de esperar por um milagre e arregace as mangas para alcançar suas metas.

Como você sabe por experiência própria, quando não pensamos, ou quando pensamos mal, podemos sofrer muito. Nossos julgamentos costumam ser parciais e precipitados, o que nos leva a criar visões parciais e desfocadas da realidade – o que, por sua vez, nos conduz à dor. Aprenda a pensar bem, e você será feliz.

Sofremos por causa da realidade

Às vezes, a vida dói, não podemos evitar. Tentamos viver um conto de fadas, mas isso não é possível, é uma ideia absurda. Quando uma pessoa querida morre, quando recebemos o diagnóstico de uma doença, quando vemos um filho sofrer, quando vemos uma criança chorar... todos os dias, várias vezes ao dia, nos deparamos com o lado mais selvagem da vida.

Parte desse sofrimento, porém, nós conseguiremos controlar se formos capazes de aprender a analisar a vida, de tomar as decisões adequadas, de nos motivar, de reconhecer o estado emocional do outro, de gerar entusiasmo ou de administrar os conflitos. Assim, nossa vida será muito mais confortável e plena, e poderemos viver melhor. É questão de ativar nossas forças emocionais para enfrentar o que quer que apareça – porque não podemos mudar as coisas –, mas também de aprender a administrar as eventualidades para minimizar seu impacto. Como dizia Marco Aurélio, a sabedoria consiste em mudar aquilo que pode ser mudado, aceitar aquilo que não pode e, o mais importante, aprender a diferenciar um do outro. Portanto, sugiro que você trabalhe e desenvolva cada força que integra o conceito de fortaleza emocional.

A fortaleza emocional

A fortaleza emocional facilita e protege a felicidade e o bem-estar emocional. Cada força equivale a uma técnica, a uma estratégia ou a um recurso que vai ajudá-lo a atingir seus objetivos e a viver em plenitude. As dezenove forças emocionais principais são as seguintes:

- Incorpore as emoções a sua vida.
- Interprete adequadamente seu estado emocional.
- Dê nome às suas emoções.
- Aprenda a identificar o estado emocional das pessoas ao seu redor.
- Administre suas emoções e a maneira como você as expressa.
- Persevere na conquista de seus objetivos.
- Administre a adversidade.
- Equilibre sua autoestima.
- Não dependa de motivação externa.
- Adquira responsabilidade.
- Escolha ter uma atitude positiva.

- Escolha seu próprio caminho.
- Busque relações de qualidade.
- Desenvolva sua capacidade de se comunicar melhor.
- Coopere com outras pessoas, desenvolva sua compaixão.
- Administre os conflitos.
- Viva por objetivos e tome as decisões em consonância com eles.
- Peça ajuda, se necessário.
- Aproveite as oportunidades que a vida lhe dá.

Sofremos por causa de nossa imaginação e de nossos medos

Nosso sofrimento pode nascer da imaginação. Imaginamos catástrofes e problemas que jamais acontecerão de fato e mesmo assim sofremos por eles. Sofremos pelo que hipoteticamente poderia acontecer com nossos filhos. Nossa mente dispara e antecipa mil doenças, mil acidentes, mil problemas. O futuro, banhado em medo, causa dor; causa muita dor. Tudo que não aconteceu causa dor; o que está por vir causa dor; algo que ainda não aconteceu, algo irreal, causa dor. Os acontecimentos imaginados não são reais, mas a dor inquietante que sentimos é. E essa dor que nasce da imaginação ou de uma suposição cria raízes em nosso organismo, estressa-o e o altera, desestabiliza-o e o leva a sofrer exatamente da mesma maneira que faria uma dor real.

Dedique um instante a analisar comigo o poder que o medo e o desejo têm de distorcer nossos processos de pensamento. É muito difícil ver a realidade como ela é, e costumamos acrescentar um pouco de tempero na forma de desejos. Recordo uma vez em que minha filha, ao voltar da nova escola, contava-me, no carro, como seu dia havia sido legal. Contava que uma menina lhe havia dito que estava muito contente por ela ter entrado naquela escola, que havia adorado brincar com ela e que seriam boas amigas. Quando lhe perguntei se o que estava me contando tinha acontecido ou se, na realidade, era o que ela gostaria que acontecesse, a resposta não me deixou dúvidas: minha filha havia misturado a realidade com seu desejo. Não o fez de maneira consciente, ela não queria enganar nem a mim nem a si mesma, apenas acrescentou um pouco de cor à realidade. Se analisarmos o contexto, veremos que minha filha havia acabado de entrar em uma escola nova e que possivelmente sentia medo de não ter amigas, de ser rejeitada ou de ficar sozinha.

Ocorre que, quando misturamos o medo com a realidade, nós nos limitamos. O medo nos paralisa e nos limita ao fazer que antecipemos acontecimentos que possivelmente nunca acontecerão. O medo é péssimo conselheiro, e é muito importante que aprendamos a identificar quando está aprontando conosco. Se eu não tivesse administrado o medo de escrever um livro, de fazer algo novo, naquele verão de 2014, hoje não estaria aqui sentado escrevendo meu segundo livro. Ter medo é normal; permitir que ele o domine, não.

Sofremos antes da hora

Existe uma dor que nasce da antecipação de algo que sabemos que vai acontecer, mas que ainda não aconteceu. Sofremos muito por coisas assim. Antecipamos com riqueza de detalhes a dor de uma visita ao dentista ou de uma cirurgia programada. Passamos vários meses sofrendo a dor de um parto. A morte de uma pessoa querida dói meses antes de o câncer apagar sua vida. Doem coisas que ainda não doem, de modo que, quando a dor real chega, nossa mente e nosso organismo já estão esgotados.

Nosso organismo é sábio, já comentamos isso. Nosso corpo e nossa mente sentem o impulso de reparar o dano detectado. Quando sentimos dor, um sistema de reparação é ativado, com o objetivo de recuperar o equilíbrio perdido. Mas temos de ter cuidado para que não aconteça como no conto de Pedro e o lobo. Pedro tanto gritou que o lobo estava vindo sem que isso fosse verdade que, quando o lobo de fato chegou, ninguém acreditou. Se ativarmos o mecanismo de alerta da dor antes da hora, quando mais precisarmos dele, não teremos condições de enfrentá-la.

A origem da dor emocional

- Adversidade
- Frustração
- Desengano
- Mudança inesperada
- Julgamentos e pensamentos
- Realidade
- Imaginação
- Medo
- Antecipação

Como você pôde comprovar ao longo de todo o capítulo, o sofrimento e a adversidade são elementos consubstanciais à vida. Neste capítulo, analisei as diversas fontes de dor e sofrimento com que temos de lidar todos os dias. Vimos também que algumas delas podem ser controladas, e outras não.

Sugiro-lhe que faça um exercício. Analise a dor que sente e tente identificar sua origem. Não deixe para amanhã. Não vire a página. Não comece um novo capítulo. Pegue uma caderneta e um lápis, arranje um lugar tranquilo e reflita. Entre em ação; enquanto você não fizer algo por si mesmo, ninguém mais fará.

Não esqueça...

- A dor bem administrada nos permite crescer.
- Graças à dor, podemos prever e evitar complicações futuras.
- Analise suas expectativas sobre a vida.
- Analise se está enganando a si mesmo e, se estiver, diga adeus a suas mentiras piedosas.
- Aceite que a vida é mudança e que você tem que se preparar para administrar isso.

- Pare de se preocupar e transforme suas preocupações em ações.
- Não confunda o possível com o provável.
- Acalme sua imaginação, dê-lhe uma saída construtiva.
- Não antecipe o que ainda não aconteceu.

Por que comigo?

O sol da manhã iluminou o rosto de Sokei. Estava de olhos abertos, mas seu olhar estava perdido. Onde estava o olhar de Sokei? Talvez buscando uma resposta...

Em algumas ocasiões, e para algumas pessoas, não existe nenhuma resposta para essa pergunta. Às vezes, o acaso brinca perversamente com nossa dor, sem nenhum motivo aparente ou real. A vida é uma sucessão de casualidades e reações que às vezes podem ser amargas.

Em 24 de março de 2015, 144 passageiros subiram a bordo de um avião em Barcelona com destino a Düsseldorf, sem saber o que o destino lhes reservava. Estavam também no avião quatro tripulantes e dois pilotos. Às 10h01, o avião decolou do aeroporto El Prat carregando vidas, sonhos e ilusões; trinta minutos depois, começou a perder altitude, e oito minutos depois disso desapareceu dos radares. Para os ocupantes daquele avião, a vida reservou um destino trágico; nenhum deles, nem mesmo o piloto, poderia imaginar que o copiloto tinha a intenção de jogar o avião contra as montanhas. Naquela manhã de fim de março, os belos Alpes franceses foram testemunha da maior tragédia aeronáutica europeia.

O acidente teve grande repercussão na mídia; o mundo todo compartilhou informações sobre o ocorrido. Mas a verdadeira repercussão caiu sobre as famílias das 150 pessoas que estavam no voo 9525 da Germanwings. Eu imagino a dor que sentiram, e também a pergunta que deve ter surgido repetidamente na mente de cada um desses familiares na tentativa de encontrar uma explicação para o inexplicável, de justificar o injustificável, de compreender uma tragédia sem sentido: "Por que comigo?".

Precisamos de alguma resposta que mitigue nossa dor, que nos permita compreender os motivos de tanta infelicidade, como se eles existissem... Não conseguimos entender por que nossa vida muda em questão de minutos. Que motivo existe para que aconteça uma desgraça dessas, e comigo ainda? Possivelmente, nenhum. O acaso, caprichoso e cruel, quis que mais de uma centena de pessoas perdesse a vida de forma trágica, e, por mais que pensemos nisso, por mais que busquemos motivos, não encontraremos uma resposta que aplaque nossa dor e sofrimento.

Não responda com culpa

Não procure coerência, ela nem sempre existe. Não há coerência que explique o sofrimento, o abuso, a adversidade ou a desgraça. Às vezes, quando não encontramos uma resposta, acionamos um pensamento delirante que diz que nós mesmos provocamos nossa infelicidade, que a merecemos e que, por algum motivo que desconhecemos ou imaginamos, somos responsáveis por ela. Buscamos respostas, e podemos até distorcer nosso passado para torná-lo coerente; mas, querido leitor, nesse momento em que você está tentando superar a adversidade, não importa seu passado, e sim seu presente e seu futuro.

O acidente da Germanwings foi inesperado, era inimaginável para os passageiros e seus familiares. Pois bem: poderia ter sido evitado? Nesse caso, a avaliação é difícil. Teoricamente, com um bom exame psicológico periódico dos pilotos, o problema poderia ter sido detectado; teoricamente, com uma boa supervisão, teria sido possível identificar o risco; e, teoricamente, com um bom processo de controle, esse terrível acidente teria sido evitado. No entanto, a teoria nem sempre se aplica, e a realidade é cruel e caprichosa.

Em muitas ocasiões, não existe uma resposta que dê paz a um coração afligido pela desgraça, mas, mesmo assim, buscamos explicações, precisamos delas; quando não as encontramos, as inventamos. Nosso cérebro não lida bem com lacunas de informação, especialmente quando temos que explicar situações de elevado impacto emocional, acontecimentos que mudaram nossa vida. Tendemos a complementar a informação disponível em função de nossas necessidades e de nossa realidade. Assim, criamos uma resposta com base em nosso âmbito conceitual e nosso estado emocional, de modo que essa resposta costuma ser distorcida ou parcial ou culpar alguém ou algo. "É um castigo"; "É uma mensagem divina"; "É um teste da vida"; "Eu fiz algo errado"; "Ofendi algum deus cruel" etc. Essas e muitas outras respostas giram na mente de quem precisa explicar o inexplicável, mas o problema é que, dependendo da explicação que você dê ao fato trágico que aconteceu, seu sofrimento pode ser eterno.

A vida não é como é, e sim como você acredita que é. Se você acreditar que um ser superior, ou o destino, o castigou por uma ação sua, estará condenado a sofrer pelo resto da vida, e em dobro – primeiro, pelo sofrimento de uma ferida que você precisa administrar, limpar e fechar e, segundo, pelo sofrimento da culpa e do castigo autoinfligido sem razão.

Ao longo deste capítulo, pretendo ajudá-lo a administrar a resposta ao que aconteceu, ou a falta de uma resposta a seu sofrimento. Venha comigo, dê-me sua mão, mas, acima de tudo, abra os olhos e encare seu sofrimento de frente se quiser administrá-lo e, assim, poder reconstruir sua vida.

Às vezes, existe um porquê

Às vezes, há um motivo, sim. Com frequência, sem que tenhamos consciência disso, assumimos condutas ou tomamos decisões que nos levam diretamente à dor. Por isso, é importantíssimo aprender a tomar decisões. Certamente você conhece alguém que complica a própria vida com as decisões que toma.

Eu me lembro perfeitamente do dia em que uma pessoa contava que havia acabado com o carro em um acidente por mexer no celular:

"Dei azar, porque eu sempre mexo no celular enquanto dirijo… Quem diria que sofreria um acidente tão injusto?"

"Quer dizer que não foi sua culpa, distração?", perguntou seu interlocutor.

"Culpa minha que nada!", respondeu a protagonista da história. "Tinha que acontecer com alguém, e foi comigo."

Permita-me questionar o "azar" dessa pessoa e utilizar seu exemplo para ilustrar a diferença entre a desgraça sem sentido nem explicação e a desgraça "procurada", tenhamos ou não consciência dessa procura. A protagonista do exemplo não teve azar, em absoluto. Aliás, vamos combinar que ela teve muita sorte até o momento do acidente. Digamos que era como se comprasse um bilhete de loteria cada vez que mexia no celular enquanto dirigia, e que, por fim, de tanto insistir, ganhou o prêmio.

Sendo assim, meu melhor conselho é que você analise se a adversidade que está sofrendo tem algo a ver com suas decisões e com sua maneira de agir. Não se castigue, não se culpe, apenas analise e tire lições disso, para não repetir o mesmo erro. Pense no que você faz e nas decisões que toma, avalie suas condutas de risco, cuide de sua alimentação e hábitos; reveja também aquilo que você não faz e as decisões que não toma, visto que elas também têm consequências. E não assuma responsabilidade por algo sobre que você não tem controle; às vezes acontecem coisas por acaso, como já comentamos, mas, se você acreditar que fez algo para merecê-las ou para provocá-las, sendo que isso não é verdade, sofrerá sem motivo. Uma vez mais, é na justa medida que você encontrará o equilíbrio.

Reveja as decisões que toma e as que deixa de tomar

Nós não damos a devida importância às decisões que não tomamos. Consideramos que esperar é o melhor a fazer, mas, na realidade, quando esperamos, estamos adiando o inevitável e, o que é pior, permitindo que aquilo que requer a decisão que estamos evitando continue se complicando. Não esqueça que as decisões que não tomamos também nos machucam.

Você não tem culpa de tudo que lhe acontece

Um dos mecanismos de controle preferidos das pessoas tóxicas é a culpabilização. Se já conviveu com uma pessoa tóxica, você deve saber perfeitamente que, para ela, você é culpado de praticamente tudo o que acontece no mundo. Se a comida que ela fez queimou, a culpa é sua, porque a distraiu; se ela quebrou um prato, a culpa é sua de novo, porque você não o colocou direito no lugar; se ela está com dor de cabeça, a culpa é sua – como não? –, porque sua voz irritante lhe provoca enxaquecas terríveis... Poderíamos fazer uma lista das mais inverossímeis atribuições de culpa da história; quem sabe um dia eu escreva um livro que compile as acusações mais absurdas que se possa imaginar.

Culturalmente, também utilizamos a culpa para controlar o comportamento. Dependendo da educação que você recebeu, é bem possível que assuma responsabilidades que não lhe cabem. Eu me lembro do caso de uma pessoa que foi a meu consultório devido a um transtorno de ansiedade. A origem do transtorno estava ligada a uma má administração da culpa, visto que essa pessoa se sentia responsável por absolutamente tudo que acontecia a seu redor. Ela passava as noites tentando bolar um plano para erradicar a pobreza do mundo. Durante o dia, recolhia todos os animais que encontrava pela rua, abandonados ou não, e passava a noite toda divulgando fotos deles e tentando encontrar famílias adotivas ou instituições que os acolhessem. No trabalho, assumia todas as tarefas possíveis e impossíveis. Seus colegas, sabendo como era fácil fazê-la se sentir culpada, brincavam com suas emoções e jogavam em suas costas todo o trabalho que podiam. Mas o sofrimento dela não acabava aí. Em casa, se culpava por tudo. Sua vida era um compêndio de "eu deveria": deveria saber cozinhar melhor, deveria manter a casa mais arrumada, deveria poder comprar uma casa maior, ter um corpo melhor, ser mais afetuosa etc., etc., etc.

Sugiro que você analise o modo como interpreta o que acontece com você e o papel que a culpa desempenha em sua vida. É possível que seu estilo atributivo – a forma como interpreta o que lhe acontece – explique parte de seu sofrimento.

Qual é seu estilo atributivo?

O psicólogo Bernard Weiner descobriu que, quando algo acontece conosco – qualquer coisa, inesperada ou não –, quando conseguimos algo, ou quando as coisas não saem como esperávamos, buscamos o motivo e as causas do ocorrido. Essa descoberta é muito importante, pois nos permite tomar consciência do modo como interpretamos a realidade e como nossas conclusões nos afetam, sejam elas acertadas ou não. Graças à teoria de Weiner, podemos aprender e melhorar nosso processo de análise e, em consequência, ser mais sábios e felizes. Mas voltemos ao início de tudo, às atribuições causais.

Costumamos fazer atribuições de causalidade ao que acontece e ao que não acontece conosco. Formulamos nossas próprias teorias com base em nossa aprendizagem e experiência. Mas a proposição mais importante desse conceito é que, dependendo da qualidade de nossas atribuições, seremos mais ou menos felizes.

O fato de formularmos uma teoria da causa dos acontecimentos que nos atingem não significa que essa teoria seja certa. Podemos errar (de fato, erramos muito) e, cada vez que erramos, sofremos ou provocamos sofrimento aos outros. A seguir, vou analisar as principais fontes de erro e oferecer ferramentas para formular teorias mais acertadas e adaptativas acerca da origem daquilo que nos ocorre.

A primeira avaliação que fazemos diz respeito à origem da causa, que pode ser interna ou externa. Se concluirmos que a origem do que está acontecendo é externa, concluiremos que não temos nenhum tipo de responsabilidade no ocorrido. Contudo, se acreditarmos que é interna, chegaremos à conclusão de que temos uma parcela de responsabilidade. Essa avaliação está diretamente relacionada com a gestão da responsabilidade e da culpa. Muitas pessoas preferem fazer atribuições externas para eliminar qualquer responsabilidade. Quem atribui a origem da causa a uma terceira pessoa faz que esta se sinta culpada de algo que na realidade não depende dela. Se for capaz de identificar adequadamente a origem do que lhe acontece, você poderá eliminar a culpa de sua vida e viver com responsabilidade. Você pode pensar que o *Titanic* afundou por culpa do *iceberg*, de uma distração do capitão, ou simplesmente por azar. O que você acha? A chave está em discriminar acertadamente a origem dos acontecimentos que nos afetam, em assumir nossa responsabilidade e em não nos culpar pelo que não está em nossas mãos.

A segunda avaliação trata de nossa capacidade de controle sobre os acontecimentos. Se acreditarmos que não temos capacidade de controle sobre o que se passa conosco, deixaremos nossa vida nas mãos do acaso e buscaremos uma proteção, incorporaremos rotinas estranhas e ficaremos supersticiosos. Em essência, não podemos controlar tudo que acontece, mas podemos controlar muito mais do que acreditamos sermos capazes. Portanto, de novo, a estratégia mais acertada consiste em aprender a discriminar os acontecimentos sobre os quais podemos exercer influência e temos certa capacidade de controle daqueles que escapam absolutamente de nosso domínio. Em muitos casos, trata-se apenas de transformar o que acreditamos não controlar. Por exemplo, se você levar uma vida saudável, estará exercendo controle sobre sua futura saúde; mas, se acreditar que não tem nenhum tipo de controle a esse respeito, vai se abandonar ao destino e não seguirá nenhuma diretriz saudável.

Permita-me um comentário. Tenha cuidado com a falsa crença de que a mente pode tudo, de que eu controlo, de que eu posso tudo, pois essa é a fonte de incontáveis frustrações, problemas e acidentes. De fato, a maioria dos vídeos de *fails* que circulam pela internet é fruto da atribuição causal segundo a qual eu controlo algo que na realidade não controlo.

Por fim, a terceira avaliação a realizar é se o que está nos ocorrendo é estável e perdurará, ou não; dependendo de nossa visão sobre esse aspecto, a avaliação que faremos da vida será diferente. Quando acreditamos que algo é estável e não mudará, não podemos fazer nada mais que nos resignar a sofrer ou suportar em silêncio. Mas, na realidade, a vida é uma sucessão de etapas. Você tem a capacidade de precipitar o fim de uma etapa e começar uma nova que lhe seja mais motivadora e de acordo com seus interesses, já que poucas coisas na vida são para sempre... Então, se for capaz de analisar corretamente e de discriminar o que pode mudar do que não pode, você será capaz de tomar decisões mais acertadas e administrar melhor o dia a dia e a adversidade.

É importante que você aprenda a analisar as atribuições que confere ao que lhe acontece, já que as atribuições causais são afirmações que funcionam como uma linguagem interna que influencia na maneira de pensar, sentir e fazer, na autoestima, nas motivações e até mesmo na saúde. Mas tenha cuidado, porque as atribuições causais são subjetivas e, como tais, carregam um elevado risco de distorção. Dependendo de nossa capacidade de análise, faremos atribuições melhores ou piores. O medo, nossos complexos ou a autoestima tem influência sobre elas.

O que aprendemos com Weiner e as atribuições causais? Que seremos mais ou menos felizes à medida que nossas teorias sejam mais ou menos acertadas. Um mesmo fato pode ter significados muito diferentes em função da atribuição causal que façamos. Sugiro que você reveja e otimize seu sistema atributivo, visto que dele dependerá sua capacidade de entender, enfrentar e administrar a adversidade.

Somos seres vulneráveis

Recordo uma conversa que tive com uma australiana; ela me explicava que, em geral, os australianos vivem muito intensamente e têm muita vitalidade e alegria. Ela dizia que, na Austrália, a morte está sempre à espreita, já que lá se encontra a maior concentração de animais venenosos ou mortíferos do planeta.

"Temos", disse ela, "aranhas mortíferas que podem se esconder nos sapatos, serpentes que vão e vêm pelos jardins e pelas piscinas e cujo veneno pode matar em segundos, crocodilos por todo lado, nos lagos, rios ou mares".

E foi descrevendo, um a um, todos os riscos com que se deparava no dia a dia.

"Querido amigo", prosseguiu, "os australianos convivem com a morte; colocamos nossa vida em risco praticamente todos os dias, e essa consciência de que podemos morrer a qualquer momento é o que nos permite celebrar a vida com alegria e intensidade."

Veja só que grande exemplo. Na Austrália, a fragilidade do ser humano condicionou seu caráter de tal modo que ele não só não renuncia a nada, como também, ciente de sua fragilidade e atemporalidade, decidiu explorar sua existência ao máximo.

Somos vulneráveis e vivemos em um entorno hostil. Estamos expostos à dor física constantemente, todos os dias, várias vezes ao dia, e também à dor emocional. Somos frágeis, muito frágeis. A qualquer momento, um carro pode ultrapassar um sinal vermelho e nos atropelar. A qualquer momento, o telhado da casa em que vivemos pode cair e nos deixar presos entre os escombros. A qualquer momento, uma artéria pode entupir e nos deixar em estado vegetativo. A qualquer momento, podemos cair de mau jeito e ficar presos a uma cadeira de rodas pelo resto de nossos dias. A qualquer momento, um meteorito pode cair em nossa cabeça. A qualquer momento, podemos ser atacados por um tubarão enquanto nadamos no mar. E, a qualquer momento, podemos ser atingidos por um raio. Eu não disse nada que não seja verdade, nada que não seja possível e nada que já não tenha acontecido. Bem, talvez o lance do meteorito não tenha acontecido, mas, na realidade, não podemos nem afirmar nem negar isso.

A qualquer momento, podemos passar pela maior e mais inesperada desgraça. No entanto, o importante, ou o que conta, não é o que pode acontecer, e sim o que está realmente acontecendo. Quando falamos de desgraças e adversidades, temos que tratar de probabilidades, não de possibilidades, porque o importante não é o que possa acontecer – que pode ser qualquer coisa –, mas sim o que está acontecendo e a probabilidade de que ocorram as adversidades a que estamos expostos. É possível que caia um pedaço de lixo espacial em cima de minha cabeça? Quem sou eu para dizer que não? Agora, se é para ter medo de algo, em meu caso seria das vacas que encontro na montanha quando saio para correr, já que é muito mais provável que uma delas me ataque do que um pedaço de lixo espacial cair sobre minha cabeça.

Portanto, se um dia você se perguntar "Por que comigo?", tenha em mente que somos frágeis, que vivemos em um entorno hostil e que, às vezes, com nossas condutas e com as decisões que tomamos ou deixamos de tomar, corremos riscos que podem nos conduzir à adversidade. No entanto, em outras ocasiões, é o mais macabro acaso que desgraça nossa vida com uma adversidade.

Construir um muro não é a solução

"Algumas pessoas pensam que a solução para viver com mais tranquilidade é construir um muro que as proteja. Não se engane, o muro o protegerá das agressões externas, mas também evitará que você desfrute das coisas maravilhosas que existem a seu redor. Se erguer um muro, você evitará a decepção, mas sentirá uma amarga solidão. Um muro pode protegê-lo do medo da mudança, mas gerará uma incapacidade de se adaptar a diferentes situações. O muro lhe proporcionará segurança, mas, da mesma forma, fará de você uma pessoa dependente de sua proteção e o deixará inseguro e temeroso do que possa acontecer quando esse muro desaparecer. Sugiro que, em vez de muros, você construa uma biblioteca cheia de recursos que o ajudem a manter o nível de fortaleza emocional de que necessita."

Eu me permiti copiar um fragmento de meu primeiro livro, *Fortaleza emocional*, para ilustrar como às vezes tentamos nos proteger adotando estratégias que na realidade nos prejudicam; como, ao vestir uma couraça, construímos uma fortaleza ou nos desconectamos afetivamente das pessoas e da realidade. Assim, construir um muro nunca é a solução, visto que ele não vai nos proteger do maldito lixo espacial que está à espreita acima da cabeça de todos nós.

Não se esqueça: prudência sim, medo não.

Entre em ressonância construtiva

Temos que trabalhar sobre o fato acontecido e sobre sua representação mental. Não podemos apenas virar a página, não podemos fechar os olhos para o que aconteceu e simplesmente continuar vivendo. O que aconteceu não desaparecerá sozinho; temos que administrar o ocorrido e pôr uma pedra em cima dele. O que aconteceu sempre existirá, queiramos ou não. Contudo, somos capazes de curar a ferida e dar-lhe o significado adequado;

podemos aprender com o que aconteceu, em vez de viver tudo de uma maneira traumática.

Que significado tem para você o que aconteceu? Como viveu o ocorrido? Como o interpretou? Proponho que reveja suas conclusões. Alguns raciocínios que realizamos são perfeitamente lógicos e coerentes, mas completamente distorcidos, e costumam provocar muito sofrimento, na medida em que aparentemente são bons e normais e, principalmente, nos oferecem uma resposta (a resposta que precisamos escutar), porém, na realidade, são falsos. Não esqueça que tão importante quanto o que acontece é a maneira como o interpretamos. Damos significado ao fato e nos apegamos a essa interpretação, sendo capazes, inclusive, de distorcer a realidade para que se encaixe em nossa ideia.

Somos o resultado das explicações que damos a nós mesmos e das que deixamos de dar. Pois bem, as explicações que nos damos e o raciocínio que criamos ocorrem sempre dentro de um âmbito de referência mental. O que acontece se esse âmbito for negativo? Nossas razões e argumentos serão negativos, nossos medos monopolizarão nossa atenção e focaremos no negativo, perdendo, assim, as oportunidades que a vida nos dá. Veremos a vida com um viés negativo e interpretaremos o ocorrido com base na culpa, e de forma negativa.

E se o âmbito for positivo? Nesse caso, nosso raciocínio se contaminará por um otimismo ilusório, no qual os desejos ofuscarão o processo de análise.

Então, que âmbito de significado temos que proporcionar a nossa mente? A mente funcionará de maneira ótima se seu âmbito de referência for receptivo e construtivo. E como funciona a mente sob a regência de um âmbito conceitual construtivo? Ora, de uma maneira ótima, já que esse é, sem dúvida, o melhor dos cenários. Não se trata de fazer algo, e sim de fazer algo construtivo, algo com sentido. Não trabalhe por trabalhar; trabalhe em algo com sentido. Não corra por correr, faça uma atividade física que tenha sentido para você. Faça algo que lhe acrescente alguma coisa; a você, às pessoas que o cercam e ao mundo em que vive. Não faça nada sem pensar no sentido que tem. Como você já deve ter deduzido, as coisas que têm sentido o aproximam da felicidade.

O aspecto-chave de um âmbito de referência construtivo é que questionamos o que acontece sem chegar a uma conclusão precipitada. Adotamos o olhar de uma criança curiosa que está descobrindo o mundo com a atitude exploradora. Esse âmbito de referência construtivo nos permite analisar com certo distanciamento a adversidade que sofremos, tentar entender o que aconteceu e aprender com isso.

Em um âmbito de referência construtivo, não há lugar para a culpa nem para o otimismo ingênuo. Uma análise construtiva é ajustada e coerente, livre de distorções e personalismos. Meu melhor conselho é que você reveja o âmbito conceitual em que vive para que possa migrar para um melhor, mais adequado e que lhe permita viver mais feliz e interpretar de uma maneira mais acertada o que lhe acontece. Entre em ressonância construtiva para poder desfrutar tudo de belo que a vida lhe oferece, administrar as provas e os desafios que aparecerem e aprender com eles.

Não esqueça...

- Quando falamos de riscos, não se trata de pensar em possibilidades, e sim de avaliar probabilidades.
- Você nunca sabe a que pode estar exposto, portanto aproveite para viver intensamente.
- Ponha o foco em curtir o presente, pois o futuro é incerto e foge a seu controle.
- Aprenda a analisar os diversos riscos e tome as decisões necessárias.
- Viva com prudência, mas não com medo.
- Tenha cuidado com o modo como interpreta o que acontece. Se não tiver uma explicação que lhe dê paz, não a invente.
- Elabore o que aconteceu, assim como sua representação mental do fato.

Como reagimos à adversidade?

Não quis chorar. Não podia chorar por uma peça de cerâmica. Afinal, não era mais que um pedaço de barro. Não. Não era um pedaço de barro comum. Era muito mais. Mas quem iria entender? Quem iria entender que ele chorasse por um pedaço de barro?

As adversidades não são todas iguais

A dor emocional nasce da adversidade, sem sombra de dúvida. Mas o que é uma adversidade para você e o que é para mim? Lembro de uma conversa com uma amiga na qual eu explicava que iria mudar minha filha de escola, e minha amiga disse: "É um drama! Eu me lembro do pânico que senti ao sair de minha escola para fazer o ensino médio!".

Essa boa mulher nunca havia mudado de escola antes e não havia sido educada na cultura de adaptação às mudanças, nem haviam lhe oferecido recursos para conhecer gente e ampliar seu círculo social. Uma mudança de escola pode ser encarada como algo difícil ou, ao contrário, como uma nova oportunidade de ampliar o círculo social, de conhecer uma nova realidade, de se conhecer melhor e se conectar com os recursos de que todos dispomos para nos adaptar a mudanças – ou seja, como uma oportunidade para crescer e se sentir mais forte e seguro.

Não existem adversidades universais, visto que, dependendo do significado que tenham para cada um de nós, sofreremos entre nada e muito. Permita-me dar um exemplo claro e direto para que entenda melhor esse conceito. Imagine a morte de uma pessoa querida. Especificamente, de seu companheiro. É possível que seu companheiro seja um pilar em sua vida, uma pessoa a quem amou e com quem desfrutou de uma vida em comum longa, intensa e gratificante. Logicamente, essa morte pode lhe causar grande dor. Mas também é possível que não.

Imagine que seu companheiro faleceu depois de uma desgastante luta contra uma doença ou uma demência. Essa pessoa a quem você tanto amou foi se desfigurando pouco a pouco devido à doença. Durante meses ou anos, você a viu sofrer. E sofreu a seu lado, com ela, todos os dias. É possível que no momento em que seu companheiro faleça você sinta um misto de emoções intensas, uma vasta paleta emocional que vai desde dor até alívio. Mas não um alívio por você, e sim por ele, que por fim parou de sofrer com aquela doença insuportável. De fato, o que acabei de descrever é uma situação frequente vivida por companheiros de pessoas com Alzheimer, mal de Parkinson ou qualquer tipo de demência ou doença degenerativa. Quando a pessoa que tanto amamos morre depois de passar por um longo sofrimento, é como se a mão que apertava nossa alma se abrisse e nos permitisse respirar de novo. É difícil imaginar; mas quem viveu isso me entende perfeitamente. Nesses casos, apesar do extraordinário amor pelo companheiro, é comum que sua morte não doa tanto.

Agora imagine que seu companheiro é o diabo em pessoa. Imagine que você não teve opção senão continuar vivendo com ele, apesar de a convivência ser um inferno. Imagine que você não tem recursos para subsistir e que depende totalmente dele, de um companheiro que lhe provoca a dor mais intensa que se possa imaginar. Nesse caso, a morte de seu companheiro não representará nenhum tipo de dor; ao contrário, representará uma libertação da dor.

Portanto, como você pôde comprovar, as adversidades não são todas iguais. O que para uma pessoa representa sofrimento, para outra, não.

Há mais a dizer ainda. Você pode considerar algo uma adversidade em certo momento de sua vida e não considerá-lo assim em outro. Imagine que foi demitido aos 20 anos. Não vou negar que isso tenha um impacto importante em sua vida, mas procure imaginar ser demitido aos 50 anos, com filhos e com um financiamento para pagar. Como você pode deduzir, o contexto influencia na avaliação de um fato determinado como sendo uma adversidade ou não. Na realidade, as consequências da demissão aos 20 anos não são as mesmas que as de uma demissão aos 50, e essas circunstâncias acabarão determinando o peso e o significado da adversidade.

Portanto, o mesmo fato não necessariamente doerá igual em uma mesma pessoa. O contexto, nossos interesses, nossas prioridades e nossas áreas sensíveis ao sofrimento mudam ao longo da vida. Passamos por diversas etapas, com interesses diferentes. Nossas prioridades mudam, e o que ontem não nos parecia importante, hoje é. Crescemos e amadurecemos, sentimo-nos mais fortes, mas também surgem mais medos. Em algumas etapas da vida, podemos nos sentir mais debilitados, mais vulneráveis e com mais medo de sofrer. Portanto, não podemos prever como reagiremos com base em uma experiência passada, visto que é possível que nosso contexto tenha mudado, talvez até imperceptivelmente, porém o suficiente para fazer que o que passamos não doa igual. No entanto, antes de analisar com mais detalhes como reagimos diante da adversidade, eu gostaria de compartilhar algumas reflexões que espero que levem à construção de um âmbito no qual se situe a adversidade.

Como a adversidade nos afeta?

Por que uma demissão representa uma adversidade para uma pessoa, mas não para outra? A chave está nas expectativas de autoeficácia que possuímos, das quais depende nossa sensação de segurança ou insegurança. Se acreditarmos que somos capazes de enfrentar a adversidade, e de enfrentá-la bem, estaremos nos colocando em uma posição de vantagem em relação a ela. Mas se, ao contrário, acreditarmos que não podemos fazer nada, nossa reação será movida pela sensação de perda e sofrimento.

Portanto, não esqueça: se sua expectativa de autoeficácia for boa, a adversidade não será mais que um desafio. Não se subestime, nem se superestime. Avalie adequadamente seu potencial de enfrentamento.

Parâmetros para a dor

A dor que sentimos é uma reação completamente subjetiva; no entanto, podemos ter uma ideia, grosso modo, da dor que uma adversidade provoca em uma pessoa. De modo genérico, podemos afirmar que um espinho espetado no dedo dói menos que um parto; que a morte de uma figura pública dói menos que a de um ente querido; ou que uma dor provocada pela fratura de um osso é muito mais intensa que a devida à torção do tornozelo. Para tentar estabelecer parâmetros para a dor, proponho que falemos de quatro dimensões: intensidade, duração, prognóstico e impacto. Vamos analisar detalhadamente cada uma delas.

Vamos começar avaliando a intensidade. Por intensidade, entendemos aqui o grau de força com que um fenômeno se manifesta; ou seja, quanto maior a intensidade, maior o sofrimento, e, quanto menor a intensidade, menor o sofrimento. A pressão que o peso de seu sapato exerce sobre seu pé não é igual ao pisão de uma criança ou de um adulto. Assim como acontece com a dor física, a dor emocional pode ter intensidades diferentes. As coisas não doem igual. Mas por que algumas coisas doem mais que outras? De que depende a intensidade de uma dor emocional? Depende do vínculo emocional com a origem da dor. Dói com mais intensidade aquilo que afeta diretamente a nós ou às pessoas que amamos; a dor por um filho amado é mais intensa que a dor por um estranho. Dói mais aquilo que afeta nossas mais altas aspirações e objetivos; quanto mais importante for uma expectativa para nós, mais intensa será a dor associada a um fracasso, uma adversidade ou um imprevisto. Dói mais aquilo que afeta nossos desejos ou medos, e, quanto mais intenso for nosso desejo, mais doerá a frustração de não realizá-lo. A implicação emocional complica tudo e determina e explica a intensidade de nossa dor. Quanto mais implicação afetiva, mais dor.

Outro aspecto que devemos levar em conta nos parâmetros de dor é sua duração. Existem dores pontuais, sejam mais ou menos intensas, mas também existe a dor surda e contínua, de longa duração, um tipo de dor muito daninho. Todos nós temos um determinado nível de tolerância à dor, que varia de uma pessoa a outra, ou de uma época a outra, em função de parâmetros como nosso estado emocional ou nosso contexto. Esse limiar de tolerância à dor nos permite viver o dia a dia e manter o ritmo apesar da dor; da dor pequena. Mas, paradoxalmente, essa tolerância é a porta de entrada da dor surda e continuada, que aproveita qualquer fresta para entrar em nossa vida. Entra pouco a pouco, sorrateiramente, em silêncio, e, sem que notemos, vai se instaurando em nosso cotidiano, vai ganhando força e acaba contaminando e condicionando nossa vida.

Às vezes, tentamos comparar as dores, criar um *ranking*. O que você prefere: uma dor insuportável, mas curta, ou uma dor moderada, mas de longa duração? É difícil responder a essa pergunta. Mas o que podemos afirmar é que, independente da intensidade, a dor de longa duração é como uma espécie de tortura que tem um alto preço emocional e que acaba afetando gravemente todas as áreas da vida. Quem sofre de fibromialgia ou doenças reumáticas sabe o triste efeito que a dor contínua de longa duração tem no corpo e na alma.

Muito relacionada com a duração da dor está outra dimensão que nos ajudará a compreender o impacto que a dor tem em nossa vida: seu prognóstico. Uma dor pode ser de prognóstico positivo, negativo ou incerto, ou seja, pode melhorar, piorar, ou ser indeterminada quanto a sua evolução. A melhor é a dor de prognóstico positivo, porque, por mais intensa que seja, o fato de sabermos que um dia vai acabar nos dá uma perspectiva temporal positiva que nos ajuda a enfrentá-la e a encontrar a energia necessária para superá-la. Se você souber que a dor tem data de validade, estará em melhores condições para suportar suas terríveis consequências.

Contudo, se você sofre uma dor de evolução negativa, sabe que ela vai aumentar. Por isso, terá que criar um plano de contingência, optar por uma compensação. Não faça como muitas pessoas, que simplesmente se abandonam ao sofrimento. Eu proponho que você não se renda, pois diante da dor há mais coisas a fazer além de apenas suportá-la. Sei que não é simples imaginar novas atividades ou se conectar com novos recursos ou interesses que compensem a dor que você está sofrendo e que sabe que continuará sofrendo, mas, se analisar de novo as circunstâncias, de uma nova perspectiva, verá que é possível fazer algo com essa situação dolorosa de evolução negativa. Eu sugiro que compense essa dor enriquecendo sua vida, buscando novos projetos e novas atividades que gerem emoções positivas. Procure imaginar a dor, seja física ou emocional, como um saque de sua conta-corrente. A cada dia, a cada semana ou a cada mês, sua dor retira uma quantidade determinada de bem-estar de sua conta, inevitavelmente, sempre na hora programada. Entretanto, se você conseguir depositar bem-estar em sua conta, ela nunca entrará no vermelho, e a quantidade de bem-estar retirada pela dor não desequilibrará seu dia a dia, já que, em todo caso, você poderá compensar o saque e equilibrar de novo a balança.

Desamparo aprendido

Na década de 1970, o doutor Martin Seligman trabalhou em um conceito-chave para a psicologia: o desamparo aprendido, que seria algo como desistir de continuar lutando dado que o âmbito de referência de que se dispõe é: "Faça o que fizer, não vai adiantar nada". Esse fenômeno é uma consequência lógica de uma dor de prognóstico negativo. Quando acredita que não pode exercer nenhum tipo de influência na dor que sente, é fácil e previsível concluir que, faça o que fizer, você não poderá controlar essa dor, abandonando sua luta e a si mesmo. No entanto, como acabamos de ver, apesar de não podermos fazer nada para deter essa dor que nos tortura, seja física ou emocional, somos capazes, sim, de fazer algo para administrar o impacto que ela tem em nossa vida e para compensá-la com momentos de bem-estar.

Também é possível que nos encontremos diante de uma dor de evolução incerta. Se for esse seu caso, sugiro que tente, se possível, resolver essa incógnita. Se a evolução de seu sofrimento for de fato incerta, concentre-se no dia a dia, sem antecipar nada, nem positiva nem negativamente. Não sabemos o que vai acontecer, de modo que não faz sentido fazer conjecturas. Se acreditarmos que tudo vai piorar, entraremos em ressonância negativa e acabaremos sofrendo por coisas que possivelmente nunca acontecerão. Se, ao contrário, criarmos a ilusão de que tudo vai dar certo, estaremos enchendo um balão que uma hora ou outra explodirá, provocando uma grande decepção e acrescentando mais dor a nossa vida. Portanto, se não sabemos como as coisas vão se desenrolar, a única coisa que nos cabe fazer é focar o presente, analisar sua evolução e adaptarmo-nos com a maior rapidez possível aos acontecimentos.

Por fim, ainda resta uma dimensão a analisar, que é o impacto da dor e do sofrimento em nossa vida. Por impacto, entendemos as repercussões e consequências que dor e sofrimento têm nas diferentes áreas da vida. O impacto pode ser baixo ou alto. Certos sofrimentos podem ser encarados sem maiores consequências, ao passo que outras adversidades nos nocauteiam e não nos permitem pensar, trabalhar, descansar... nem mesmo viver. Às vezes, uma adversidade entra em nossa vida e a vira de ponta-cabeça, deixando-nos soluçando em um canto sem saber o que fazer nem para onde ir.

"Eu passei pela mesma coisa que você e superei"

Às vezes, com a melhor das intenções, alguém se aproxima de nós e solta essa frase. A pessoa pode até ser simpaticíssima, mas isso não impede que esteja absolutamente equivocada. Como não existem duas dores iguais, é muito difícil equiparar diferentes situações com pessoas diferentes. As pequenas variações de intensidade ou duração do sofrimento são suficientes para explicar as reações adversas de pessoas diferentes diante de uma dor supostamente igual. Contudo, o impacto da adversidade é o elemento-chave que vai determinar o grau com que a dor nos afetará.

Sabemos administrar a adversidade?

Agora já sabemos um pouco mais sobre a dor e a adversidade. Mas fica a pergunta: como reagimos diante desta última? Muitas vezes, reagimos sem pensar, de maneira impulsiva e pouco racional e sem analisar a adversidade, o contexto e as possíveis alternativas. Não sabemos que a maneira como reagimos e enfrentamos a adversidade condiciona nossa probabilidade de sucesso para administrá-la, de modo que vale a pena dedicar a isso uma seção inteira.

Algumas pessoas reagem com uma explosão emocional em forma de ansiedade ou tristeza. Quando uma adversidade cruza nosso caminho, costuma fazê-lo no pior momento, frustrando nossos planos mais iminentes ou para o futuro próximo. De repente, a adversidade entra em nossa vida e provoca um elevado impacto emocional de consequências inimagináveis, paralisando nossa capacidade de pensar e raciocinar e afetando todas as áreas da vida, da sexualidade ao trabalho. Quando estamos sob a influência de uma emoção intensa, nossos níveis de cortisol e adrenalina disparam e provocam um grande impacto em nossas funções vitais e em nossa capacidade de pensar, analisar, ser criativos, solucionar problemas e outras infindáveis funções mentais superiores. Ao sentir de um modo tão forte e intenso, podemos até adoecer; quando a tristeza se torna crônica, pode desembocar em uma depressão; quando a ansiedade se torna crônica, pode acabar em um transtorno de ansiedade generalizada. O fato de ficarmos bloqueados ou adoecermos devido à intensidade da emoção nos coloca em uma posição de desvantagem na hora de administrar e enfrentar a adversidade – justamente essa adversidade que requer a melhor versão de nós mesmos.

Outras pessoas reagem à adversidade com surpresa, como se pensassem: "Ora, eu não sabia que fumando três maços de cigarro por dia poderia ter câncer de pulmão"; "Ora, eu não sabia que em algum momento descobririam que só fico baixando filmes no trabalho e me demitiriam"; "Caramba, eu não podia imaginar que meu filho corria risco de morrer em um acidente de moto, a mesma moto com que eu insisti que competisse"; "Nossa, eu não podia imaginar que um dia sofreria um acidente a mais de 8 mil metros de altura durante a escalada de uma montanha altíssima"; "Que surpresa! Como eu ia imaginar que meu companheiro estava cansado de minha obsessão pelo triatlo?"; "Ele não curtiu nem um pouco minha infidelidade; poxa, foi só uma aventura que tive na vida inteira". Enfim, há pessoas que pensam que o que lhes aconteceu não tem nada a ver com elas e são pegas de surpresa. Às vezes, pecamos por ingenuidade, ou fingimos ser ingênuos. Assumimos riscos deliberadamente, às vezes desnecessários, e depois nos surpreendemos quando ganhamos na loteria em que jogamos. Passamos pela vida sem pensar nas consequências de nossos atos, chegamos até a nos enganar; mas, quando a realidade nos põe em nosso lugar, reagimos como se houvéssemos caído em uma armadilha.

Também há quem se irrite, sinta uma raiva monumental, tenha uma grande, incontrolável explosão de ira que ofusca a visão adequada da realidade. Quando sentimos raiva, pode ser contra nós mesmos, mas essa casuística é pouco frequente: preferimos ter raiva de alguém, de um bode expiatório a quem possamos atribuir a responsabilidade do que acontece conosco. A culpa foi do mecânico que preparou a moto, do piloto que me deixou nervoso, do guia que não controlou o tempo, do gim-tônica que tomei, da pressão, ou da vida... Tanto faz! Desde que eu não tenha culpa, está tudo bem! Essa estratégia é cômoda, mas também pueril e pouco efetiva por dois motivos. O primeiro é que, quando culpo alguém, não tenho nenhuma responsabilidade a assumir, nada a melhorar, nada a aprender nem nada a corrigir; vou dormir tranquilo, sim, mas com custo extra para as pessoas ao meu redor e para mim mesmo, já que é possível que eu repita o mesmo erro. O segundo motivo é que, onde há ira, há culpa, e onde há culpa se encontrará castigo e maus-tratos, seja contra si mesmo ou contra as pessoas a quem se atribui a origem do problema; assim, posso aplicar com total impunidade meu castigo e tortura na origem de todos os meus males, visto que tenho uma justificativa que me escusa e ampara. Ele merece! E, enquanto maltrato alguém ou faço o papel de vingador, não preciso assumir a responsabilidade que me cabe. Quando a ira e o ressentimento se tornam crônicos, nossa vida fica obscura, amargurando-nos e amargurando as pessoas que nos cercam.

Outras pessoas, diante da adversidade, são tomadas pelo medo, um medo frio, hostil e cruel que gela seu sangue, paralisa sua vida e a capacidade de pensar apropriadamente. Da mesma maneira que um coelho se paralisa diante dos faróis de um carro, ou uma raposa dispara a correr erraticamente para escapar de seu caçador, o medo da adversidade faz que fiquemos expostos às consequências do problema ou que comecemos a agir sem bom senso. A preocupação se apodera de nossa vida; andamos em círculo, incapazes de tomar uma decisão, "a decisão", a pedra angular que está bloqueando nossa reação diante da adversidade. Enquanto nos preocupamos, não fazemos nada útil para administrar a adversidade, suas causas e consequências. Preocupados e cansados, perdemos a agilidade mental, tudo se mostra confuso e sombrio, perdemos de vista todos os recursos com que contamos para enfrentar a adversidade e nos sentimos pequenos e inseguros, incapazes de lutar contra ela.

Poucas páginas antes, eu falei do fenômeno do desamparo aprendido, que consiste em reagir à adversidade com desesperança, acreditando que não se pode fazer absolutamente nada para atingir um objetivo. Com frequência, precisamos de um impulso extra, uma energia que nos permita tirar forças da fraqueza e enfrentar os desafios com nosso melhor sorriso, e essa energia nasce da esperança e da ilusão. Mas o que acontece quando perdemos a esperança? Sem esperança, não temos a menor probabilidade de sucesso. Se eu acreditar que "faça o que fizer, não vai adiantar nada", me limitarei a não fazer nada e a esperar que aconteça um milagre. E, ao simplesmente esperar, não estarei fazendo nada para acabar com a adversidade que está provocando meu sofrimento. O desamparo aprendido tem origem nos ensinamentos que extraímos de nossas experiências passadas; portanto, se quiser se livrar dessa pesada laje, precisa começar a reinterpretar o que aconteceu e as conclusões que tirou.

Não podemos pensar em adversidade sem pensar no conceito de pressão. Toda adversidade requer nossa atenção imediata para ser solucionada, o que gera uma pressão que precisamos eliminar. Essa pressão é o motor da ação, pois, se não existisse, em muitos casos não faríamos nada de nada. No entanto, algumas pessoas não sabem como administrar essa pressão, sentem-se desconfortáveis, não conseguem suportá-la e decidem adotar a pior estratégia: o autoengano.

O autoengano se manifesta de muitas maneiras, mas nenhuma delas é uma estratégia válida de enfrentamento. O autoengano baseia-se na incapacidade de aceitar uma autoimagem negativa, de modo que o indivíduo prefere distorcer a realidade a assumir um erro ou uma incapacidade. Enfim, é muito mais fácil enganar a si mesmo, olhar para o outro lado e fingir do que admitir que você tem um problema e não sabe como resolvê-lo. Ao negar o problema, torna-se impossível lançar mão de parâmetros, estudá-lo, analisá-lo e enfrentá-lo. E, quando não fazemos nada para enfrentá-lo, deixamos sua solução nas mãos do acaso ou da boa intenção das pessoas próximas.

O autoengano

Enganamos a nós mesmos todos os dias, várias vezes ao dia, acreditando que essa é uma boa estratégia; mas estamos totalmente errados. Enganamos a nós mesmos por coisas insignificantes – por exemplo, tomo um café que não me faz bem, ou penso que não vai acontecer nada se chegar dez minutos atrasado – e também por coisas mais sérias – por exemplo, dou por certo que meu companheiro me ama, ou que não vou arranjar um emprego melhor que o atual.

O autoengano é uma estratégia muito utilizada, o que não significa que seja válida; de fato, é extremamente tóxica, pois paralisa a ação e mantém o *status quo* de uma situação. Existem diferentes tipos de autoengano:

- "Eu não podia fazer mais nada": esse é o autoengano mais cômodo de todos. Além de não fazer nada, afastamos de nós a responsabilidade e vamos dormir tranquilos. É um dos autoenganos mais imaturos: "Eu já tentei, mas não há mais o que fazer".
- "Há gente que está pior que eu": para mim, esse é um dos piores, especialmente porque nele usamos uma atenção seletiva. É muito tolo. Sim, há gente que está pior que você, mas também há gente que está melhor. Se, em vez de se enganar, você reparasse nas pessoas que estão melhor que você e aprendesse, poderia evoluir, dar um salto maturativo e resolver seus problemas. Esse autoengano justifica sua inação, e com ele você julga parcialmente os outros e se compara parcialmente para sair fortalecido.
- "Não importa o que eu fizer, não vai adiantar nada": talvez, no passado, você tenha feito coisas para resolver um problema, mas o que fez não foi apropriado, ou você não fez direito; se disso concluir que fez todo o possível e que não deu certo, logicamente o que depreenderá é

que, não importa o que você fizer, não vai adiantar nada. Muito bem, é bastante possível que você tenha tirado conclusões precipitadas. Sugiro que as reveja; em muitas situações, é possível, sim, fazer algo a mais.

- "O tempo conserta tudo": o tempo, sozinho, não faz nada. Você está deixando seu futuro nas mãos do acaso. É melhor assumir o controle, já que, enquanto espera, não está fazendo nada.

Há muitas maneiras de reagir diante da adversidade, tantas quanto há pessoas. Talvez você tenha se identificado em alguma das que comentei. É até possível que tenha diferentes reações para diferentes problemas. Eu citei só as mais habituais; o mais importante aqui, sem dúvida, é que você analise o modo como reage à adversidade, para, assim, poder prever maneiras de enfrentá-la.

Eu gostaria de compartilhar com você os resultados dos estudos de Watson sobre as estratégias de enfrentamento à adversidade. Em suas pesquisas, Watson isolou alguns fatores-chave e analisou como eles influenciam ou determinam nosso sucesso no gerenciamento de uma adversidade. Para ele, existem quatro elementos-chave que predizem o sucesso ou fracasso na tentativa de superar a adversidade. O primeiro faz referência ao modo como interpretamos a adversidade, ou seja, ao significado que damos ao acontecimento. O segundo se refere à percepção de controle sobre a adversidade, ou seja, à crença de que se pode fazer algo ou de que é impossível fazer qualquer coisa para administrar a adversidade. O terceiro versa sobre a avaliação que fazemos da evolução da adversidade. Por fim, o quarto fator analisa nossa resposta emocional, bem como sua intensidade, diante do problema.

Em função desses parâmetros, Watson propôs cinco tipologias de reação à adversidade. Proponho que, enquanto explico as diferentes estratégias, você se analise, com o objetivo de reconhecer qual é seu estilo dominante.

O primeiro estilo foi batizado de espírito de luta. As pessoas que lutam contra a adversidade a interpretam como um desafio diante do qual não há alternativa senão ter coragem e enfrentar. Além disso, percebem um elevado grau de controle da situação que estão vivendo, têm uma atitude otimista da evolução do problema e adotam o papel de protagonista na resolução da adversidade. Sem dúvida, é o melhor estilo de enfrentamento, o que nos dá mais garantias de superação e o que nos coloca em uma posição melhor para tentar superar a adversidade que nos atormenta.

O segundo estilo é a evitação ou negação da adversidade. Aqueles que apresentam esse estilo de enfrentamento não percebem nenhuma ameaça na adversidade, têm uma visão ingênua dela e da realidade, tendem a minimizar o problema e suas consequências, e tudo isso com um tom emocional sereno, ou, melhor dizendo, com a maior indolência.

O fatalismo é o terceiro estilo de enfrentamento da adversidade que tão acertadamente Watson descreveu. As pessoas fatalistas percebem a adversidade como uma ameaça moderada, porém não concebem nem uma única possibilidade de controle, tanto sobre a adversidade quanto sobre suas causas ou consequências. Assim sendo, adotam uma atitude resignada que as conduz à maior passividade possível. Como consideram que não podem fazer nada, decidem não se envolver na solução do problema.

O quarto estilo é a indefensabilidade e desesperança, que nos leva a considerar a adversidade como uma ameaça terrível, sem a menor possibilidade de controle. Diante desse panorama, não nos resta opção além de adotar uma atitude pessimista acerca da evolução da adversidade, o que faz que não nos envolvamos em absoluto na solução e que acabemos deprimidos.

E, por fim, temos a preocupação ansiosa, um estilo que se caracteriza por perceber a adversidade como uma grande ameaça; aliás, tudo seria uma grande ameaça. As pessoas que se encaixam nesse estilo vivem em total incerteza e tendem a buscar compulsivamente a segurança de que tanto necessitam.

E quanto a você? Agora que já conhece um amplo leque de estilos de enfrentamento da adversidade, como você considera que reage à adversidade? Reconheceu-se em algum estilo específico?

Faça da adversidade um desafio que precisa ser enfrentado, e você vai ver como surgirá de dentro de você o espírito de luta que necessita para superá-la, recompor sua vida e sair fortalecido. Quando a vida lhe der um golpe duro, avalie os danos físicos, psicológicos, afetivos e sociais, sacuda a poeira e volte ao ataque recomposto, mais sábio e com mais recursos.

É possível aprender a administrar a adversidade?

Claro que sim. De fato, é uma fortaleza emocional passível de ser aprendida. O problema é que isso não é ensinado na escola. Nós nos empenhamos em ensinar nossos filhos a competir e a ser durões, mas não notamos que o que eles necessitam na realidade é aprender a viver, a se escutar e a se reconhecer. O que acha de, em vez de ensinar seus filhos a competir contra outras pessoas, ensinar-lhes a se conectar com elas? De, em vez de mostrar a seu aluno que o outro é um adversário, apresentá-lo como um companheiro? De ensinar seus filhos a olhar nos olhos do outro com interesse e compaixão? De, em vez de lhes ensinar a ignorar a adversidade, dotá-los de recursos para enfrentá-la e administrá-la?

Não esqueça...

- Suas expectativas de autoeficácia condicionam sua avaliação da adversidade.
- A dor emocional pode variar em intensidade, duração, prognóstico e impulso. Uma mesma adversidade pode doer de forma diferente em pessoas diferentes ou em uma mesma pessoa em momentos distintos.
- O fato de você sentir dor não significa que não pode compensá-la mediante ações focadas.
- A maneira como enfrentamos e administramos a adversidade condiciona nossas probabilidades de sucesso.
- Transforme a preocupação em ação.
- Reinterprete a adversidade e aprenda com ela.

É possível recompor a vida?

Sokei podia recompor sua peça ou não. Valeria a pena tornar a sofrer diante da visão de uma alma quebrada e desgarrada? Acaso não seria melhor guardar os pedaços em uma gaveta e não tornar a vê-los? Sokei pensava com a dor. O sofrimento é um péssimo conselheiro. Fechou de novo os olhos para poder ver com clareza.

Era um dia de verão daqueles de calor sufocante. Decidi ir até o rio e descer umas corredeiras para me refrescar e distrair um pouco. De Llavorsí a Sort, nos Pirineus catalães, encontramos uma grande concentração de corredeiras, e no verão há muita gente fazendo *rafting*, *riverboarding* ou andando de caiaque, ou simplesmente descendo o rio com uma boia. Sim, com uma boia! Bem, o caso é que no meio da descida deparei com um casal que havia entrado na água com uma boia enorme, como um pneu de caminhão, e estava em apuros. Estavam presos em uma contracorrente em uma curva do rio inacessível por terra. Vendo a cara de espanto deles e reparando que na saída da contracorrente dariam de cara com uma árvore caída, dei início à operação de resgate.

Eu me aproximei de onde estavam e notei que haviam ficado enroscados em um galho submerso. Saí do caiaque e os soltei; mas, de repente, comecei a ver a água tingida de sangue. Meu sangue... A água fria do rio tinha camuflado a dor provocada por uma rocha que cortara toda a frente de minha canela quando eu pulara do caiaque. Já com mais calma, examinei a ferida; era um corte de cerca de vinte centímetros de comprimento e profundo. Que desastre! Ainda faltava uma hora de descida, e depois eu teria que voltar a

Llavorsí para pegar o carro. Pensei em seguir rio abaixo até o hospital de Tremp, mas a verdade é que quando você vive, trabalha e se diverte na montanha os acidentes estão na ordem do dia. Depois de toda a aventura, quando por fim cheguei à caravana onde dormia, me dei conta de que a ferida havia começado a cicatrizar. A inflamação havia diminuído, já não sangrava, e a dor diminuíra bastante.

Como já dissemos, é o impulso de reparação que faz com que nosso corpo se repare ao se ferir. Nossa biologia está preparada para viver, o que implica a possibilidade de sofrer um ferimento. A questão não é ser absolutamente invulneráveis, nem ficar em casa por medo de nos machucar; e muito menos aspirar a uma vida fácil e segura. A questão é ser mais fortes que a vida, ser capazes de nos recuperar dos ferimentos e ter a habilidade de reparar o quebrado, de reconstruir a vida.

O impulso de reparação

Quando uma pessoa sofre um ferimento, ativa-se o processo de reparação, uma cadeia de reações bioquímicas complexas que desinfeta, reconstrói e cicatriza a ferida. O corpo humano sente o impulso de reparação de qualquer ferimento que sofra e ativa um intrincado sistema de alarme e reparação que envolve praticamente todas as nossas funções vitais. Ele está preparado para enfrentar grandes feridas e traumas físicos. Pode recompor a pele queimada, regenerar células, emendar um osso quebrado, reconstruir uma área danificada e até suprir funções cerebrais perdidas. Em meu caso, minha ferida se reparou em duas semanas, deixando uma cicatriz que me recorda de que mesmo o pior estrago pode ser reparado.

O impulso de reparação é inerente a nossa natureza, intrínseco a nosso corpo e necessário para viver. No entanto, esse impulso de reparação não é exclusivo do corpo: a mente também tem o impulso de reparar feridas emocionais. Simples assim. Já temos a resposta à pergunta que dá título a este capítulo. É possível recompor a vida? Sim, sem dúvida. E, além do mais, estamos preparados para isso.

O paradoxo do sofrimento

Diferente do que acontece com nosso corpo, não permitimos, em algumas ocasiões, que nosso processo de reparação mental se complete, e interferimos de tal modo que ficamos ancorados na dor emocional. É como se perversamente gostássemos de sofrer essa dor. É um tanto complexo entender por que limpamos e desinfetamos uma ferida física para curá-la e, por outro lado, não fazemos o mesmo com as feridas emocionais para evitar que infeccionem e se tornem cistos.

Por que não curamos nossas feridas emocionais? Por que não ouvimos ou então ignoramos o que nossa alma pede aos gritos? Por que impedimos que o processo de reparação da ferida comece? Não há uma resposta simples. Em alguns casos, nos desconectamos de nossa fortaleza emocional e dos recursos próprios de que dispomos para enfrentar a adversidade. Em outros casos, o motivo é que estamos tão no limite que não conseguimos nos conectar com nossos recursos. Às vezes, perdemos a perspectiva e enganamos a nós mesmos com a dor que sentimos. E outras vezes a razão é que, culturalmente, em algum momento, interiorizamos a ideia de que viemos a este mundo para sofrer, e, por isso, não fazemos nada para parar com a dor.

O gigante adormecido

Permita-me usar de novo a analogia da reparação física de uma ferida para ilustrar um novo conceito muito importante. Normalmente, nosso corpo não fica dando sinais inequívocos de que tem a capacidade de se reparar. Ele é bem discreto no que diz respeito a seu potencial. O corpo se apresenta tranquilo, pois sabe que dispõe de todo um arsenal de reparação pronto para entrar em funcionamento. Mas, enquanto isso, dedica-se a viver, ignorando completamente o medo de sofrer um ferimento.

Temos um corpo preparado, abastecido, pronto para sanar a maioria das feridas ou fraturas, mas ele não entrará em ação enquanto não necessitemos; não despertará enquanto não sofrer um ferimento. Da mesma maneira, nossa mente tem tudo de que precisa para reparar a dor emocional, e, assim como nosso corpo, não fica nos avisando constantemente que está preparada. No entanto, diferente do que acontece com a dor física, nós nos sentimos inseguros acerca de nossa capacidade de curar a dor emocional.

Não esqueça que você tem tudo de que necessita para reparar uma ferida, mas que não acionará o processo enquanto não precisar. Entendo que você possa sentir medo e até acredite que não seria capaz de superar uma fratura, mas não se preocupe. Guarde sua energia e suas forças para quando forem necessárias. Se viver em um mar de medo, você não parará de levantar hipóteses que acabarão no bendito "e se...", e com cada "e se" você vai debilitando seu corpo e sua alma, deixando-os mais vulneráveis.

Já imaginou o que aconteceria se seu corpo não parasse de reagir a possíveis ameaças? Imagine se, diante de cada pequena possibilidade de correr um risco, o corpo ativasse um sinal de alarme e mandasse anticorpos para atacar o inimigo invasor. Acabaríamos doentes, sem dúvida. Pois bem, isso que acabei de dizer acontece com muita gente; de fato, as doenças autoimunes são resultado de uma tentativa de ataque e reparação de nosso sistema imunológico diante de um mal inexistente. Como você deve ter deduzido, essa hiper-reação é disfuncional e provoca grandes alterações na saúde. Da mesma maneira, a hiper-reação cognitiva e emocional diante de perigos imaginários ou temidos provoca grandes alterações disfuncionais em nosso dia a dia, como incapacidade de concentração, problemas de memória, tristeza, ansiedade, medos limitantes e uma longa série de sintomas que podem se transformar em transtornos maiores. Com cada alarme infundado, com cada sofrimento desnecessário, com cada esforço excessivo para nos proteger de um fantasma, consumimos uma quantidade de energia que é muito difícil recuperar.

O processo de reconstrução

Reconstruir a vida é um processo complexo que passa por diversas fases. No momento em que você sofre o golpe que o sacode e o quebra em mil pedaços, é difícil ver os fatos com clareza. A primeira coisa que acontece após uma ferida emocional é uma espécie de embotamento afetivo que obscurece a razão e os sentidos. Incapaz de pensar com clareza, você vê a dor cobrir toda sua vida e seu ser e se expandir para seu passado e seu futuro. Sua atenção se torna parcial e distorcida. Você olha para a frente, para o futuro, e não vê nada mais que solidão, medo, caos e tristeza. Olha para trás e não entende nada. E, no meio de tanto desespero, esquece de olhar para o lado, para ver se há alguém em quem confiar, alguém em quem se apoiar. Sempre há alguém, mas nem sempre você consegue ver. Às vezes, é um amigo, um companheiro ou um parente, mas também pode ser um psicólogo.

Assim como não é necessário correr ao médico por causa de um pequeno corte sem complicações, também não é necessário recorrer ao psicólogo por causa de um pequeno contratempo. Agora, se o que parecia uma ferida simples se agravar, ou se o caso for de um grande traumatismo, não hesitaremos e procuraremos o médico especialista para que nos garanta uma pronta recuperação, minimize nosso sofrimento e controle os riscos de complicações. Da mesma maneira, se vir que sua ferida emocional está se agravando, fugindo a seu controle ou não evoluindo como você gostaria, não hesite em procurar um psicólogo competente, pois ele o ajudará a recuperar a perspectiva de que você tanto vai precisar para poder recompor sua vida.

Também é verdade que algumas pessoas podem adquirir a perspectiva necessária com a compreensão de certos processos psicológicos básicos. É por isso que, tanto neste livro como em *Fortaleza emocional*, coloquei todo meu empenho em tirar a psicologia do consultório e pô-la a seu serviço.

Voltemos a nosso foco, que é a análise da ferida emocional. No início, não sabemos o que aconteceu, apenas sentimos um misto de emoções intensas; a dor se confunde com a ira, a tristeza com a frustração e o ressentimento com a decepção; nosso pensamento se torna cíclico, não conseguimos nos concentrar e perdemos o sono. Pouco a pouco, em alguns dias, o embotamento afetivo vai desaparecendo e deixando a luz passar, e ela nos mostra o que aconteceu. Nossa visão está embaçada, como quando acabamos de acordar. Abrimos os olhos e precisamos fechá-los de novo. Aos poucos, vamos vendo tudo mais claro. As sombras se tornam silhuetas definidas. A confusão se esclarece e passamos a distinguir a realidade que antes não quisemos ou não pudemos ver.

Nessa fase, vamos reordenando devagar o ocorrido e nossos sentimentos. Ordenamos os fatos, organizamos a realidade e começamos a nos colocar em condições de tomar algumas decisões. Contudo, algumas pessoas, diante da dor provocada pela visão da realidade como ela é, preferem fechar os olhos de novo, impedindo, assim, o processo de cura. É justamente nessa fase que decidimos nos ancorar na dor. Rondam em nossa cabeça o papel de vítima, a ira ou a incompreensão, emoções que se tornarão estados de ânimo, e estados de ânimo que acabarão provocando consequências maiores.

Por fim, um dia, se não decidimos fechar os olhos de novo, se não decidimos viver em nosso mundo imaginário, começa, sem que notemos, a fase de cicatrização – a mais importante. É o momento de fechar as feridas. A vida mudou; nunca mais será a mesma, mas pode inclusive ser melhor que antes. Aceite a mudança. O fato de aceitar uma coisa não pressupõe gostar dela, mas, enquanto não a aceitar, você não poderá começar o processo de cicatrização.

A adversidade não passa de um desafio

Você nasceu de novo. A cada dia, nascemos de novo. Vamos dormir sem saber se acordaremos no dia seguinte, de modo que cada manhã é um renascer, uma nova oportunidade. Cada manhã, cada semana, cada mês, cada estação ou cada ano é uma oportunidade maravilhosa para recomeçar, para reconstruir a vida, para fazer da adversidade um desafio.

Os desafios são estimulantes, despertam o melhor de você, ao passo que os problemas e as adversidades têm uma conotação negativa que tende a nos bloquear e a limitar nossa criatividade e nosso potencial de desenvolvimento. Transforme a adversidade em um desafio para ativar o impulso de reparação de maneira imediata e efetiva.

Se você se quebrou, não há problema, pois a qualquer momento pode se recompor. Aliás, deve se recompor. E, quando recomposto, você será mais forte; tomará consciência disso e se sentirá mais seguro e mais bem estabelecido para enfrentar novos desafios. No entanto, não basta se reconstruir; você também tem que aprender com o que aconteceu, fechar uma etapa e embelezar sua ferida. Sabe por quê? Porque os olhos sempre vão para a ferida, que é o ponto mais frágil, o elo pelo qual a corrente se quebrou.

Nosso processo de reconstrução não é um mistério. O método que proponho e que mostro com detalhes na segunda parte do livro começa por recolher os pedaços de nossa alma quebrada e continua com uma análise detalhada da situação, o que nos permitirá aprender com o que aconteceu. A seguir, nós nos conectaremos com nossa fortaleza emocional, o recurso imprescindível para recompor o quebrado; e, por último, mas nem por isso menos importante, embelezaremos nossas cicatrizes com o objetivo de observá-las não com saudade ou dor, e sim com a alegria de quem comprova que tem força. Cobriremos nossas cicatrizes com ouro, para que, quando olharmos para elas, notemos que ao superar a adversidade crescemos, ficamos mais belos e ganhamos força.

É necessário reinterpretar essa ferida, o que só se consegue com um trabalho psicológico. É muito importante que você faça esse processo, pois é bem possível que a recordação do ocorrido o visite em algum momento da vida, e você precisa estar preparado para isso. A lembrança do que sofreu às vezes invade sua vida e sem querer o machuca. Quando olhamos para trás, distorcemos a lembrança, e a vitimização e a autocompaixão aproveitam para entrar também.

Não podemos adotar uma atitude passiva e permitir que as emoções negativas se apoderem de nossa vida e de nosso ânimo, arrastando-nos para um poço frio e escuro. Podemos nos conhecer – temos de nos conhecer – e entender o que aconteceu para administrar essas emoções negativas que estão requerendo nossa atenção. Importa onde você está e o que viveu e sofreu, mas também importa onde você está e aonde quer ir. Há sempre um destino, há sempre uma alternativa, há sempre mais possibilidades; mas, para conseguir chegar a seu novo destino, você precisa estar recomposto.

Sei que você tem medos, sei que acredita que é melhor um mal conhecido do que um bem desconhecido; sei que acredita que não pode recompor sua vida; mas também sei que você está equivocado, que está pensando com a dor. Sei que você está errado e que pode voltar a ser feliz. O que está esperando? Entre em ação!

Não esqueça...

- A possibilidade de sofrer um ferimento é inerente a viver; mas fique tranquilo: nosso corpo já previu isso e está preparado para curar as feridas físicas e emocionais.
- A questão é ser mais forte que a vida e ser capaz de reparar o quebrado.
- Não fique ancorado na dor e permita que sua mente ative o impulso de reparação. Não a bloqueie com crenças e esquemas pouco adequados.

Segunda parte

Kintsugi, a arte de recompor a vida

– Quero recompor a vasilha! – informou Sokei a Chojiro com um olhar sereno, decidido e firme. – Lamento ter demorado tanto para decidir – continuou.

– Querido Sokei, não lamente o que não tem sentido lamentar.

Você precisa recuperar o domínio de sua própria vida, de suas emoções, de seu sentir e de seu fazer, de si mesmo; isso será a base para poder recuperar a autoconfiança, a confiança em suas possibilidades. Chegou a hora de aprender de novo a viver uma vida diferente, a caminhar e a respirar. Você tem que se reconstruir. Às vezes, terá que fazer isso sozinho, às vezes, contará com ajuda, mas, seja como for, faça-o livre de cargas do passado, curtindo a experiência e a sensação, e buscando o processo ativamente. Se não recompuser sua vida, a crise, a adversidade ou o drama que viveu será sua referência, sua unidade de medida, o centro de seu universo e, sem que você se dê conta, governará a maioria de suas escolhas, recordações, medos e desejos.

A vida não se recomporá espontaneamente. Não espere que algo aconteça pelo simples fato de que você assim deseja, pois o mero desejo não basta para recompor a vida. A ação será a responsável por lhe dar essa vida melhor, por ajudá-lo a superar as adversidades, a recolher seus pedaços e a recompor sua vida. Está disposto a entrar em ação? Está disposto a se recompor?

Não espere chegar ao fundo do poço

Com frequência, precisamos chegar ao fundo do poço para bater o pé e tomar impulso, para começar a lutar por uma nova vida, para perceber que temos de dar uma guinada em nosso destino. Mudar não é fácil. Assumir que é possível que sejamos responsáveis por nos encontrar na situação em que estamos também não.

Muitas das grandes conquistas da humanidade foram protagonizadas por pessoas que chegaram ao fundo do poço, pessoas que já não aguentavam mais, pessoas que, nas profundezas de seu sofrimento, não tiveram outro remédio senão levantar a cabeça, pessoas que não tinham mais alternativa senão recolher seus pedaços e recompor sua vida. Mas não espere chegar ao fundo do poço para ativar todos os recursos de que você dispõe. Não espere chegar ao limite para encontrar a energia necessária para recompor sua vida. Possivelmente você já tem sinais de que precisa fazer alguma mudança na vida, de que está sofrendo por coisas que podem ser mudadas, de que poderia ter uma vida diferente. Não ignore esses sinais, não pretenda calá-los com ruído, posses ou aventuras. Pare e escute o que seu corpo e sua alma têm a dizer. Algumas pessoas, quando chegam ao fundo, não conseguem mais sair do poço.

Não fique ancorado na dor

Ninguém morre porque cai em um rio, mas sim porque permanece nele. Da mesma maneira, ninguém pode evitar sofrer uma adversidade, uma desgraça ou um problema, porém pode evitar se ancorar no sofrimento. Todos precisamos de um tempo para aceitar as desgraças, um tempo de reflexão. Às vezes, somos lentos para reagir, muito lentos. Diante de uma desgraça, o mais normal é que fiquemos em estado de choque inicial, desorientados e aturdidos. Mas, depois desse breve espaço de tempo, temos a obrigação e a necessidade de começar a recompor nossa vida.

Permita-me compartilhar com você um caso que ilustra perfeitamente esse fenômeno. Era meado de julho, e várias famílias, inclusive a minha, estavam fazendo uma excursão nos Pirineus. Após um breve trajeto, chegamos a nosso destino, um lindo lago cercado de montanhas escarpadas. Como havíamos caminhado por duas horas e estávamos com fome, a primeira coisa que fizemos foi procurar um lugar para sentar, montar o acampamento de base e recuperar as forças. Procuramos um bom local de observação de onde pudéssemos ver as crianças entrando e saindo do lago, e começamos a ajeitar tudo. Uma *tortilla* de batata aqui, umas azeitonas ali, uns *tacos* de queijo... Como é bom fazer piquenique ao ar livre! Meus restaurantes preferidos sempre são da mesma rede – de lindos recantos que a natureza nos oferece para comer em qualquer lugar com uma boa vista. Enquanto comíamos, conversávamos animadamente; todos, menos uma pessoa. Um dos pais não parava de reclamar. Havia se sentado perto de um formigueiro, e de vez em quando sentia o desagradável ardor provocado pelas picadas das formigas.

"Que foi?", perguntou sua mulher.

"Nada; é que essas formigas estão me picando."

"Mude de lugar", sugeriu outro comensal.

"Estou com preguiça de levantar agora."

E continuou reclamando de vez em quando.

"O que há com ele?", perguntou uma de nossas amigas que havia acabado de se juntar ao piquenique. "Por que ele está reclamando tanto?"

"Porque sentou em cima de um formigueiro", respondeu a mulher do homem.

"E por que não muda de lugar?", sugeriu a amiga.

"Porque ainda não foi picado o suficiente."

Essa é a chave da questão! Meu querido amigo achou que o desconforto da mudança era maior que o sofrimento imposto pelas formigas. Da mesma maneira, muitas pessoas não vão mexer um dedo para reconstruir a vida enquanto forem capazes de suportar a dor. No entanto, às vezes, quando a dor é muito forte, encontramo-nos em piores condições para realizar a mudança que necessitamos, uma vez que estamos mais deteriorados, cansados, e perdemos a perspectiva. Não espere pela dor insuportável! O desconforto da mudança é muito melhor que a aparente comodidade do abandono ao sofrimento.

Entre em ação. Não viva a vida como um espectador, sendo que pode ser um ator. E você é o ator principal do filme de sua vida! Entre em ação e dê o primeiro passo para começar a recompô-la! Recuse os roteiros que querem para o filme de sua vida. Viva sem roteiro. Escreva seu próprio roteiro. Dirija seu próprio filme, e comece agora. Pare de viver em um drama em preto e branco e comece a viver em um filme em cores... Dê o primeiro passo, tome a decisão de recompor sua vida. Você já sofreu bastante.

Pense diferente

Pensamos pouco e pensamos mal. Por isso, nesta segunda parte, decidi dar algumas dicas para pensar melhor. Costumamos tirar conclusões precipitadas, equivocarmo-nos com elas e, depois, tentar justificar o erro.

Eu proponho que você pense diferente, que pense de modo simples. Simplificar as coisas não é tarefa fácil, ela implica certo esforço. Simplificar a realidade não é coisa banal; ao contrário, é algo muito importante, pois exige uma mudança de atitude que nos ajuda a ganhar felicidade e bem-estar emocional.

Em que consiste pensar de um modo simples? Em não complicar a vida com aquilo que, na realidade, não é necessário para nós. As formigas o estão mordendo? Mude de lugar. Não gosta da empresa em que trabalha? Comece a planejar o enriquecimento de seu trabalho ou uma mudança de emprego. Não se sente bem? Vá ao médico. A chave está no controle do pensamento, em parar de pensar em círculos e em focar o entrar em ação. Trata-se de transformar a inação em ação, de abandonar o conforto, de dar um passo à frente, de parar de se preocupar e antecipar um futuro hipotético e passar a ver o que pode de fato acontecer.

Recolha os pedaços

Sokei recolheu os seis pedaços com delicadeza; mas, de repente, deu-se conta de que havia no chão um sétimo fragmento. Um fragmento muito pequeno, quase imperceptível devido à luz tênue e matizada por uma cortina de chuva torrencial que entrava por uma das janelas da oficina de Chojiro.

Eu gosto de escalar; já escalei muito, e com frequência, durante uma escalada, fico maravilhado com as conquistas da vida, com a luta da natureza pela sobrevivência. Muitas vezes, encontro plantas florescendo em meio ao nada, em um canto insignificante de uma parede de rocha completamente vertical. Ali a vida luta para mostrar sua grande capacidade de adaptação, a mesma força com que a natureza e a vida nos agraciaram. Não esqueça: nós podemos florescer e crescer mesmo na pior situação, mas desde que entremos em ação.

Sabe qual é o primeiro passo que devemos dar? Recolher os pedaços daquilo que quebrou. Sim, recolhê-los. Com frequência, os desprezamos, escondemos ou guardamos em uma caixa de recordações – ou na gaveta do esquecimento. Mas essa atitude não é a solução, porque não ajuda a reconstruir, e sim a ancorar-se na dor, a enganar a si mesmo ou a ignorar o ocorrido – todas estratégias equivocadas. Eu sugiro, então, que você recolha seus pedaços, que os tire da gaveta, que os liberte de sua prostração na caixa de recordações não gratas e que os espalhe sobre a mesa. Vamos entrar em ação, e vamos fazer isso juntos.

Você conhece seu *ikigai*?

Para começar a se recompor, você precisa ter um como e um porquê. Do como, falaremos bastante na terceira parte do livro, com os diversos casos que preparei. Já do porquê, não podemos falar muito, dado que você deve encontrar o seu próprio. Eu posso lhe dar alguns porquês, posso inspirá-lo e até lhe explicar os mais comuns; mas só você poderá encontrar o seu.

Comece recolhendo seus pedaços; faça isso por você, por seu companheiro ou por seus filhos. Você pode decidir se recompor pelo que foi ou pelo que pode vir a ser, por nada em particular, pela vida que tem a sorte de desfrutar, porque merece ser feliz ou até mesmo para irritar a pessoa que o machucou. A motivação não importa! No fim, a única coisa que me interessa é que você encontre a força motriz e o impulso que lhe permitam iniciar a recomposição. Eu poderia continuar sugerindo porquês, mas, se você não os interiorizar, eles não servirão para muita coisa. Vamos por partes.

Por que você se levanta a cada manhã? Qual é a motivação que o tira da cama todos os dias? No Japão, existe um termo para descrever a razão de viver ou de ser: *ikigai*. Todos temos um *ikigai*, ainda que não saibamos qual é. De fato, a busca de seu *ikigai* é algo que lhe proporcionará grandes doses de satisfação e autorrealização, uma vez que, quando você se conectar a ele, sua vida ganhará sentido. Com frequência, vivemos uma vida cheia de aparências, de posses que nos apresentam e que falam de nós, de empregos que conferem muito prestígio, mas dos quais não gostamos, de estereótipos herdados, de retalhos de outras vidas e de um aparente sentido. Entretanto, essa vida cheia de aparências costuma desmoronar, e isso costuma ser em forma de crise. Para algumas pessoas, essa crise que ocorre na idade adulta é uma oportunidade de se perguntar qual é seu *ikigai* e o sentido de sua vida.

No entanto, buscar um sentido para a vida durante o sofrimento não é o ideal, visto que na carência tudo é mais difícil. Você já fez supermercado enquanto estava com fome? Pois acontece algo parecido quando você busca o sentido da vida em meio ao sofrimento provocado por uma crise. Se estiver em um estado emocional alterado ou intensificado, sua razão ficará ofuscada e você reagirá de maneira impulsiva. E como poderia ser diferente? Você está sofrendo, sofre por causa de valores e princípios que não funcionaram, sente necessidade de acabar com esse sofrimento o quanto antes, e, nessas circunstâncias, qualquer coisa lhe parecerá boa.

Quando buscamos o sentido da vida em plena crise, agarramos a primeira alternativa ou sugestão que vemos pela frente, somos como iscas para gente esperta que nos proporcionará sentido em troca de seu próprio benefício, somos como vítimas vulneráveis de crenças místicas, pseudociências e teorias alternativas. Quando estamos com fome, qualquer coisa é boa; quando estamos sofrendo, qualquer opção é válida. Minha proposta é que você não espere ter uma crise para dar sentido a sua vida – o sentido que você realmente quer, não o que seus pais ou amigos querem, nem um sentido baseado em ideais de difícil materialização. Quando descobrir seu *ikigai*, você descobrirá aquilo que lhe dará valor, que lhe dará vida. Você será feliz quando sua vida tiver um sentido; um sentido para você. Mas, primeiro, você deve buscar o silêncio para então procurar esse sentido dentro de si.

Já se deu conta do ruído que impera a nosso redor? Nós não suportamos o silêncio. Somos capazes ouvir música enquanto corremos no meio da montanha, embora isso signifique perder a bela melodia que a mata nos oferece. Nós nos entretemos com o barulho, fugimos do silêncio sem saber que, sem ele, não é possível nos conectar conosco, com nossa essência, com nossos sonhos e desejos e com nossas necessidades. Porém temos medo do silêncio. Nós nos empenhamos em fazer barulho para não ter que ouvir a nós mesmos. Acreditamos que o ruído encobre tudo, mas isso não é verdade. Trabalhamos desconectados, amamos desconectados, comemos desconectados... sempre com ruído, sempre fugindo do belo silêncio, do silêncio de que tanto precisamos para viver em paz.

Que diálogo você mantém consigo mesmo? Você anda ignorando a si mesmo? O que quer calar? Possivelmente, a melhor estratégia para curtir o silêncio seja dar atenção às mensagens que o corpo lhe envia. Eu o convido a adentrar a mata e a escutar o silêncio dela, seu próprio silêncio. Conecte-se com ela e consigo mesmo. Ouça. Pare de se ignorar.

O ruído adota muitas formas. Às vezes, tem forma de necessidade de reconhecimento; outras, tem forma de vaidade, de um ego exacerbado, de agressividade ou de narcisismo. Fugimos da tristeza sem saber que é uma emoção necessária para viver, para evoluir. A tristeza não é mais que o foco no silêncio interior. Que medo! Melhor fazer barulho... Permita-se estar triste, não deprimido, e escute-se. Interprete sabiamente o que está escutando e comece a tomar decisões. A tristeza o ajudará a encontrar a coragem que você necessita. Sua alma não silenciará enquanto não atendê-la.

Seu *ikigai* é seu porquê, sua razão para recolher os mil pedaços em que sua vida e sua alma se quebraram e começar a reconstruí-las de um modo mais sábio e feliz. Você está sofrendo. Sua alma se quebrou. É possível que seu presente seja sombrio e triste. Talvez você esteja dolorido, mas o fato de saber com certeza que no futuro estará melhor e que possui o necessário para se reconstruir é motivo suficiente para se motivar, recolher os pedaços de sua alma e dar o passo que precisa dar para recompor sua ferida. Pronto, você já tem um *ikigai*.

Busque seu *ikigai*

Vou propor um exercício. Concordamos que você já tem, no mínimo, um *ikigai*, um motivo para recolher seus pedaços, um sentido que o impulsione a entrar em ação. Isso é fantástico! Mas sugiro que tenha mais *ikigai*s, que analise e perceba quais outros pode encontrar. Analise o ocorrido, pois assim é bem possível que aprenda algo com a adversidade que viveu ou está vivendo. Analise qual foi o sentido de sua vida até esse momento e considere se precisa redefini-lo. Às vezes, embora bem-intencionados, porém equivocados em nossa decisão, acreditamos que nossa vida são nossos filhos, nosso companheiro, nosso trabalho, nossos pais etc.; no entanto, você nunca, jamais deve deixar que toda a responsabilidade de sua vida recaia em um único sentido ou em uma única motivação.

Eu tenho um monte de *ikigai*s! Todas as manhãs, me levanto pelo simples fato de poder me levantar. Já perdi amigos pelo caminho da vida e acho que sou um privilegiado por poder continuar vivendo intensamente. Eu me levanto por mim e por tudo que gosto de fazer. Eu me levanto por minha mulher e por minha filha, por meus pacientes, pela possibilidade de fazer um passeio, de pedalar ou de esquiar nas montanhas, de deparar com uma camurça, uma marmota ou um lobo, de colocar meu talento a serviço de um bem social, de tirar a psicologia das salas de aula, de aprender e de ensinar, de viajar, de sorrir, de desfrutar de um beijo e de um abraço. A cada manhã, eu me levanto pelo apertão que vou dar em minha filha, pela possibilidade de ficar deitado em um prado sem fazer nada, de sentir o sol sobre meu corpo, de me molhar na chuva e de curtir uma boa leitura. Eu poderia encher páginas e páginas com meus *ikigais*. Alguns são mais transcendentais, outros mais épicos, muitos são bastante mundanos, mas todos dão sentido a minha vida. E, no dia em que não funcionarem mais, buscarei novos *ikigais*.

Sabe como você pode começar a realizar esse exercício? Perguntando-se qual é o sentido de fazer o que você está fazendo, de viver onde está vivendo, de realizar seu trabalho, de estar com seu companheiro, de seu estilo de vida, de suas férias. Sugiro que avalie cada área de sua vida e se pergunte que sentido tem para você, se contribui ou não com sua felicidade.

Você pode não acreditar, mas vou lhe contar mesmo assim. Eu me pergunto praticamente sempre que sentido tem o que vou fazer. Que sentido tem tomar um café? Vou tomá-lo por inércia? O que vai acontecer quando eu tomar esse café? Que sentido tem mexer no celular enquanto estou dirigindo? Que sentido tem ir a determinada conferência? Que sentido tem ficar irritado? Que sentido tem escrever um livro? Todos os dias, várias vezes ao dia, eu me pergunto que sentido tem aquilo que vou fazer.

Recolher os pedaços é necessário?

Podemos pensar que a adversidade já passou, que os maus-tratos acabaram e que o tempo nos ajudará a pôr tudo no lugar, mas, lamento informar, essa ideia não é válida nem aceitável. O fim dos maus-tratos não significa o fim do problema, em absoluto. O fim de uma doença não significa o fim do problema. O fim de um processo de busca de emprego não significa o fim do problema. A verdade é que os maus-tratos, o sofrimento e a adversidade deixam uma ferida em sua alma que precisa de sua força de vontade e ação para se curar. Se não recolher os pedaços, você estará deixando a cura ao acaso, o que é tão perigoso quanto deixar que um chimpanzé trate sua perna quebrada; ele pode até ser capaz de colocá-la no lugar e imobilizá-la, mas, sem dúvida, não será um trabalho bem-feito. Aqui, a chave está no mais ou menos. Você está bem? Mais ou menos... Mas mais? Ou menos? Um bom processo de reparação é bem-feito, criterioso; o mais ou menos não vale.

Uma vez sofrida a adversidade, suas sequelas podem perdurar tanto quanto você ou alguém próximo permita. Talvez você tenha sido maltratado, talvez tenha conseguido sair da casa de pais que o oprimiam, mas, se não lidar com o passado, continuará tendo pesadelos, sentindo-se inseguro, comparando-se a outras pessoas e se isolando socialmente. Talvez você tenha sido dependente químico e superado o vício, mas, se não lidar com seu passado, continuará dominado pelo medo de uma recaída, culpando-se por toda a dor que provocou e se sentindo inseguro, fugindo de antigos fantasmas. Talvez você tenha tido uma experiência amorosa ruim, mas, se não aprender com o que aconteceu e encerrar essa etapa, não poderá amar com plenitude de novo. Portanto, não fuja de seus medos, de seus demônios ou dos monstros que o perseguem. Pare, dê meia-volta e encare-os.

Recolha só os pedaços

Agache-se com calma e recolha todos os pedaços de sua alma. Faça isso minuciosamente, sem pressa, tomando cuidado para não recolher sujeira também; não se confunda. Durante o tempo em que estamos quebrados, costumamos adquirir hábitos destrutivos, rotinas que parecem nos ajudar, mas que na realidade nos limitam, atitudes que nos debilitam e intoxicam; enfim, fatores que podem contaminar o processo.

O sofrimento nunca vem sozinho. Quando sofremos abrimos, sem perceber, a porta para emoções tóxicas, como a ira, a raiva, a frustração, o ressentimento ou o ódio. Às vezes, nos ancoramos no ressentimento, amarguramo-nos ou adoecemos. Outras vezes, sentimos ódio, o que é compreensível e até esperado. Quando a ira se apodera de nós, somos capazes de provocar muita dor. A raiva é uma mistura de ódio e ira, mas dirigida a alguém ou algo de modo a nos ligar a nosso inimigo. Já a frustração, essa terrível emoção, mina nossa autoestima e o conceito que temos de nós mesmos. Fazemos o que sabemos. Mas agora você pode dar um passo à frente e abandonar esses hábitos. Ao recolher os pedaços de sua alma quebrada, não pegue também essas emoções tóxicas vazias e inúteis. Recolha-os sem impurezas. Decida ativamente o que vai ou não escolher nessa nova etapa.

Não deixe de recolher nenhum pedaço por acreditar que assim será mais fácil. Conheço uma pessoa que recolheu seus pedaços depois de um desengano amoroso. Recolheu todos menos um – o pedaço que, segundo ela, havia provocado todo seu sofrimento; o pedaço no qual residia sua ideia de amor romântico. Eu me agachei com ela e o peguei com minhas mãos. "Não deixe nada", falei. "Talvez você tenha que polir algum canto do pedaço que contém sua ideia de amor romântico, mas não renuncie a se apaixonar de novo. Seu dever é aprender a se apaixonar pela pessoa certa sem renunciar a nada por medo."

Portanto, recolha todos os pedaços e limpe-os, para não contaminar a obra final, sua grande obra. Elimine os rastros de lágrimas, de ódio e de ressentimento. Deixe no chão a vitimização, a incompreensão e a autocompaixão. Deixe no chão todas as emoções tóxicas que vão limitá-lo, todas as conclusões precipitadas que elaborou na dor e no sofrimento, todas as crenças que o levaram à situação em que se encontra. Veja bem se tem todos os pedaços que necessita. Às vezes, temos pressa de nos reconstruir e esquecemos que pressa nunca é bom. Não se apresse, digira o que passou, ponha à vista os pedaços, examine-os e veja se não esqueceu nenhum. Organize-os, toque-os e sinta-os. Cada um deles tem algo a lhe contar.

Não os junte de qualquer jeito. Não seja rude. Cada pedaço se encaixa perfeitamente no restante. Não force a reconstrução; se algo não se encaixar, é por algum motivo. Comece de novo, se necessário, mas não force uma recomposição se não estiver preparado e com tudo pronto.

Você não é prisioneiro de seu destino, nem de seus erros, nem de suas desgraças. Você é o artífice de sua vida, o ator principal. A qualquer momento, pode impor uma guinada em sua vida, a virada que deseja, a que sonha, a que necessita... Entretanto, para conseguir isso, você deve começar reconstruindo sua vida, seu sofrimento e seu presente.

Não esqueça...

- Recolha os pedaços para compreender o que passou, o que sente e o que pensa. Esse é o primeiro passo para entender o que aconteceu e a representação mental que você formou sobre o ocorrido.
- Não espere chegar ao fundo do poço para recolher os pedaços. Se quiser melhorar, deve fazer alguma coisa, deve entrar em ação.
- O simples fato de saber que no futuro você estará melhor já é um bom motivo para começar o processo de recomposição de sua vida.
- O final do problema não significa o final do sofrimento. Os problemas devem ser encerrados ativamente.

Analise a situação

Sokei estava sentado sobre seus joelhos, com as mãos juntas, palma com palma, descansando entre as pernas, enquanto examinava detalhadamente os sete fragmentos dispostos a sua frente.

Até este ponto, o que fizemos foi adquirir a perspectiva necessária. Tomando distância, tudo fica mais fácil de ser visto, não é? Como é fácil aconselhar os amigos, e como é difícil aplicar o mesmo conselho em nossa vida! Por isso, chegou a hora de começar a pensar diferente. Então, mãos à obra!

O primeiro passo em um bom processo de recomposição é compreender o que aconteceu e aprender com o ocorrido. Voltamos o olhar para trás repetidamente, tentando entender o que aconteceu e por quê, mas, quando tentamos analisar o fato, costumamos fazê-lo de maneira errada, distorcida, e isso não nos ajuda a criar uma base sólida sobre a qual trabalhar. A verdade é que, ao rever o ocorrido, geralmente usamos algum tipo de filtro. Como se fosse o Instagram, nossa mente conta com muitos filtros quentes, frios, saturados e desfocados, e nos propõe aplicá-los na hora de rever o que passamos e o sofrimento vivido. Assim, com o uso de um filtro, suavizamos nossa dor e tentamos mitigar a recordação e dar-lhe uma cor que a deixe mais bonita; ou, ao contrário, que a escureça.

Às vezes, distorcemos nossas recordações, e até mesmo nossa realidade, acrescentando ou retirando elementos importantes, por exemplo nossa responsabilidade ou a rasteira que alguém que amamos nos deu. Outras vezes, não tiramos, e sim acrescentamos. Acrescentamos nosso próprio tempero, acrescentamos a culpa que tinge tudo, ou o desejo do que gostaríamos que houvesse acontecido.

Contudo, independente do filtro que apliquemos, estaremos nos equivocando. Se suavizarmos o que aconteceu, estaremos nos equivocando, visto que introduziremos um fator contaminante em nossa análise. Pode ser que seja difícil contemplar em toda sua plenitude aquilo que doeu, mas só assim você poderá identificar a magnitude do dano. Imagine por um momento que você sofreu um acidente de carro, nada grave, e que, ao levar o veículo à oficina, os mecânicos só olharam por fora, só prestaram atenção aos danos materiais externos. Vamos combinar que essa avaliação não é adequada, uma vez que deixa de analisar aspectos muito importantes, como o motor ou a direção. Pois o mesmo acontece quando, por medo de sofrer, não analisamos com profundidade o que passamos.

Então, proponho que você analise o que aconteceu, o que viveu, o que sofreu, sem acréscimos, sem recortes, sem suavizar, sem complicar, sem filtros. Se quiser recompor sua vida, sugiro que analise o que passou; mas que analise adequadamente.

Analisar?

Temos medo de analisar, é difícil fazer isso, e, quando o fazemos, não analisamos direito. Analisar algo consiste em realizar um exame minucioso do objeto de análise, e para isso devemos considerar cada parte separadamente, a fim de conhecer com detalhes suas características, qualidades, particularidades ou composição. Desse detalhado exame, poderemos extrair conclusões acertadas que nos permitirão elaborar um conhecimento confiável e válido. A análise detalhada é a única estratégia que temos para tentar objetivar nossa subjetividade.

Eu proponho que você recupere a perspectiva, sua perspectiva, pois quando sofremos, seja física ou psicologicamente, a dor monopoliza toda nossa atenção e não permite que nos concentremos em mais nada. Quando a dor entra pela porta, a perspectiva sai pela janela, e com ela se vai nossa capacidade de raciocinar direito para analisar o que está acontecendo e para tomar decisões acertadas. Sem a perspectiva necessária, estamos condenados a sofrer com o dia a dia, ficamos nas mãos do acaso, e pouco a pouco vamos perdendo a capacidade de viver felizes e de nos antecipar aos problemas cotidianos. Você precisa voltar a ser dono de suas emoções, de sua vida, de seus sonhos, de suas ações e de sua perspectiva.

Quando perde a perspectiva, você fica mais vulnerável ao entorno, deixa de viver no presente e se ancora no passado. A recordação do passado é um ato do presente. Nossa mente seleciona determinadas recordações e as realça, ou lhes dá significado trazendo-as ao presente e confundindo-as com realidades inexistentes. Sem dúvida, o que aconteceu é importante, mas a forma como você interpreta o que viveu pode variar de tal maneira que altera por completo o significado do que na realidade aconteceu. Enfim, a vivência subjetiva de um fato é mais importante que o fato em si. O que aconteceu não é tão importante quanto o que você pensou sobre o ocorrido, quanto a representação que fez do que aconteceu, sua composição dos fatos e sua opinião a respeito.

Um tempo atrás, aconteceu algo (uma decepção, um desengano, um ferimento ou uma dor emocional). Tanto faz se foi há alguns anos ou há alguns dias; a questão é que você viveu o acontecimento de um ponto de vista subjetivo e, portanto, interpretou-o de uma maneira determinada em função de seu estado de ânimo, de seus juízos e de suas conclusões. Além dessa primeira distorção, a recordação do passado, essa representação que você faz, no presente, do ocorrido, também está distorcida. Você reinterpreta a recordação do passado no presente e acrescenta um novo viés. Cada vez que recorda o ocorrido, transforma o que aconteceu. Tudo continua sendo verdade, pelo menos para você, mas, sem perceber, você reorganiza e reinterpreta sua recordação, dando-lhe novos significados em função de seu ponto de vista, seu estado de ânimo e sua memória.

Se parar para pensar, você concluirá que não revive mais o que aconteceu, e sim aquilo que acredita que aconteceu, e essa evocação enviesada é, por sua vez, uma vantagem e um inconveniente. Vamos começar mal para acabar bem: o inconveniente é que, cada vez que revive o ocorrido, você pode sofrer por algo que você mesmo modificou, acentuou ou desvirtuou. Por outro lado, a incrível e grande vantagem é que a qualquer momento você pode trabalhar na reinterpretação do ocorrido para fechar essa etapa e focar uma nova, muito mais positiva e frutífera. E é aqui que a análise do acontecimento desempenha um papel importante. É possível que você tenha feito uma análise parcial na dor, que tenha tirado conclusões precipitadas, que tenha decidido tomar medidas radicais ou inclusive que não tenha visto nenhuma alternativa, mas lembre-se: você estava sofrendo. Muito bem: se olhar de novo o que passou com a perspectiva que tem agora, com a serenidade de quem olha sua vida como se fosse um filme e com a segurança dada pela distância, é bem possível que transforme essa recordação e avalie tudo de uma nova forma, não tão dolorosa, mais construtiva, mais acertada e mais real. Portanto, vamos analisar!

Os olhares alheios...

Vivemos orientados para fora, e às vezes para nós a opinião dos outros pesa mais que a realidade em si. É importante você analisar como acredita que os outros veem o que aconteceu, aquilo que você viveu, o que sofreu... Mas o que me interessa não é opinião deles, mas sim a opinião que você acredita que eles têm. É isso mesmo: a chave está em suas crenças, no que você acredita. Inferimos olhares, imaginamos comportamentos e interpretamos atitudes em função de nossas crenças mais do que em função das ações das pessoas próximas.

Lembro o caso de um casal. O marido faleceu depois de uma longa e dolorosa luta contra uma doença. A mulher se sentiu livre, mas não egoisticamente, e sim livre do sofrimento tão intenso e devastador a que a pessoa que mais amava havia sido submetida. Em segredo, ela se sentia bem, pois seu sofrimento e o de seu marido tinham acabado. Entretanto, no mesmo momento da morte de seu amado, começou outro sofrimento, muito mais duro: o sofrimento que ela achava que precisava aparentar para aplacar os olhares das pessoas próximas, da família de seu marido, de seus filhos e noras, dos vizinhos e amigos. O castigo que essa pobre mulher se infligiu foi tão ou mais doloroso que a experiência traumática que vivera.

Por isso, eu o aconselho a ignorar os olhares alheios, a rever aquilo que acredita que as outras pessoas pensam, a não tentar agradar o julgamento de alguém que se atreve a formar uma opinião com base em informação parcial e inferida.

Só você sabe pelo que passou. Só você sabe do sofrimento que padeceu. Não precisa prestar contas a ninguém. Aquele que for empático e capaz de compreender seu sentir sem julgá-lo será bem-vindo; o resto será ignorado. Você já sofreu bastante; não sofra mais.

As perguntas poderosas

Eu sei que analisar o passado não é tarefa fácil, e é por esse motivo que faremos isso juntos. Vou lhe propor um exercício que servirá como fio condutor. Para começar, escolha algo que o machuque, algo que lhe provocou dor no passado, uma decepção ou uma adversidade. Já escolheu? Agora, responda as perguntas a seguir com calma e sinceridade. Não tenha pressa. Prefiro uma resposta meditada e boa a uma resposta precipitada e parcial. Está preparado?

O que aconteceu?

Aqui está a primeira pergunta: o que aconteceu? Parece simples, mas não se engane! Antes de se precipitar na resposta, reflita um pouco; por alguns dias, se necessário. Quero que você se pergunte o que aconteceu, não o que acha que aconteceu, o que gostaria que tivesse acontecido, o que pensou sobre o que aconteceu ou sua interpretação do que aconteceu. É importante que tenha foco ao descrever o ocorrido. Procure narrá-lo sem acrescentar nem tirar nada, sem interpretações, sem vieses. Se o fato está acontecendo neste exato momento, melhor ainda, uma vez que com frequência a recordação distorce a realidade.

Tente analisar o ocorrido. Para isso, eu proponho que faça anotações. Escreva uma narrativa, um relatório detalhado sobre o que aconteceu ou está acontecendo. Imagine que você é um delegado das Nações Unidas que vai fazer um relatório sobre o fato que está acontecendo. Isso pode parecer complicado, mas eu lhe peço encarecidamente que anote tudo, pois, assim, desmanchará o novelo que há em sua cabeça, separará o real do acrescentado, identificará os sentimentos, as opiniões e as ações e, quando reler tudo, poderá corrigir sua declaração, seu relatório, sua descrição dos fatos.

Por que aconteceu?

Vamos continuar com o relatório? Por que aconteceu o que aconteceu? Por que está acontecendo? Por que você está sofrendo? Eu sempre fui mais de fechar torneiras que de esvaziar garrafas. Explico: diante de um problema, podemos fazer duas coisas: atacar as consequências do problema ou atacar a origem do problema. Sempre que for possível, é preferível atacar a origem do problema, mas, para isso, é preciso identificá-la muito bem, ou investiremos nossa energia no lugar errado e acabaremos com a sensação de que todo nosso esforço não serviu de nada.

O que há por trás da adversidade? Qual é a origem do sofrimento que você está experimentando? Eu me lembro de uma pessoa que comentou que a origem de todos os seus males era sua mãe; mas, na realidade, era que não sabia tomar decisões. Recordo outro caso, cujo protagonista achava que a origem de todo seu sofrimento era sua incapacidade de administrar um conflito; entretanto, a origem estava em sua falta de autoestima. Analise em forma de relatório objetivo – ou, pelo menos, o mais objetivo possível – o fato que está provocando seu sofrimento.

Por que, diante da adversidade, perdemos a capacidade de análise?

Quando a adversidade chega a nossa vida, um sinal de alarme que deixa nosso corpo em estado de alerta é ligado. O sistema nervoso simpático é ativado e provoca uma série de mudanças hormonais que repercutem naquilo que pensamos, fazemos e sentimos. O corpo se estressa, os níveis de cortisol e adrenalina sobem, e perdemos o equilíbrio tão necessário para pensar com perspectiva. Pensamos de maneira pobre, visto que nosso foco passa a estar em evitar a situação ou em fugir o mais rápido possível. Dessa forma, a adversidade se situa no centro de nossa vida, exigindo toda nossa atenção e não nos permitindo curtir as pequenas alegrias cotidianas.

Mas o que acontece quando transformamos a adversidade em desafio? Quando, em nossas avaliações, eliminamos o componente de ameaça, o cérebro ativa todas as funções superiores e as põe a serviço de nossa missão: enfrentar um desafio. Nós gostamos de desafios, gostamos de nos superar, gostamos das conquistas. Diante de um desafio, ficamos animados, vivos, e somos capazes de desenvolver habilidades que não sabíamos que tínhamos. Portanto, tenha sempre em mente que, ante uma adversidade, nós pensamos mal; entretanto, ante um desafio, sempre pensaremos melhor.

Como você reagiu?

Terceiro tópico do relatório! Chegou a hora de analisar sua reação à adversidade. Até agora, o que fizemos foi justamente estudar, de maneira geral, as diferentes reações à adversidade. Sugiro que reveja o terceiro capítulo da primeira parte e que procure identificar de que maneira você reagiu.

Se você for capaz de identificar seu estilo de reação, entenderá muitas coisas e se colocará em uma posição melhor para administrar a dor e recompor sua vida. E, ao abranger os diversos estilos de reação à adversidade, você poderá tomar consciência de sua reação no instante em que a esteja tendo, de modo que sua gestão da adversidade, e especialmente de sua reação, será muito mais efetiva.

Por que você reagiu assim?

De novo, eu o conduzo à busca da origem da causa. Sempre a origem, sempre o início. Por que você acha que reagiu assim? O que o levou a essa reação? Às vezes, atribuímos a origem a causas externas, ao contexto, à pressão ou ao azar, mas a verdade é que a origem de sua reação está sempre em você. Afinal, estamos analisando a origem de sua própria reação.

Sempre temos a capacidade de decidir, nunca a perdemos. Às vezes, a anestesiamos ou a ignoramos, como quando estamos embriagados, consumimos algum tipo de droga ou simplesmente estamos enfraquecidos. Aí é que está o problema. No momento em que perdemos a consciência do que está acontecendo, estamos fritos. Perdemos a noção do tempo e a consciência em muitas situações, mas, se formos capazes de prever isso e de nos antecipar, diminuiremos enormemente os riscos associados à perda de consciência. Se perceber – ou se alguém o fizer perceber – que você está desconectado, ausente, nervoso demais etc., pare imediatamente e se reconecte consigo mesmo.

O dia em que perdi o controle

Adoro a montanha, vivo na montanha, trabalho na montanha... Sim, quando digo que trabalho na montanha, estou sendo absolutamente literal. Quando não estou atendendo a um paciente, esquiando ou caminhando, estou trabalhando em uma empresa no meio da montanha ou escrevendo no iPad no meio de um prado, sob o sol em um cume ou perto de um riacho.

Se vou escrever na montanha, costumo andar ou correr uma ou duas horas até o lugar escolhido para trabalhar, passo de duas a quatro horas escrevendo, e depois desço correndo a toda velocidade para buscar minha filha na escola, cuidar de algum assunto de trabalho, ou então por nenhum outro motivo senão porque adoro correr, adoro a montanha e adoro subir e descer, às vezes passo a passo, às vezes correndo...

Quando vou trabalhar na montanha, procuro encostas bem íngremes, que me permitam galgar entre seiscentos e mil metros de desnível em apenas quatro ou cinco quilômetros. Lembro que uma vez havia uma descida muito íngreme e muito comprida; de fato, era uma pista vermelha, isto é, de grau difícil e extensa, de uma estação de esqui. Eu estava meio cansado, mas com pressa. Tinha passado muito tempo escrevendo... Mas é que estava tão bom! Bem, o caso é que passei do limite, perdi o controle e acabei torcendo o tornozelo. Por sorte, não foi nada mais que uma entorse.

A culpa não foi de ninguém, só minha, e aconteceu o que acontece quando se perde o controle. Posso querer acreditar que foi azar, que os astros se alinharam contra mim ou que preciso fortalecer o tornozelo, mas a verdade é que corri demais, esgotei toda a energia de meus quadríceps, minhas pernas mal me sustentavam, e em vez de descer de frente a encosta, comecei a descer de lado, expondo-me – e aqui é puramente uma questão de física – a uma entorse de tornozelo.

Perdi o controle, e não precisava ter perdido. Poderia ter feito muitas coisas diferentes antes de chegar a ponto de perdê-lo, como ir embora antes, dosar minha energia no primeiro trecho da descida, ligar para minha mulher ou para uma amiga e pedir que buscasse minha filha, deixá-la na monitoria, e mil outras coisas. Fato é que o principal motivo do que sofri foi ter perdido o controle.

Só há uma solução para não perder a perspectiva: antecipar-se. Se você está em um processo de se estressar, pise no freio. Se está se sentindo pressionado, precisa achar uma solução. Se tem a sensação de que está perdendo o controle, você tem de parar.

Prosseguimos com o relatório? Vamos lá, que só nos restam três perguntas!

Quais foram as consequências da adversidade?

Avaliamos as causas da adversidade; agora, é hora de avaliar suas consequências. Retome o relatório com seu melhor espírito crítico. Chegou a hora de analisar a repercussão do ocorrido: em você, em sua vida e nas pessoas que o cercam.

Quando trabalho com pessoas com baixa autoestima, normalmente encontro nelas certa resistência a realizar algumas de minhas indicações. O problema da baixa autoestima é que a pessoa não se julga merecedora da felicidade, coloca-se no final da lista de prioridades e acaba não fazendo nada por si mesma. Contudo, como sou um pouco espertinho, *malin*, como dizem os franceses, analiso o entorno da pessoa com quem estou trabalhando à procura de uma ancoragem para a ação, uma motivação mais forte que aquela que a pessoa seria capaz de gerar por si só. Sempre há um filho, um companheiro, pais, um amigo ou um bichinho de estimação por quem vale a pena fazer algo, e esse é o recurso de que lanço mão. Uma vez identificado esse possível motivador, passo a explicar a meu cliente, com riqueza de detalhes, as repercussões, nas pessoas a seu redor, de suas ações e não ações, de seu descuido pessoal e de sua falta de responsabilidade para consigo.

Suas ações têm consequências em você e em quem está a sua volta, não esqueça. Chegou a hora de analisar as consequências desse momento ruim. Chegou a hora de se fazer uma nova pergunta.

Qual sua ideia de como a vida tem que ser?

Em muitas ocasiões, sofremos por causa do desajuste existente entre nossas expectativas e a realidade. Ao longo de nossa existência, vamos formando, com base no que vemos em casa e na televisão, uma ideia de como a vida deveria ser. As pessoas que nos cercam nos transmitem suas crenças sobre a vida, que nós incorporamos sem filtrá-las.

Analise a ideia que você faz da vida. Como formou essa ideia? A vida não é como deveria ser, ela é como é, e é nesse ponto que se origina grande parte dos problemas e sofrimentos do dia a dia. Rompa com ideias e esquemas preconcebidos e se concentre em viver e curtir cada instante. Não fique esperando que algo aconteça, curta o que está vivendo. Não viva pensando no que deveria ter sido; foque o que está sendo. Se quiser ser feliz, sugiro que reveja suas expectativas sobre a vida e que as readéque.

Quando a realidade não bate com suas expectativas, você pode ficar deprimido, irritado ou estressado. Ou pode rever suas expectativas e readequá-las. Ou pode até tomar decisões ou fazer as mudanças necessárias para ser feliz.

O que você aprendeu com o que passou?

Vamos à última pergunta do relatório. O sofrimento nunca será em vão se formos capazes de aprender algo com ele. Essa pergunta tem tanta importância que merece um capítulo inteiro – o próximo. Não se preocupe, logo chegaremos lá; antes, permita-me comentar com você algumas reflexões que considero importante levar em conta em seu processo de análise.

O sofrimento imaginário

Às vezes, não sentimos o sofrimento na pele, mas testemunhamos o sofrimento de pessoas que são referência para nós, e isso nos causa um forte impacto. Formamos uma representação mental do que é ruim, da origem do sofrimento e da dor a partir do sofrimento que vemos nas pessoas próximas. Com base nessa representação, evitamos a todo custo a origem de tal sofrimento, estejamos certos ou não. Ao vermos pessoas que são modelos para nós, como um pai, sofrendo, por exemplo, por trabalho ou por amor, chegaremos à conclusão de que trabalhar é ruim, amar é nocivo, e a uma série de conclusões herdadas que nunca passaram pelo filtro crítico da análise.

Portanto, sugiro que você reveja esses seus esquemas, essas conclusões que elaborou e essas expectativas e crenças que guiam sua vida, as quais incorporou com base no que viu em outras pessoas, e as submeta ao filtro de um bom processo de análise. Enfim, reveja seus esquemas e a origem deles e analise se faz sentido continuar mantendo-os ou se precisam de uma atualização.

O papel da atitude

Imagine que você está andando pela mata de uma montanha cheia de coníferas e animais. Nela vive todo tipo de flora e fauna. Um bosque é um paraíso para pessoas mais observadoras (eu adoro passear pelos densos bosques da face norte da Serra de Moixeró). No entanto, se você caminhar por um lindo bosque sem sair da trilha e de cabeça baixa, não verá nada além de pedras, terra e barro. Estamos falando da mesma paisagem, do mesmo lugar, de duas pessoas que percorrem o mesmo caminho, mas uma com a cabeça baixa e a outra com a cabeça erguida; uma olhando para o chão, a outra observando tudo a seu redor. Dependendo de onde você pousar o olhar, verá flores ou pedras.

Atitude não é mais nem menos que o que acabei de exemplificar. Determine como estará sua cabeça, o que perceberá no caminho e como curtirá a experiência. A realidade é como é. O bosque é o mesmo, mas cada indivíduo terá uma vivência muito diferente em função de sua atitude. Uma atitude negativa não muda a realidade, mas a filtra de tal modo que gera uma atenção seletiva e faz os elementos que estão em consonância com nossa atitude sobressaírem. Uma atitude construtiva também não muda a realidade, mas permite vivê-la com mais intensidade e plenitude, enriquecendo a experiência e oferecendo oportunidades de aproveitar as possibilidades que a vida dá. Então, diante de uma adversidade, um problema ou um desafio, é melhor ter uma atitude construtiva, porque ela proporciona ferramentas para solucionar a questão, gera uma predisposição positiva e permite tirar uma boa lição do ocorrido.

Não vire o rosto querendo acreditar que não pode fazer nada para recompor sua vida. Olhe o ocorrido de frente e com a cabeça bem erguida. Você tem o poder de análise. Você tem o melhor cérebro de todas as espécies animais que habitam este planeta: faça-o trabalhar a seu favor. Posicione-se diante da adversidade, encare-a e analise-a. Quanto antes, melhor! Não espere mais, não perca tempo, pois o tempo só complica as coisas.

Não esqueça...

- Analise o ocorrido sem filtros, pois os filtros não ajudam, só atrapalham.
- Não se ancore no passado; pare de reviver repetidamente o que aconteceu.
- Quando falamos de sofrimento, é mais importante a vivência subjetiva do fato que o fato em si.
- Analise de novo o que aconteceu, agora com a ajuda das perguntas poderosas, que lhe darão a perspectiva de que tanto precisa.

Aprenda com o que aconteceu

Sokei fechou os olhos enquanto suas mãos tocavam cada um dos sete fragmentos. Por que você se quebrou? Era seu destino? Foi descuido meu? O que quer me ensinar?

Nenhum acontecimento será em vão se formos capazes de aprender com ele, com o fato, com o sofrimento que experimentamos e com a dor que nos causou. Entretanto, não seremos capazes de aprender com o que aconteceu se não olharmos para trás, se não reconsiderarmos o que passou. Sei que isso pode ser doloroso. Sei que olhar para o passado implica reviver o ocorrido e trazer para o campo da consciência aquilo que tanto nos custou esquecer. Sei que é mais fácil fazer vista grossa, adoçar as recordações e fingir que nada aconteceu. Mas, acredite, negar, encobrir ou esconder o ocorrido não vai ajudá-lo, em absoluto; vai fazer exatamente o contrário.

Se o acontecimento vivido foi terrível, monstruoso, você precisa transformá-lo para entendê-lo e suportá-lo. No entanto, essa transformação por si só não o ajudará a aprender nada. Você precisa encarar de novo a realidade, uma última vez, sem filtros cor-de-rosa nem pretos; precisa encarar a realidade tal como você a viveu; precisa encarar a realidade que lhe permitirá aprender e crescer. Pare de fugir de seu passado, pare de se esconder, pare de fingir que tudo já passou e dê meia-volta e, com a cabeça bem erguida, olhe uma última vez. Chegou a hora de aprender com o que aconteceu para não passar de novo pelo mesmo sofrimento.

Vamos aprender juntos com o ocorrido a fim de dar-lhe um novo significado, para entendê-lo e para evitar que se repita. Talvez você pense que deve fazer sozinho esse processo de redefinição, mas isso não é verdade. Aqui está minha mão, minha experiência e minha melhor boa vontade para guiá-lo nessa reconstrução.

Provas expiatórias

Ao longo da história, em diversas partes do mundo, encontramos documentos e exemplos de provas expiatórias utilizadas para demonstrar a inocência de uma pessoa em relação a determinado ato. Na Idade Média, eram conhecidas as provas de fogo às quais eram submetidas as pessoas acusadas de heresia e bruxaria.

Quando alguém fez algo ruim – ou acha que fez –, precisa passar por uma prova de fogo para demonstrar aos outros e a si mesmo que é forte ou que não é culpado daquilo que o acusam. A prova expiatória, seja do tipo que for, no continente que for, costuma consistir em um ato de sofrimento extremo que, se superado, age como garantia de inocência ou de redenção da pessoa submetida a ela.

Pois bem; será que você mesmo não está se submetendo a uma prova expiatória? Qual é a prova de fogo a que está se submetendo? Às vezes, nós mesmos somos nosso pior juiz e nos julgamos e castigamos sem compaixão, com base em uma conclusão, na maior parte das vezes, precipitada. Consideramos que merecemos sofrer por alguma adversidade que estamos enfrentando ou que acreditamos ter provocado. Sem ter consciência dessa autopunição, abandonamo-nos ao sofrimento e consideramos normal uma situação que não deveria ser por acreditarmos que, assim, expiaremos o castigo.

Um novo significado

Começaremos dando um significado ao ocorrido. Nossa mente governa tudo e quer controlar tudo. Não suportamos a incerteza, nem a falta de informação, nem aquilo que não está claro. A mente se esforça para dar um âmbito conceitual a seja lá o que for que esteja acontecendo, para encaixar tudo em um contexto. Quando aquilo que estamos vivendo não tem uma grande intensidade emocional, é muito fácil para nossa mente contextualizá-lo; no entanto, quando o fato tem um elevado impacto emocional, nossa mente cria um bloqueio e não funciona com clareza.

Para que você entenda como funciona esse processo, preciso falar um pouco sobre neuropsicologia. A mente humana está alojada em um sistema nervoso, o mesmo que rege absolutamente tudo que acontece no corpo. O sistema nervoso é o grande computador central que processa tudo, do qual nada escapa. Ele é encarregado de controlar o coração, a respiração e as demais funções vitais básicas. Também regula nossos processos perceptivos, que captam tudo que o mundo tem a nos dizer. Permite que caminhemos e corramos, que sintamos, amemos e sonhemos, descansemos e pulemos, que falemos, fiquemos tristes e que desfrutemos a felicidade de um beijo da pessoa amada.

Esse grande computador central que é o sistema nervoso vale-se de células extremamente especializadas para desenvolver suas tarefas com confiabilidade. A base da precisão e do poder de nosso cérebro são os neurônios, células capazes de administrar uma grande quantidade de informações complexas, intercomunicadas através de uma intrincada rede de conexões. O processo de comunicação entre neurônios, baseado na eletricidade e na química, chama-se sinapse, e tem especial relevância, visto que é o responsável último pelo que sentimos, fazemos ou pensamos. Assim, podemos afirmar que qualquer fato que experienciamos tem uma repercussão em nosso sistema nervoso, o que provoca uma série de consequências no restante do corpo, de maneira inevitável e até mesmo necessária.

Pois bem, o cérebro, o mesmo que controla o corpo todo, precisa entender o que está acontecendo, senão se estressa; e, ao se estressar, manda uma série de sinais em consonância com esse estresse para o corpo, estressando-o também. Como temos uma tendência natural à sobrevivência, nosso cérebro tende a evitar o estresse; e a única maneira que encontra para isso é estabelecer um determinado âmbito conceitual ao que aconteceu, mesmo que se equivoque ao atribuí-lo.

Nosso sistema nervoso se precipita e propõe um âmbito conceitual errado, mas não tem opção, não lhe resta alternativa. A mente quer um quadro com significado, e rápido, seja acertado ou não, pois com um âmbito de referência a tensão da incerteza desaparece e a mente pode relaxar de novo e cuidar tranquila de outras tarefas, já que terá garantido a eliminação do estresse que ela mesma e o corpo estavam sofrendo. A mente não quer que sejamos felizes, e sim que continuemos vivos e longe do perigo; na realidade, ela quer nos proteger.

Vamos rever o âmbito conceitual que você está fornecendo a sua mente e, consequentemente, a seu corpo. Analise seu âmbito conceitual, a forma como você interpreta o que aconteceu, o que viveu e sofreu, pois ele determinará a sua percepção. Lembre-se que o cérebro controla tudo, inclusive os sentidos. Se eu considerar que sou um fracasso, verei apenas aquilo que confirma minha percepção. Ao filtrar o que percebo, terei uma visão parcial do mundo, mas, por outro lado, as emoções que sentirei serão reais.

Qualquer emoção que sentimos tem uma origem, um detonador, um estímulo que a provoca. Às vezes, não sabemos o que é que está provocando uma emoção; às vezes, nos equivocamos na identificação do estímulo que achamos que está originando uma emoção; e, às vezes, acreditamos que uma emoção nasce do nada, fortuitamente. Mas isso é um erro. As emoções nascem de nossas percepções e também de nosso diálogo interior. Então, qual é seu diálogo interior? O que você diz a si mesmo? Você se vê como um fracasso? Ou se vê como um nada? Você se culpa? Então, saiba que, assim, você está se castigando sem sentido.

A recordação do sofrimento basta para provocar mais sofrimento. Sugiro que você olhe para seu passado uma última vez a fim de analisar o ocorrido com a perspectiva que possui agora, para poder fechar definitivamente a gaveta onde guarda o que passou.

A expectativa do sofrimento

Assim como acontece com a recordação, a expectativa do sofrimento basta para nos fazer sofrer. Por isso, é de vital importância que você analise o acontecimento e extraia dele uma aprendizagem, uma conclusão, uma nova perspectiva.

Sugiro que mude a expectativa que você tem sobre seu futuro se ela estiver condicionada por seu sofrimento. Abandone o pensamento de que não conseguirá superar a adversidade e troque-o pela certeza de que será capaz de vencer a adversidade e a desgraça porque você tem todo o necessário para isso.

Talvez você tenha sofrido por amor e decidido não amar de novo; talvez um amigo o tenha magoado e você decidiu nunca mais confiar em alguém... Reconsidere suas conclusões e permita que o futuro o surpreenda além de suas expectativas distorcidas, nascidas da dor.

Comece por acolher-se

Sim, às vezes, nos maltratamos sem perceber. Somos nossos piores juízes. Distorcemos o ocorrido e acrescentamos doses generosas de péssima autoimagem. Castigamo-nos com uma exigência irreal, usamos os outros para justificar aquilo que não somos capazes de perdoar em nós mesmos, tratamo-nos mal, amamo-nos pouco, punimo-nos tentando superar uma prova de fogo que expie nossa culpa... Chega! Chegou a hora de mudar essa dinâmica. Comece acolhendo-se gentilmente, aceitando-se, saudando-se, dando-se oportunidade de se reconhecer e de pensar e falar sobre o que aconteceu.

Do jeito que vivemos, em um ritmo frenético, e diante da apologia e forte defesa ao individualismo e à competição sem medida, a pessoa ferida precisa inventar sozinha suas pautas de superação. É uma pena, mas com frequência não podemos contar com ninguém mais e, assim, perdemos uma magnífica oportunidade de ganhar perspectiva, e acabamos fazendo o que podemos para criar âmbitos de significado que deem sentido ao que vivemos e ao que precisamos fazer para superá-lo.

Dê especial atenção a seus relatos íntimos, a sua linguagem interior, às perguntas que se formula, à origem e à causa do que aconteceu, bem como àquilo que deve entender, aprender e fazer para superar a adversidade. Pouca gente o entenderá. Pouca gente vai querer escutá-lo. Pouca gente lhe estenderá a mão. Mas talvez seja melhor assim, já que dificilmente os outros conseguem se pôr em seu lugar. A maioria das pessoas se precipita em suas avaliações, prejulgam o ocorrido e emitem opiniões parciais e injustificadas que podem provocar mais dor do que ajudar. Para administrar a adversidade, você não precisa de grandes companhias; portanto, seja seletivo e escolha quem realmente será capaz de sentir sua dor.

Nunca conseguirei esquecer o que aconteceu

Não se trata de esquecer o que aconteceu, nem de recordar. Trata-se de administrar as recordações, perdoar, arquivar e aprender com o que aconteceu. Não fique relembrando repetidamente, pois o cérebro sente, repetidamente, o mesmo que sentimos no momento do acontecimento. Ao recordar o fato, sentimos a mesma emoção, mas com uma intensidade menor. Ou seja, se você recordar momentos tristes que viveu, ficará triste.

Da constante evocação do passado, resta-nos um sedimento perverso: o medo de sofrer de novo. E, para tratar o temido medo de sofrer de novo, temos de administrar o ocorrido. O passado não determina nossa vida; sim, é uma influência, mas não mais do que isso. Por sorte, podemos encerrar uma etapa para abrir outra. Seu passado explica muitas coisas, mas não tem a capacidade de determinar toda a sua vida. E, se você se importar demais com seu passado, talvez contamine seu futuro. Sou especialista em descobrir o potencial das pessoas, suas virtudes e seus talentos, e em ajudá-las a escrever sua própria história; e, para isso, não precisamos de absolutamente nada do passado. O passado jamais me interessou. Não dá para trabalhar com ele. Não se pode fazer nada para mudá-lo, nada. Quando uma pessoa quer trabalhar comigo, a primeira coisa que faço é definir um plano de futuro, um plano de trabalho. Eu e ela sempre fixamos nosso olhar no futuro, traçamos objetivos e começamos a buscá-los.

Citando Homero, deixemos o passado no passado. Talvez você tenha vivido um grande trauma, talvez tenha sofrido... Tudo bem. Aprenda com o que aconteceu e encerre essa etapa. Ao viver ancorado no passado, você não permite que ele seja pretérito, perfeito e acabado. Se você não pode fazer nada para mudar o passado, a melhor atitude é administrar suas recordações, eliminar as negativas, para, assim, abrir espaço para enfrentar uma vida nova.

Mude seu foco do passado para o presente. Para isso, você precisa encerrar o passado. Esvazie sua mochila, livre-se do peso do passado. Ao longo da vida, passamos por metamorfoses, crescemos e evoluímos, de modo que é possível que você não tenha mais nada a ver com o que foi no passado.

Quem se importa com seu passado?

Eu não me importo nem um pouco. Não me conte sua vida, não me conte seu passado, pois ele não me acrescenta nada; tampouco acrescenta a você. Você também não deveria se importar com ele. E não pense que sou o único que não se importa com seu passado. Cada pessoa do seu convívio não está nem aí com ele. Não conte de cara às pessoas o que você foi, o que padeceu ou a cruz que carregou. Ninguém que realmente o ame e o respeite deveria se importar com seu passado.

Há pouco tempo, um homem muito bonito e encantador, cheio de virtudes, com cinco minutos de conversa, me confidenciou que havia sido viciado em vários tipos de entorpecentes.

"O que você acha disso?"

Sim, o que *eu* achava.

"A mim não importa, e a você também não deveria importar", falei.

Eu apenas enxergava uma pessoa encantadora que arrastava uma pesada carga.

"Por que está me contando que foi dependente químico?", perguntei.

"Porque acho que você tem que saber."

Não era uma relação terapêutica, ele nem sabia o que eu fazia da vida.

"Mas quem se importa com o que aconteceu há anos?", respondi. "Por acaso, eu lhe disse que tive coqueluche? Que quebrei o dedão do pé esquerdo duas vezes? Que quando era pequeno me amarravam na cadeira da escola? Que uma vez quase engasguei com um picolé?"

Que interesse tem nosso passado? Vamos curtir o presente e traçar um futuro que desperte em nós o melhor entusiasmo.

Reinterprete seu passado. Agora você é mais sábio e, se olhar para trás, poderá reinterpretá-lo com mais perspectiva. Redefina-o. Tendo em mente que distorcemos nossas recordações, organize e entenda seu passado. Contextualize o que aconteceu. Seu contexto agora é outro, não se sinta inseguro. O que passou não existe mais.

Tente entender o que aconteceu de uma nova perspectiva. Pense que seu passado é uma recordação vaga e distorcida pelo tempo, construída por seus medos e seus desejos, temperada com pinceladas de tragédia melodramática. Seu passado, uma pesada carga que o acompanhará até o dia de sua morte... ou não. Uma mochila cheia de pedras que o impedirá de caminhar com leveza. Para caminhar, você só precisa ter consigo um pouco de água e comida, entusiasmo e um destino; aliás, se quer saber, nem de um destino.

Perdoe e perdoe-se. Esqueça e arquive

Esqueça, perdoe e arquive. Guarde as boas recordações e ignore o resto. Pare imediatamente de viver no passado, em seu passado; se existe alguém que não deveria se importar com seu passado é você mesmo. É melhor usar esse tempo para traçar seu futuro.

Tenha cuidado com as sentenças que lhe ditaram. Reveja o que você interiorizou. Só porque alguém disse algo não significa que seja certo. As pessoas vão ditando sentenças como se fossem especialistas em personalidade e análise forense, mas a verdade é que costumam errar mais que acertar. O problema não está no que as pessoas dizem, e sim no fato de você acreditar nelas.

Reconheça-se, reconstrua-se e dê-se uma chance

Passado é passado. Explica algumas coisas de sua vida, mas não é nada mais que uma influência, não se esqueça disso. Não pense que seu passado condiciona toda sua vida. Bem, se você insistir em carregá-lo, assim será; mas, acredite, não há nenhum sentido em fazer isso. Seu passado não tem que necessariamente condicionar seu presente ou seu futuro.

Não importa o que você foi, e sim o que quer ser. Talvez não possa sê-lo em seu bairro ou cidade. Então, saia desse ambiente asfixiante e empenhado em condicionar toda sua vida! Vá embora! Não hesite. Mudanças podem salvar vidas. Procure um lugar onde renascer, onde reencontrar sua verdadeira essência, onde construir sua vida livre de preconceitos, fantasmas e estereótipos. Um lugar onde se sinta forte. "Você está fugindo", dirão os covardes. Em absoluto; não é fuga, e sim uma escolha inteligente. Você nasceu onde nasceu devido ao mais puro acaso. Que sentido tem continuar ancorado em um lugar onde não se encaixa? Há um mundo a descobrir, a experimentar, a redefinir... Conecte-se com sua fortaleza emocional e comece a escrever seu próprio destino.

Reconsidere as rotinas que incorporou

Às vezes, fazemos coisas estranhas para provar que somos fortes, que superamos uma situação e que não mais passaremos por ela. Lembro do caso de uma pessoa que a cada mês que passava sem consumir drogas fazia uma tatuagem com o dinheiro que havia economizado, para provar que havia conseguido mais uma vez. Lembro o caso de um menino que fugiu de seu agressor porque correu muito, e todos os dias se exercitava correndo muito, como medida protetora, pois confiava sua segurança a sua capacidade de correr rápido.

Tenha cuidado com as rotinas que incorpora; elas podem parecer boas, mas às vezes não são. Se for necessário, realize um ato simbólico que lhe recorde como você foi forte, mas nunca o que sofreu. Suas rotinas devem ser positivas e mostrar sua capacidade de se recompor. Se precisa de atos para se reafirmar, que ao menos sejam inspiradores, não vitimários.

Sua conclusão, depois desse processo, não precisa ser o medo. Aprenda, e de forma positiva, não negativa. Não aprenda que não é capaz, mas sim que o é, que tem o poder de se reconstruir. Que você se quebrou e aprendeu a lição.

A conclusão mais importante é a resposta à seguinte pergunta: o que aprendi com o que passei? Você pode aprender muitas coisas, sem dúvida, mas, antes de incorporar algo como uma lição, tenha certeza de que a conclusão é real, ou seja, livre de vieses e distorções.

Aprenda com o que aconteceu, já que sua conclusão será incorporada a seu diálogo interior e passará a fazer parte de seu âmbito de referência na vida. O diálogo interior nasce de suas crenças, de seu processo de pensamento, de sua educação, das pessoas próximas e de suas aprendizagens. E esse âmbito conceitual rege sua vida, suas emoções, seus desejos, seus sonhos, suas decisões e seu comportamento. Reveja seu âmbito conceitual baseado em esquemas, crenças e opiniões que com frequência confundimos com fatos, porque será ele que dará significado a sua vida e às coisas que acontecem. Você precisa adquirir recursos internos, aprender e se conectar com sua fortaleza emocional, e isso só se consegue tirando aprendizados do que aconteceu.

Não esqueça...

- O que aconteceu não terá sido em vão se você for capaz de aprender e de extrair uma lição adequada disso.
- Possivelmente você seja seu pior juiz. Pare de se julgar e comece a se compreender com amor e compaixão.
- Reveja o significado que você deu ao que viveu e atualize-o com uma nova perspectiva, em um novo contexto.
- Permita que o passado seja passado, aprenda com o que aconteceu e encerre essa etapa.
- Quando entender qual lição precisa aprender, esteja certo de que ela é real.
- Suas conclusões e as lições aprendidas passam a fazer parte de sua vida como a versão oficial dos fatos.

Conecte-se com sua fortaleza emocional

Sokei enxugou as lágrimas. Abriu os olhos e esboçou um tímido sorriso. Enfim se sentia forte, enfim se sentia seguro para começar a recompor a vasilha. "Não importa o que aconteceu", pensou. "O que realmente importa é o que acontecerá a partir de agora."

Tenho um objetivo claro: fazer você se sentir forte. E não há nada melhor para se sentir forte do que se conectar com sua fortaleza emocional. Você tem tudo de que precisa para ser feliz. Você tem tudo de que necessita para se recompor. Basta se conectar com sua fortaleza emocional.

A natureza é sábia e nos dotou de recursos para sobreviver no dia a dia, para nos recompor diante da adversidade e para curar nossas feridas físicas e emocionais. Assim como a força física lhe permite enfrentar maiores desafios e se recuperar de grandes esforços, a fortaleza emocional é a chave para superar a adversidade. Mas vamos começar do início. O que é fortaleza emocional?

A fortaleza emocional é o conjunto de habilidades, recursos, técnicas e competências que, ao serem aprendidas, entendidas e dominadas, nos tornam mais fortes e nos permitem ser felizes e administrar a adversidade. Cada vez que aprendemos uma técnica ou incorporamos uma habilidade a nosso repertório, sentimo-nos mais seguros e fortes, pois tomamos consciência de que temos um recurso a mais e de que somos capazes de gerar recursos para enfrentar os desafios cotidianos. Resumindo, nossa fortaleza emocional provém da segurança de que conseguiremos enfrentar os desafios que aparecerão. Por tudo isso, é extremamente recomendado que você se conecte com sua fortaleza emocional e que se valha de todo o seu poder para viver em consonância com suas necessidades e desejos.

Aquilo que não se administra se acumula

A maior parte das pessoas tem problemas que são causados pelo acúmulo de pequenos conflitos, de frustrações não resolvidas e de expectativas irreais que não se realizaram. Um nível baixo de fortaleza emocional será uma desvantagem, sem dúvida, para enfrentar as exigências do dia a dia. A diferença entre uma pessoa segura e feliz e uma insegura e infeliz está em sua fortaleza emocional.

A fortaleza emocional é justamente o conjunto de recursos de que dispomos para enfrentar os desafios e problemas. Não esqueça: a maioria das pessoas sofre pelo acúmulo de pequenos problemas, e não devido a uma grande adversidade.

Todos temos a mesma fortaleza emocional?

De novo, usarei a analogia da força física para ilustrar um conceito importante relacionado com a fortaleza emocional. Assim como as pessoas não têm todas a mesma força física, não dispomos todos da mesma força emocional. Mas todos nós contamos com força emocional suficiente para responder aos desafios que a vida nos apresenta.

As pessoas diferem tanto no grau de força quanto no domínio das diversas forças. Algumas são muito boas para tomar decisões, mas precisam trabalhar sua capacidade de administrar conflitos. Outras podem identificar muito bem seu estado emocional e o das pessoas próximas, mas têm sérias dificuldades para perseverar diante da adversidade.

Todos nós possuímos as diversas forças, visto que são itens de série. O problema é que, à medida que crescemos, vamos nos desconectando de algumas e as esquecemos. Logicamente, se não tomarmos boas decisões, dificilmente seremos felizes. Se não formos capazes de dar nem de receber amor, não seremos felizes. Se não formos capazes de sentir entusiasmo, não seremos felizes. Em função da educação que recebemos e do tratamento que a vida nos dá, desenvolvemos de maneira desigual as diversas forças emocionais. Pois bem; a questão é que precisamos ser aprovados em cada uma delas; de nada adianta tirar dez em algumas e zero em outras. Por isso, vale a pena dedicar um pouco de tempo e de esforço a aumentar e nivelar o domínio de cada força.

Mas não se preocupe. O importante não é saber quais forças estão mais desenvolvidas em você e quais precisam de mais atenção, e sim que pode desenvolvê-las. E, se me permitir usar mais uma vez o exemplo da força física, direi que você pode treinar cada uma das diversas forças emocionais do mesmo jeito que treina na academia.

As forças emocionais podem ser aprendidas

O mais importante no conceito de fortaleza emocional é que as diversas forças podem ser aprendidas, assimiladas e integradas. Sendo assim, a busca por ser feliz deixou de ser algo etéreo e passou a ser algo que pode ser trabalhado em unidades didáticas.

Podemos aprender a tomar decisões. Em essência, não é tão complexo; basta aprender a analisar o contexto da decisão, identificar as diversas alternativas, avaliar sua evolução em curto, médio e longo prazos, classificá-las e tomar a decisão. Mas sempre prestando especial atenção à capacidade de distorção do medo, do desejo e do acomodamento. Não é tão difícil, certo? Da mesma maneira, você pode aprender a analisar as pessoas, a identificar seu estado emocional, a se motivar ou a administrar a adversidade (o objeto deste livro).

Graças à fortaleza emocional, estamos vivendo uma revolução no campo da psicologia, uma vez que, trabalhando com unidades didáticas, quebramos o paradigma de dependência do terapeuta e adotamos um novo, no qual proporcionamos ferramentas ao cliente, asseguramos que saiba aplicá-las e damos por finalizada a relação terapêutica, garantindo a segurança e a independência proporcionadas pelo domínio do aprendido. Ou seja, trocamos o paradigma de relação terapêutica segundo o qual o cliente deve ir indefinidamente ao psicólogo para se sentir bem por um novo processo terapêutico, no qual analisamos as forças emocionais que devem ser trabalhadas e elaboramos um plano de trabalho detalhado graças ao qual o "paciente" (que já não é tão paciente) aprende as forças emocionais que necessita, assimila-as e é capaz de empregá-las em diversas situações; e nesse momento se dá por encerrada a relação terapêutica. Talvez a pessoa precise voltar ao psicólogo mais adiante, mas não por aquilo que já trabalhou.

Portanto, sugiro que você se conecte com sua fortaleza emocional, já que nela encontrará o melhor recurso para superar a adversidade e curar as feridas de sua alma.

É provável que você precise desenvolver uma ou mais forças

A fortaleza emocional, na medida em que é um mecanismo de adaptação psicológico, é um protetor e um facilitador da felicidade. Assim como os mecanismos de adaptação fisiológicos permitem que nos adaptemos a um amplo leque de ambientes, os mecanismos de adaptação psicológicos permitem que nos adaptemos a um amplo leque de situações, problemas e adversidades. Eu lhe proponho realizar um percurso por algumas das forças emocionais para avaliar como elas influenciaram, determinaram e até provocaram a situação em que você se encontra.

Vou começar com a capacidade de entender, identificar e administrar todo o espectro emocional. Algumas pessoas vivem desconectadas de suas emoções, inclusive as negam, ignorando, assim, o importante papel que têm na regulação da conduta própria e social. Talvez você precise se conectar com suas emoções, identificá-las e dar-lhes o nome adequado. Talvez precise aprender a identificar o estado emocional das pessoas próximas e administrá-lo. É possível que precise aprender a administrar a expressão de suas emoções. Ao conhecer suas emoções e as de quem o cerca, você conseguirá identificar o momento, por exemplo, em que seu companheiro começa a se desconectar, em que seu trabalho começa a angustiá-lo, ou em que a tristeza que o invade deixa de ser normal e passa a ser uma depressão, e, neste último caso, terá a chance de procurar um especialista muito antes que essa terrível doença afete todas as áreas de sua vida.

Talvez você precise trabalhar sua capacidade de perseverar apesar da adversidade – mais uma força emocional. Talvez confunda perseverança inteligente com obstinação, e isso o tenha levado a ignorar os sinais do entorno que indicavam que deveria tomar certas decisões ou mudar a orientação daquilo com que está lidando. Mas também é possível que precise ganhar perseverança para poder superar a adversidade que o atinge.

Talvez a origem de todos seus problemas resida em uma autoestima delirantemente baixa que o bloqueia e o faz se autopunir, que faz com que não se sinta capaz de lutar para atingir seus objetivos ou que adote uma atitude submissa e passiva que o conduz diretamente à adversidade. De novo, uma autoestima equilibrada é a melhor força emocional, dado que lhe permite se relacionar de igual para igual com o mundo.

Talvez você precise aprender a se relacionar com os outros. É possível que você seja passivo ou agressivo nas relações, que projete seus medos ou que aja com desconfiança devido a uma experiência anterior mal administrada. E se a origem de seu problema estiver na maneira como toma decisões? Tomamos muitas decisões, mas somos muito ineficientes nisso. É necessário rever essa força emocional, visto que grande parte de nossos problemas está relacionada a ela.

Com uma boa dose de fortaleza emocional, você aprenderá a analisar melhor as pessoas, a identificar pessoas tóxicas e a estabelecer relações de qualidade, o que prevenirá muitos conflitos e rupturas. Graças à fortaleza emocional, você conseguirá contextualizar o que acontece, selecionando o que chegará ao delicado reduto da autoestima e separando-o do que não tem maior importância. E, o que é melhor, a fortaleza emocional é o conjunto de forças que lhe permitirá fazer tudo isso; forças essas que podem ser aprendidas facilmente e incorporadas em forma de técnicas ou estratégias.

Existem muitas forças emocionais; no quadro a seguir, vou recapitular as dezenove principais, que já comentei no capítulo "O que é que dói?".

Sugiro que você avalie se a adversidade que está vivendo poderia estar relacionada com alguma delas.

Forças emocionais

- Incorpore as emoções a sua vida.
- Interprete adequadamente seu estado emocional.
- Dê nome às suas emoções.
- Aprenda a identificar o estado emocional das pessoas ao seu redor.
- Administre suas emoções e a maneira como você as expressa.
- Persevere na conquista de seus objetivos.
- Administre a adversidade.
- Equilibre sua autoestima.
- Não dependa de motivação externa.
- Adquira responsabilidade.
- Escolha ter uma atitude positiva.
- Escolha seu próprio caminho.
- Busque relações de qualidade.
- Desenvolva sua capacidade de se comunicar melhor.
- Coopere com outras pessoas, desenvolva sua compaixão.
- Administre os conflitos.
- Viva por objetivos e tome as decisões em consonância com eles.
- Peça ajuda, se necessário.
- Aproveite as oportunidades que a vida lhe dá.

Os três pilares da fortaleza emocional

A fortaleza emocional lhe permitirá adquirir distanciamento para analisar melhor o que acontece e ter certa perspectiva. Assim, em vez de reagir, aprenderemos a contextualizar, de modo que, pensando diferente, pensando melhor, nossa reação será mais acertada e mais apropriada no curto, médio e longo prazos. Por fim, sentindo-nos seguros e capazes, poderemos entrar em ação e fazer que a típica frase "Eu conheço a teoria, mas aplicá-la é muito difícil" fique obsoleta e no passado. A mudança está em nossas mãos, e a fortaleza emocional nos permitirá executá-la. Lembre-se, a fortaleza emocional é um facilitador e um protetor da felicidade.

Vamos analisar com um pouco mais de detalhes em que consiste cada fase. Você verá que na terceira parte do livro eu estruturo cada caso prático seguindo as três fases que explicarei a seguir. São só três fases, simples assim.

Tome distância

Começaremos tomando distância para poder nos observar com outros olhos. Em muitos casos, a visão que temos de longe é reveladora. Para ganhar essa distância, podemos nos fazer uma simples pergunta: qual é o sentido do que estou fazendo? Formule essa pergunta para cada ação que executar e para cada decisão que tomar. Não continue vivendo no modo rotina, não continue existindo por inércia, não continue correndo. Pare e ganhe perspectiva para poder escolher a direção certa.

Eu realizo minhas sessões nos Pirineus, andando com meus pacientes. Costumo fazer percursos diferentes em função do tempo de que dispomos e do clima, mas em todas as sessões há um agradável passeio pelo bosque que acaba nos levando a uma área com uma bela vista. No início do percurso, normalmente só vemos árvores, e nosso olhar se concentra no caminho que estamos seguindo. Nossa mente está focada no caminho e carece de perspectiva. Depois das árvores, há uma visão panorâmica de todo o vale de La Cerdanya, mas não conseguimos vê-la naquele ponto; o bosque fechado nos impede de ver além das belas e altas coníferas que o formam.. O vale está sempre ali, mas nós não temos consciência disso. Muito bem, ao subirmos mais, o bosque dá lugar aos altos prados, e, de repente, aparece a bela e majestosa vista de todo o vale cercado de montanhas impressionantes. Pois é justamente nisso que consiste a perspectiva: em se elevar acima do bosque para ter uma visão panorâmica que lhe permita adotar outro ponto de vista.

Pense diferente

O segundo passo do método, aprender a pensar diferente, a pensar melhor, é por si só um pouco mais complexo. O objetivo é aprender a pensar sem limitações, sem distorções, analisando corretamente o que acontece, o que acreditamos que acontece ou o que queremos que aconteça. Costumamos misturar medo, desejo e conforto em nosso processo de pensamento, distorcendo-o e enviesando-o.

Se revisarmos nosso processo de pensamento, notaremos que possivelmente temos grandes esquemas que regem nossa vida, mas que podem ser errôneos ou inexatos. Precisamos rever e atualizar nossos esquemas mentais e conceituais para adequá-los à realidade de uma maneira mais construtiva. O mundo não é como é, e sim como pensamos que é. Para provar isso, eu proponho um pequeno exercício. Imagine por um momento que você não encontra sua carteira. O fato observável é que não encontra a carteira. Foi buscá-la na gaveta onde sempre a guarda e ela não está lá. É a primeira vez que não a encontra, e você sabe, com toda a certeza, que no dia anterior a usou para pagar umas compras. Você pode pensar várias coisas. Pode pensar que a carteira está no carro e que comprovará isso na próxima vez que for usá-lo. Também pode pensar que seu companheiro a pegou para fazer compras pela internet, como faz habitualmente. Mas também pode pensar que você foi furtado, que a perdeu ou que a deixou na loja onde fez compras. O fato é sempre o mesmo: a carteira não está onde deveria estar, porém, dependendo de sua interpretação, sua realidade será muito diferente. Você poderá sentir uma grande ansiedade ou não em função do que acreditar. Poderá cancelar todos seus cartões, denunciar o furto à polícia ou ir dormir tranquilo pensando que sua carteira está no carro.

Assim como aquilo que você pensa sobre sua carteira vai condicionar seu comportamento, o que pensa sobre os grandes temas, como o amor, o trabalho ou a família, pode condicionar sua vida, seu bem-estar emocional e sua saúde mental. Portanto, sem dúvida, é urgente aprender a pensar diferente, contextualizando, analisando sem esquemas preconcebidos, sem vieses nem condicionantes. Se formos capazes de reformular nossos esquemas e de identificar o momento em que passamos a distorcer a realidade em função do medo, do desejo, da comodidade e de falsas crenças, teremos dado um grande passo rumo à liberdade emocional. Pense que nossa mente, em muitos casos, funciona como um grande computador. Não é verdade que de tempos em tempos temos que atualizar seu sistema operacional? Pois então, da mesma maneira, precisamos atualizar nossos esquemas, pensamentos e crenças para adequá-los à realidade. Acredite: pensar bem tem muito mais implicações do que você imagina. É possível que você pense bem, maravilhosamente, de uma forma ajustada e equilibrada, mas, ainda assim, deve atualizar periodicamente suas crenças, visto que, apesar de serem ajustadas, o mundo muda e, se não se atualizar, você ficará obsoleto e sofrerá por isso.

Entre em ação

Por fim, devemos entrar em ação. Sei que é difícil e que requer coragem. Mas o que não se aplica não serve para nada. Dar o primeiro passo é o mais difícil, mas, uma vez que o der, você não parará mais.

Muitas pessoas são impedidas de entrar em ação por sua autoestima. Apesar de saber o que devem fazer, são incapazes de fazê-lo sozinhas. Com frequência, aconselhamos outras pessoas, e fazemos isso muito bem; enxergamos claramente o que o outro precisa fazer, como e quando, mas não somos capazes de entrar em ação nós mesmos. Sabe por quê? Porque não nos valorizamos. Estamos no fim de nossa lista de prioridades, acreditamos que não somos importantes e que não vale a pena sermos felizes nem fazer nada para isso.

Em outras ocasiões, não entramos em ação porque sentimos medo. Sentir medo é normal. Eu sinto medo. Tenho muitos medos. O medo em si não é ruim, já que visa a nossa sobrevivência. Ter medo é normal, mas, graças a uma de suas forças emocionais mais importantes, você será capaz de transformar esse medo em ação. A valorização é a força emocional que vai lhe permitir ganhar o impulso de que precisa para superar seus medos.

Para entrar em ação, basta um plano. É importante que você se esforce para transformar as boas intenções em um plano, para que o ato de entrar em ação seja mais simples. De nada serve aquilo que não se aplica. De nada serve aquilo que se planeja e não se executa. Entrar em ação é a culminação do processo de mudança que você está vivendo. Entrar em ação é o requisito necessário e imprescindível para curar sua ferida emocional.

A chave para superar a adversidade

Nós enfrentamos a adversidade de uma maneira determinante a cada dia, várias vezes ao dia. Se tiver fortaleza emocional, você conseguirá enfrentar os desafios cotidianos com segurança. A fortaleza emocional lhe permitirá viver com entusiasmo, tomar as rédeas de sua vida e decidir o destino que quer.

A fortaleza emocional é sua melhor aliada, sem dúvida. É por isso que gosto de me referir a ela como um elemento facilitador e protetor da felicidade. Quando investe em si mesmo, quando alimenta sua alma, quando treina sua fortaleza emocional, você se sente diferente e é capaz de ver a vida de uma nova perspectiva. Quando desenvolve sua fortaleza emocional, você se sente mais forte e, consequentemente, avalia a vida com uma atitude diferente.

Em função das avaliações que faz do que lhe acontece, bem como de sua experiência e bagagem, você ponderará melhor as adversidades e as enfrentará melhor. Ao desenvolver sua fortaleza emocional, você não mais tirará conclusões precipitadas, não mais adotará uma atitude exagerada, não cairá na desolação nem na autocompaixão. Sabendo-se forte, você analisará o ocorrido e tomará decisões melhores, e estará em uma posição melhor para enfrentar e administrar o dia a dia, a vida e a adversidade.

Sinta-se forte! Você tem tudo que necessita para superar qualquer desafio ou adversidade que a vida lhe proponha. E você já fez o mais difícil. Até aqui, analisou o que aconteceu, entendeu o que passou e aprendeu com a experiência. Chegou a hora de recompor o quebrado. Não faz sentido continuar assim por mais tempo.

Não se isole

Não viva sozinho, não viva em silêncio. Não se envergonhe. Às vezes, nós nos isolamos por proteção. Pensamos que, se ninguém chegar a nosso núcleo, ninguém poderá nos machucar; no entanto, ao nos isolar, também nos impedimos de ter experiências positivas e de reconstrução. Isolar-se nunca é a solução. Quando você se isola, se enfraquece, e essa mesma fraqueza provoca a sensação de que não será capaz de superar a adversidade que está exigindo sua melhor versão, toda sua fortaleza emocional, seus recursos e suas habilidades. Não construa um muro para se proteger, pois a única coisa que fará será se isolar.

Não esqueça...

- Você tem tudo de que necessita para reconstruir sua vida, mas não ativará essas habilidades enquanto não se conectar com sua fortaleza emocional.
- A fortaleza emocional é a chave para superar a adversidade e os desafios da vida.
- Cada força pode ser aprendida e desenvolvida.
- Algumas adversidades que sofremos podem ser causadas por aquelas forças emocionais que precisamos trabalhar.
- Para superar a adversidade, você precisa tomar distância, pensar diferente e entrar em ação.

Recomponha o que quebrou

Sokei não conseguia reprimir o sorriso; sabia que não estava reparando uma peça quebrada... Sua tarefa era muito mais maior, pois o que estava fazendo era recompor a bela vasilha.

Reparar ou recompor?

Há uma diferença entre reparar e recompor. Uma reparação é um ato rápido, de sorte, até, com o qual tentamos recuperar a funcionalidade daquilo que se quebrou, sem atender a nenhum outro critério. Já quando recompomos algo, sabemos que o amor dedicado e a lição aprendida se fundem e criam uma peça nova, uma vida nova, muito mais forte e bela que a anterior.

Vamos recompor o que se quebrou, mas focando aquilo que almejamos, não o que sofremos ou vivemos. É hora de olhar para a frente, levantar a cabeça e determinar um objetivo. A chave aqui é: enquanto vamos nos recompondo, definimos nosso futuro, nossos objetivos e nossas metas, enfrentando com coragem nossos medos. Recompor o quebrado é um exercício de coragem, pois implica assumir que se pode quebrar de novo.

O medo de uma recaída

Existe a possibilidade de o mesmo sofrimento se repetir; ela sempre está presente, mas você sabe que poderá se recompor tantas vezes quantas se quebrar. Você tem o dom da reconstrução, a capacidade de se regenerar, de aprender e de ressurgir das cinzas mais forte e sábio, e essa é a melhor motivação que pode encontrar para ganhar a segurança que necessita.

As quinze ações que curarão sua ferida emocional

A seguir, eu proponho quinze ações que você deverá realizar para se recompor. Siga todos os passos, um a um. Não pule nenhum, pois o importante é que você construa um edifício de alicerce sólido que lhe permita reconstruir sua realidade.

1. Não fuja da adversidade

A adversidade estará sempre a rodeá-lo, esperá-lo, exigindo sua atenção, pedindo-lhe que lide com ela; enquanto você não lhe der atenção, ela não desaparecerá. Acreditamos que o tempo cura tudo e imaginamos que, em algum momento, em um passe de mágica, nossos problemas se resolverão. Você pode acreditar nisso, claro, mas meu melhor conselho é este: enquanto o milagre não acontece, cuide ativamente de solucionar a adversidade.

Não negue o evidente, não menospreze o ocorrido, não banalize as consequências da adversidade. O primeiro passo para se reconstruir é a aceitação. Pare de fugir, dê meia-volta e olhe a adversidade de frente, com a segurança de quem está decidido a pôr um ponto-final em uma história de sofrimento e dor.

Pare de fugir. Por que você foge? Não afaste o pensamento, não continue negando as evidências. Chegou a hora de encher o peito e administrar a adversidade. Iremos direto à raiz do problema, levaremos em conta as emoções associadas à adversidade, e, especialmente, trabalharemos e pensaremos em um plano de ação para aprender com o ocorrido e sair fortalecidos do contratempo sofrido.

2. Não se isole

Diante de um problema, costumamos nos isolar e, assim, perdemos a tão necessária perspectiva. Converse com seus amigos e pessoas de confiança, pois eles poderão lhe oferecer um novo ponto de vista que expandirá seus horizontes.

A adversidade é uma carga pesada que carregamos melhor quando estamos acompanhados. Talvez você pense que está só, mas analise, veja se é realmente assim. Lembro o caso de um homem muito afetado pela doença de sua filha. Sua mulher, ao saber que sua filha estava doente e que tinha a mesma enfermidade de seu marido, uma doença hereditária, desapareceu do mapa, deixando-os sozinhos. Meu querido amigo entrou em depressão, nutrida igualmente pelo cruel abandono da esposa, pela culpa de se saber o transmissor da doença e pelo sofrimento de sua pequena princesa. Ele se sentia só e se isolou. Concentrou-se nos cuidados da menina e se desconectou do mundo. Em pouco tempo, ficou saturado. Contudo, continuou isolado, sem querer ver ninguém. Sentia-se sozinho, mas, na realidade, havia um monte de pessoas que podiam e queriam ajudá-lo. Um dia, eu lhe mandei uma mensagem com o *link* da página de uma associação integrada por pessoas que tinham a mesma doença que eles. A contragosto, ele agendou um horário na sede da organização. Essa foi, sem dúvida, a melhor decisão que ele tomou durante aquela crise, pois na associação conheceu pessoas que enfrentavam o mesmo problema, deixou de se sentir só e começou a superar situação tão adversa.

Não esqueça, você não está sozinho. Pode ser que se sinta só, não duvido, mas você não está sozinho. Pode acreditar.

3. Não caia na impotência

Às vezes, achamos que não podemos fazer nada e esquecemos que há sempre um caminho, sempre. Quando caímos na impotência, nossa razão fica ofuscada, torna-se mais difícil pensar de forma criativa, e as possíveis soluções com que poderíamos contar veem-se reduzidas a uma única alternativa: a fuga.

Pode ser que você se sinta perdido e esgotado, mas, assim como quando se está perdido na montanha, o que não pode fazer é ficar parado esperando um milagre. Se um dia você se perder na montanha, meu melhor conselho é que procure uma referência elevada e se dirija a ela. Ande em linha reta, orientado para seu ponto de referência, cedo ou tarde encontrará algum ponto que lhe permitirá se orientar. Sempre existe uma saída, apesar de não ser evidente, nem fácil, nem rápida. Nunca deixe de buscá-la.

4. Uma adversidade implica uma mudança

Pode ser uma mudança momentânea de sua realidade, às vezes até permanente. Aceite e dedique-se a conhecer o novo contexto, a nova realidade em que se encontra. Busque informações, conselhos, ajuda profissional e atualize seu âmbito de referência. Não pretenda continuar fazendo o mesmo que fazia antes da adversidade. Sua realidade mudou, e você tem que atualizar sua maneira de proceder nessa nova realidade. Não pode continuar fazendo o mesmo – o que não implica renunciar seus desejos. A melhor opção, sempre, é adequar seus interesses, gostos e prioridades à nova situação, tendo em conta os condicionantes acarretados pelas consequências da adversidade.

5. Assuma que está diante de um desafio

Os desafios devem ser tratados como tais. Se for capaz de transformar um problema em um desafio, você estará ativando toda a sua fortaleza emocional e pondo-a a serviço de suas necessidades. Um desafio é sempre algo positivo e estimulante, ao passo que um problema é algo negativo que induz ao bloqueio. Seja como for, você precisa responder à adversidade, e a resposta deve ser acertada. Está em suas mãos. Portanto, entre em ação.

6. Fixe sua atenção no longo prazo

Muitos dos problemas que precisamos enfrentar, ou adversidades que precisamos administrar, nos forçam a tomar decisões que são desconfortáveis no curto prazo, mas que, sem dúvida, terão repercussões positivas no médio e longo prazo. Defina como você quer se ver no futuro; essa será a melhor motivação. Visualize-se em um futuro motivador e inspirador. Não importa o que aconteceu, importa muito mais o que você poderá fazer; entretanto, para isso, primeiro você deve curar suas feridas. Livre-se do grande peso da culpa, esvazie sua mochila e ande leve rumo a sua melhor versão.

7. Concentre sua energia no curto prazo

A gestão da adversidade requer ação imediata. Dê os primeiros passos, tome as primeiras decisões. Pode ser que você esteja desorientado, mas, citando o coelho de *Alice no País das Maravilhas*, quando não se sabe para onde ir, qualquer caminho é bom. Entre em ação, tome decisões, estude a situação, aprenda e aja. Faça algo, obtenha pequenas vitórias e celebre-as, orgulhoso de suas conquistas. Toda grande viagem começa com um primeiro passo. Dê esse passo mais cedo que tarde.

8. Mude e aceite

Marco Aurélio propõe que mudemos aquilo que pode ser mudado e que aceitemos aquilo que não pode ser mudado. Mais importante ainda é que aprendamos a distinguir aquilo sobre o qual podemos exercer controle daquilo que não. Enfrente a realidade quando ela puder ser mudada; se esse não for o caso, o mais sábio é aceitar o ocorrido, para, assim, começar a construir uma nova etapa.

Lembro o caso de uma pessoa que sofreu um acidente que afetou a mobilidade de sua mão. Durante muito tempo, ela achou que recuperaria o movimento. Tentou todo tipo de terapia, foi a médicos, curandeiros e xamãs; negava-se a aceitar que havia perdido a mobilidade, e isso não lhe permitia adaptar sua vida a suas novas necessidades. Até que, um belo dia, percebeu que precisava mudar de estratégia; que era possível que um dia recuperasse um pouco o movimento da mão, mas que a probabilidade de que isso acontecesse era muito baixa. Deu-se conta de que deveria começar a adaptar sua vida a seus novos condicionantes e a aceitar que muito provavelmente sua mão ficaria como estava. Nesse momento, depois de aceitar o que não podia ser mudado, ela concentrou todos seus esforços naquilo que podia mudar, o que resultou em uma melhora substancial de sua qualidade de vida.

Os fatores de adaptação

Diante de uma desgraça ou de uma adversidade, algumas pessoas desenvolvem uma série de fatores de adaptação. Quando ficam sem dinheiro, algumas pessoas roubam. Se já sofreram, algumas pessoas podem infligir, de maneira cruel, dor a outras. Se passaram fome, podem comer em excesso para adquirir reservas, caso voltem a enfrentar escassez. Se já ficaram sem emprego, podem trabalhar como loucas para evitar que sejam demitidas de novo.

Embora esses fatores de adaptação sejam aparentemente bons, na realidade não são, visto que apenas permitem uma adaptação imediata. No entanto, não permitem elaborar o ocorrido, detêm o crescimento e a resiliência, impedem-nos de analisar tudo que podemos fazer e nos precipitam à ação sem reflexão.

Eu lhe proponho analisar as condutas que realiza para compensar seu sofrimento. Reveja-as e avalie se faz sentido ou não mantê-las.

9. Analise seu diálogo interno

Faça isso porque pode ser que não esteja se inspirando confiança. O que você diz a si mesmo? Como está vendo a adversidade? Não existe nenhuma razão pela qual não seja capaz de enfrentar a adversidade, mas, enquanto você não acreditar e assumir isso, talvez não dê conta dela. Se emitir a si mesmo mensagens de desconfiança, logicamente não poderá se reconstruir.

Pare para analisar como fala consigo mesmo, o que inspira em si mesmo e a influência que seu diálogo interno exerce naquilo que pensa, faz e sente. Imagine que convive com um irmão gêmeo imaginário que passa o dia todo com você, fala o tempo todo e diz aquilo que você está pensando. O que ele diz? Faça esse pequeno exercício, e verá como é importante o modo como você se comunica consigo mesmo.

10. Transmita serenidade e tranquilidade

Se há pessoas que dependem de você, tente transmitir serenidade e tranquilidade, pois é possível que você passe algum tempo trabalhando na solução da adversidade. Além do mais, não esqueça que seus filhos, por exemplo, não têm toda a informação de que você dispõe, nem sabem o que se passa em sua cabeça, nem podem predizer o que vai acontecer; portanto, para que a ansiedade deles seja administrada, é melhor que tenham um pouco de informação e o vejam sereno, trabalhando para gerir a adversidade. A melhor maneira de transmitir serenidade é sentindo-a. Relaxe. Eu sei que pode ser complicado, mas procure relaxar e se tranquilizar. A melhor estratégia para isso é saber que você está trabalhando na recomposição de si mesmo e de sua vida.

11. Tome suas próprias decisões

Às vezes, renunciamos a coisas por outras pessoas, e a renúncia implica uma atitude passiva e uma descarga de responsabilidades. Solucionar uma adversidade requer indiscutivelmente tomar decisões, algumas delas desagradáveis. Meu melhor conselho é que você mesmo tome as decisões que vão afetar sua vida. Já pude comprovar que, em muitos casos, a adversidade é provocada por decisões não tomadas.

Chegou a hora de entrar em ação. Na terceira parte do livro, explico com detalhes um processo de tomada de decisões, mas o essencial é você rever o papel que o medo, o desejo e a acomodação desempenham em sua decisão, visto que esses elementos podem estar condicionando o resultado de suas ações.

12. Cultive o otimismo

Não confunda: uma atitude otimista não tem nada a ver com uma atitude iludida. Uma pessoa iludida acredita que tudo vai se resolver em um passe de mágica, ao passo que o otimista sabe que pode ser parte da solução do problema e que é capaz de responder às adversidades que o acometerem.

Pode ser que o pessimismo e o abatimento batam a sua porta – até mesmo mais de uma vez. O pessimismo está sempre à espreita, sempre à espera de qualquer oportunidade para entrar em sua vida e assumir o controle de seus pensamentos. Convide o pessimismo a ir embora, a deixá-lo em paz, a procurar outro lugar onde se instalar.

Racionalize o que está acontecendo; na realidade, você não sabe como será o futuro. Você não tem o dom de prevê-lo; logo, nem tente. Mas, se tentar, não profetize um futuro negativo e pessimista. É sempre mais animador prever um futuro otimista.

13. Trate a adversidade como uma oportunidade de aprender e de reorientar sua vida

Às vezes, a adversidade é fruto do azar, mas, às vezes, é consequência de certas ações, esquemas ou ideias. Talvez tenha chegado a hora de repensar a forma como você está vivendo e tomando algumas decisões. No dia a dia, não percebemos, porém adotamos uma infinidade de condutas tóxicas, corremos um sem-fim de riscos desnecessários e tomamos um monte de más decisões. Se conseguirmos viver de maneira mais consciente, eliminaremos grande parte dessas coisas sem sentido. Exato, aqui está a chave: analisar qual é o sentido do que estou fazendo, pensando, sentindo. Pode ser que a adversidade que você está vivendo tenha sido o primeiro sinal de que deve rever o que não tem sentido em sua vida e pôr as mãos na massa para reorientá-la.

14. Encontre uma saída para suas emoções

Isso é necessário para aliviar a tensão e recuperar forças. Regenere-se, pois a guerra contra a adversidade não se ganha em uma única batalha. Crie oportunidades para experimentar emoções positivas, pois elas lhe permitirão se regenerar e recuperar a perspectiva de que tanto precisa. Administre o sentimento de culpa, se ele aparecer. É menos importante saber se você tem ou não culpa pelo que aconteceu do que estar disposto a administrar e a aprender com o que passou. Escreva, converse ou desenhe, mas não guarde o que sente. Talvez a luta seja longa; assim, encare-a aos poucos, reservando-se momentos de descanso e de prazer. Busque emoções positivas que compensem as negativas.

15. Não corra nenhum risco desnecessário

Seja prudente. Com frequência, ficamos ofuscados pela tentativa de sair da adversidade e, sem perceber, damos por válida a primeira opção que aparece pela frente. Somos capazes de nos agarrar a um ferro em brasa. Quando estamos sofrendo, qualquer saída é boa. Mas não confie nisso; nem toda saída é válida. Pense que você está em uma situação de carência e de alta ativação emocional. Possivelmente, sua capacidade de raciocinar está afetada, de modo que é importante avaliar com muito cuidado cada decisão a tomar. Reflita e analise, porém, da mesma maneira, quando for necessário, não hesite e seja valente – mas não temerário. Às vezes, a única opção é correr um risco. Se assim for, vá em frente. Mas discrimine muito bem o que é se precipitar e o que é se arriscar.

Esses foram os quinze passos que lhe permitirão recompor sua ferida e superar as adversidades. Na terceira parte do livro, você os verá aplicados a diversos casos reais.

Questão de paciência

Recolher todos seus pedaços e se recompor depois de tanto sofrimento não será questão de um dia; você precisará perseverar. Mais ou menos como quando fazemos uma dieta, visto que não se perde peso em um dia. Como não se treina para uma maratona em um dia. Ninguém constrói uma casa em um dia... As grandes conquistas requerem tempo; portanto, reveja suas expectativas e desenvolva paciência.

A estrutura da dor explica os danos causados

A agressão que você sofreu determina o número de peças que precisará recompor. Imagine que são sete horas da manhã e você acabou de se levantar. Preparou uma xícara de café com leite e está indo para a sala de jantar tomar seu café da manhã tranquilo enquanto lê o jornal. Quando vai deixar a xícara na mesa, comete um erro de cálculo e ela cai no parquê, que amortece o golpe. Agora, imagine a mesma cena, mas, desta vez, a xícara cai no chão de pedra fria. Uma vez mais, imagine que você tropeçou e a xícara saiu voando vários metros, espalhando seu conteúdo em cima do sofá, espirrando na parede, e caindo no chão de pedra. Apesar de, em um primeiro momento, a explicação do evento ser a mesma (a xícara de café caiu), seu resultado e consequências não têm nada a ver entre si, de modo que a recomposição do ocorrido será muito diferente conforme o caso. No primeiro caso, bastará enxugar o café com leite do chão; no segundo caso, também, mas teremos que acrescentar uma xícara quebrada a nossa coleção; e, no terceiro caso, teremos que acrescentar, ainda, uma parede e um sofá a limpar.

Com isso em mente, escute os conselhos que lhe forem dados, mas sinta-se seguro para ignorá-los, pois possivelmente a estrutura daquilo que você viveu pode implicar que se recomponha de uma forma diferente da pessoa que está lhe dando conselhos com a melhor das intenções.

Não mascare a dor

Consideramos que quem sofre é frágil. A sociedade julga a pessoa quebrada e a marca com um grande "X", como se fosse incapaz de se redimir de seu sofrimento. Aquele que sofre é apontado por uma multidão de pessoas que também estão sofrendo, mas que não o querem demonstrar. Quando você aponta a dor alheia e a rotula de fraqueza, parece que está se convencendo de sua própria grandeza; mas isso é falso.

Não esconda sua dor; não tenha vergonha de senti-la. Você não é frágil, em absoluto. Ao contrário, você é mais forte do que aqueles que o tacham de covarde. Pare de tentar ignorar aquilo que está exigindo sua atenção.

Sei que é mais fácil se distrair, sei que você tem muitos recursos para olhar para o outro lado, mas precisa parar de mascarar a dor; você precisa ir até a base e recompor o quebrado.

Nós nos sentimos incompletos e buscamos o que nos falta, preocupados com a ausência. Como estamos equivocados! O problema é que pretendemos calar essa dor com posses, conquistas, triunfos e *status*; no entanto, enquanto não aceitarmos uma mudança de paradigma, não deixaremos de sofrer. Nossa natureza não é estar completos um dia, e sim tomar decisões, conectar-nos com nossa fortaleza emocional e curtir o momento presente.

Não esqueça...

- Não fuja da adversidade.
- Não se isole.
- Não caia na impotência.
- Uma adversidade implica uma mudança.
- Assuma que você está diante de um desafio.
- Fixe sua atenção no longo prazo.
- Concentre sua energia no curto prazo.
- Mude e aceite.
- Analise seu diálogo interno.
- Transmita serenidade e tranquilidade.
- Tome suas próprias decisões.
- Cultive o otimismo.
- Trate a adversidade como uma oportunidade de aprender.
- Encontre uma saída para suas emoções.
- Não corra nenhum risco desnecessário.

Embeleze suas cicatrizes

Sokei percorreu com o dedo cada cicatriz de sua vasilha, caminhos de ouro puro que mostravam o valor de sua criação recomposta.

Meu corpo é cheio de cicatrizes. Eu nem saberia dizer quantos pontos já levei; um dia, perdi a conta. Não sei do que é cada cicatriz, mas não me envergonho de nenhuma. Cada cicatriz minha é uma parte de um acidente ou de uma negligência. Todas me ensinaram algo. Aprendi com cada uma delas. Algumas têm mais de trinta anos, outras apenas alguns.

Me lembro agora de uma dessas cicatrizes, na cabeça. Até pouco tempo atrás, era uma cicatriz íntima, mas, com o cabelo que pouco a pouco vou perdendo, tornou-se pública. A origem da cicatriz remonta a uma brincadeira de criança em um acampamento de verão. Toda noite, brincávamos de caça à bandeira. Espalhados pela montanha, tínhamos que evitar a todo custo ser iluminados pela lanterna de um adversário. Pois bem, só me lembro de ver um menino da equipe oponente e de literalmente pular no vazio e jazer no chão, inconsciente; não sei quanto tempo passei assim. A verdade é que com essa cicatriz aprendi que não podia pular com tanto ímpeto sem saber em que terreno aterrissaria. Essa conclusão não veio por si própria; eu fui amadurecendo-a pouco a pouco. Todos os dias, durante os curativos, eu tinha um tempo para pensar nisso e aprender uma lição.

Tenho outra cicatriz importante, muito grande, que ocupa um terço de minhas costas. Essa eu ganhei em uma queda de bicicleta, há não muitos anos. Recordo minha mulher tratando a ferida enquanto minha filha dormia em seu berço. Todos os dias, enquanto ela cuidava de mim, eu analisava o que havia ocorrido. Enfim, tudo aconteceu porque eu decidi sair de bicicleta sem os óculos de sol de grau, sem os quais não enxergo. Simples assim. Acontece que eles quebraram, e eu fiquei duas semanas sem eles. E, um belo dia, supervalorizei minhas próprias capacidades e decidi pedalar sem os óculos pela montanha, e aconteceu o que tinha que acontecer: eu caí.

Com cada cicatriz, aprendi alguma coisa. O sofrimento nunca foi em vão, sempre o aproveitei para crescer. Mas não pense que tenho cicatrizes só no corpo; também tenho no coração. Psicólogos também são pessoas, e pessoas com uma sensibilidade especial e um título. Bem, alguns têm o título, mas carecem dessa sensibilidade... A questão é que eu, como o mais comum dos mortais, já sofri.

Sou uma pessoa muito sensível e empática, o que é uma grande vantagem em minha profissão, mas sou um pequeno campo adubado para que o sofrimento faça a festa. Sofri quando criança, adolescente, jovem e adulto. Sofri na vida privada, familiar e profissional. Sofri ao tentar ajudar uma menina de 4 anos de idade violentada pelo pai, sofri com cada paciente que estava sofrendo e sofri por algumas guinadas dramáticas da vida, possivelmente as mesmas pelas quais você sofreu.

Mas posso dizer que cada ferida de minha alma cicatrizou. E não foi por acaso. Eu mesmo fui o principal artífice da cura de minhas feridas. Eu as limpei, desinfetei e curei. Assim como é preciso ser incansável na desinfecção de uma ferida física para que não infeccione, é preciso sê-lo com as feridas emocionais.

Com frequência, precisei abrir mais a ferida, limpá-la profundamente, analisar o motivo pelo qual estava doendo e suportar a dor do álcool que tudo cura, mas que arde. Algumas vezes, não consegui me curar sozinho, e foi nessas ocasiões que contei com a inestimável ajuda de Núria, minha companheira. Ela me deu perspectiva, soprou quando o antisséptico aplicado ardia, foi quem me deu a mão enquanto meu coração cicatrizava devagar.

Também não sinto vergonha das cicatrizes de minha alma. Nenhuma delas foi em vão. Todas me ensinaram algo que eu tinha que aprender. No entanto, para aprender com a dor, é preciso uma boa dose de humildade, uma boa análise, certa distância e muita perspectiva.

Se me disser agora mesmo que você não tem nem uma única cicatriz no corpo ou na alma, serei obrigado a acusá-lo de contar a pior das mentiras: a do autoengano. Quando falamos de feridas e de cicatrizes, o autoengano é um mau conselheiro. Talvez você pense que já limpou bem a ferida, ou que é inevitável que ela infeccione, ou que o tempo a curará. Mas eu o convido a reconsiderar essas falsas crenças e a não deixar sua saúde e sua cura nas mãos do acaso.

Agora que você aprendeu em que consiste a antiga arte do *Kintsugi* pode ser um bom momento para rever suas cicatrizes e feridas. Se uma ferida do passado continua doendo, é porque ainda não cicatrizou; portanto, sinto muito, mas você tem trabalho a fazer. Vamos tratar velhas feridas que ainda não cicatrizaram?

Talvez você tenha sofrido muito no passado. Talvez, durante muito tempo, a dor o tenha acompanhado dia e noite. Sei por experiência própria o que é passar uma noite em claro com uma dor que oprime a alma. Sei o que é forçar um sorriso quando sua garganta está seca por causa de um nó que a estrangula sem parar. Sei o que é ter que enxugar as lágrimas, sacudir a poeira e aparecer com sua melhor atitude em público.

Há dores que entram em nosso mundo e não nos permitem pensar, nem dormir, nem viver. O que podemos fazer diante de tanta dor? Não há nenhuma pesquisa científica sólida a esse respeito, de modo que vou me permitir falar com base em minha experiência pessoal, avalizada por minha experiência profissional, com a qual ajudei milhares de pessoas com seus respectivos sofrimentos.

Quando tudo dói, a melhor coisa a fazer é construir. Construa. Crie. Você precisa de um projeto para administrar a dor do passado e até transformá-la em belas recordações. Quando obtiver certa perspectiva, quando conseguir impor distância emocional, nesse momento você será capaz de reinterpretar o que aconteceu e embelezar suas cicatrizes.

Concentre-se na construção de uma nova realidade – sua realidade. Abandone a couraça que o limita, troque sua pele queimada e gasta, deixe que o passado seja passado e comece a construir uma nova realidade na qual você decida a vida que quer ter e como quer se enxergar. Construir essa nova realidade demandará esforço, mas é mais que necessário.

Uma pessoa extraordinária

Há pouco tempo, conheci Lary León. Ambos éramos palestrantes no prestigioso congresso sobre bem-estar e felicidade organizado pela revista *Objetivo bienestar*. Devo confessar que me apaixonei pela energia, pela vitalidade, pelo exemplo e, muito especialmente, pela capacidade de Lary de construir a realidade que ela queria.

Lary nasceu sem parte dos braços e sem uma perna. Não era uma pessoa normal. E alguém é normal? É verdade que repetidamente tentam nos normatizar... Mas quem é "normal"? As pessoas que fazem coisas normais? E o que são as coisas "normais"?

Lary faz um monte de coisas normais. Penteia o cabelo, passa delineador e maquiagem, escreve e até dirige um canal na Fundação Atresmedia. Levanta de manhã e vai trabalhar. Também come igual às demais pessoas. Então, se Lary faz coisas normais, é uma pessoa normal? Não! Ela não é uma pessoa normal. Continuo acreditando e afirmando, apesar de todo seu empenho em se classificar como tal. Lary é uma pessoa extraordinária, que transcendeu sua realidade e foi capaz de criar uma nova, muito melhor que a que a esperava. Construiu essa nova realidade ainda bem novinha. E essa nova realidade lhe permitiu ganhar a perspectiva necessária para reinterpretar sua velha realidade. Lary gosta de pensar que é a reencarnação de uma sereia, que seus braços são as nadadeiras e sua perna, a cauda.

Eu já disse que levamos a vida muito a sério? Pois é. Você não precisa construir uma explicação verídica e detalhada. Lance mão do bom humor, nunca perca o senso de humor. Isso lhe permitirá guardar forças para o que realmente importa e também manter a distância necessária para analisar com perspectiva o que lhe acontece.

Querida Lary, agradeço pelo dia em que nossos caminhos se cruzaram, pois, assim como você, acredito que está neste mundo para não deixar ninguém indiferente.

Você não é mais uma criança abandonada

Se você foi uma criança ignorada, saiba que possui a chave para ajudar milhares e milhares de crianças que estão crescendo em situação de abandono emocional. Você não é mais uma criança abandonada. Aqueles tempos passaram. Na realidade, você não era uma criança abandonada, e sim uma criança que precisou se conectar com sua fortaleza emocional para poder crescer saudável e equilibrada.

Sua história não é a de uma criança, e sim a de um herói. Você é um claro exemplo de superação e autonomia, e essa é a imagem que deve ter de si mesmo. Teve uma série de vivências que lhe permitiram se superar e desenvolver suas melhores virtudes. É na adversidade que descobrimos o que realmente somos e podemos chegar a ser. Você imagina quantas pessoas pode ajudar com seu testemunho?

E se você foi uma mulher maltratada, o que fazer? Construa uma nova realidade. Você não é mais uma mulher frágil e maltratada por um ególatra infame. Você é uma mulher livre que foi capaz de suportar as piores blasfêmias, que as superou e que saiu fortalecida de uma situação extremamente complexa.

E se você for uma pessoa afetada por uma doença ou uma deficiência? Exato: você é uma pessoa afetada por uma doença ou uma deficiência, não um doente nem um incapacitado. Não vincule sua identidade a uma condição física ou temporária. Você é muito mais que sua doença, muito mais. Contudo, enquanto você mesmo não acreditar nisso, não conseguirá transcender essa realidade que o limita para poder criar uma nova, que lhe permitirá crescer e viver plenamente.

Há tantos mundos quanto pessoas. Cada pessoa cria seu próprio mundo, sua própria realidade. Criamos nosso próprio cenário e damos sentido à realidade em função de nossos medos e interesses. Entretanto, às vezes, algumas pessoas insistem em nos obrigar a viver em seu mundo, e nós acreditamos e vivemos nele, sem saber que podemos construir nosso próprio mundo, nossa própria realidade, a qualquer momento.

Não esqueça: não existe "o" mundo. Existe seu mundo. Meu mundo. Enquanto não formos capazes de criar nosso mundo, o mundo de todos, não seremos capazes de nos entender.

Quando as recordações doem

Possivelmente você já construiu uma nova realidade na qual pode ser você, a verdadeira pessoa que é, e não aquela que o fizeram acreditar ser. Sei que a construiu com esforço. Por fim, reconstruiu sua vida e curou sua dor. Sua ferida cicatrizou e deixou uma bela demonstração de sua fortaleza emocional.

Sua vida transcorre normalmente, até que, de repente, aparece algo de sua vida passada, daquela que o limitava e condicionava. Você vive feliz, cuida de suas coisas, mas pode ser que a visão de uma pessoa ou a recordação de um fato o devolva à realidade passada. É possível que algo que você julgava enterrado retorne. Às vezes, as recordações entram em nossa vida sem pedir licença. Um olhar, uma fotografia, uma conversa ou um gesto podem nos transportar àquela época em que tanto sofremos. Às vezes, bate à porta um *flash* de fatos passados, uma realidade cruel e dura que você viveu durante muito tempo. Tudo bem, atenda a esse chamado, interprete-o e acompanhe-o até a saída. Não tenha medo disso. Não o evite. Não pense que isso significa dar um passo para trás. Pense que nosso cérebro percebe coisas das quais não temos consciência. Nosso cérebro nunca para de funcionar, e com frequência nele correm muitos processos em paralelo.

Pode ser que em algum momento você se encontre cara a cara com a pessoa que o fez sofrer. Esteja preparado, pois pode acontecer a qualquer momento. É normal se sentir nervoso diante da visão da pessoa que nos maltratou e torturou, mas, tão viva quanto essa tensão, pode ser a consciência de que fomos capazes de sair de seu círculo de influência e de que ela não pode nos fazer nada.

Quando sentir insegurança, observe suas cicatrizes; são elas que lhe proporcionarão a confiança de que precisa. Você não trabalhou arduamente em si mesmo para agora abrir de novo uma velha ferida. Quando se encontrar cara a cara com a pessoa que lhe infligiu dor, não baixe a cabeça, não baixe o olhar, não mude de calçada. Continue andando com a cabeça erguida, com a segurança de quem foi capaz de superar a adversidade, de recolher seus pedacinhos e de se recompor. Caminhe com a coluna bem ereta e o peito cheio. A honra da superação é sua, ninguém pode tirá-la de você. E, quando passar por essa pessoa, ignore-a ou cumprimente-a. Faça o que lhe der na telha, mas sabendo que você não está fazendo nada de errado e que, faça o que fizer, você não é mais a mesma pessoa que o outro conheceu.

Sua fratura deixou uma marca, sem dúvida, mas isso não significa que não esteja resolvida. A volta de recordações ou o encontro com determinadas pessoas não deve fazê-lo se sentir frágil.

Embeleze sua cicatriz

Não tenha vergonha de sua cicatriz. Não a cubra; não a esconda. Ao contrário, embeleze-a, pois ela é a melhor demonstração de sua força. Os mestres Kintsugi não disfarçam as cicatrizes das obras que reparam; não só não têm o menor interesse em disfarçá-las, como as ressaltam com materiais nobres como ouro e prata.

Uma peça de cerâmica que se quebrou é uma prova viva de sua fragilidade. Uma peça de cerâmica recomposta que disfarce os pedaços colados não mostra todo seu valor – não mostra o valor que reside em sua capacidade de se reconstruir após a adversidade. Os mestres Kintsugi sabem disso e respeitam o principal valor de uma peça reconstruída: sua cicatriz. Às vezes, as cicatrizes são inevitáveis. Depende de você tratá-las com respeito e embelezá-las.

Nossas cicatrizes embelezadas nos dão a força necessária para continuar vivendo no mundo que queremos, no mundo que escolhemos e construímos. De tempos em tempos, podemos nos sentir perdidos, desiludidos, sem coragem ou simplesmente cansados. Isso é compreensível. Construir uma nova realidade não é fácil, especialmente quando estamos esgotados pela dor que sofremos.

Não esqueça: em sua cicatriz, na prova de sua força, você encontrará a ancoragem necessária em meio a tanta loucura. Busque em sua cicatriz embelezada o impulso que necessita, a energia que o caracteriza, o valor que sempre teve.

Transforme sua dor em ensinamentos

Para mim, é um prazer lhe anunciar que, em termos de adversidade, nem tudo são consequências negativas. Você foi ferido. Sei que não escolheu isso e que não fez nada para merecer. E daí? O importante é que você sofreu mas foi capaz de superar esse sofrimento. Superou a dor e conseguiu reconstruir sua vida. Não sem esforço, eu sei.

Sua ferida deixou algumas sequelas, mas nem todas elas têm que ser negativas. Você foi ferido, e isso lhe permite ser mais sensível e entender melhor outras pessoas que também foram feridas. Sugiro que transforme sua dor em ensinamentos; você pode transmitir lições, muitas lições. Você se quebrou e se reconstruiu, suas cicatrizes são o melhor exemplo a seguir. Você é um exemplo real de superação.

Às vezes, tomamos conhecimento de pessoas que superaram grandes dramas e dificuldades e, ao nos compararmos a elas, sentimo-nos pequeninos. Já chega de se sentir pequeno e de acreditar que você não pode colaborar em nada com as pessoas que o cercam. Todos nós temos uma missão na vida. Todos nós estamos aqui por algum motivo. Todos nós temos que dar um sentido a nossa vida. Mas não esqueçamos que a vida pode ter mais de um sentido, ou diferentes sentidos em diferentes etapas.

Um alpinista renomado

Recordo minha participação em umas jornadas de psicologia e rendimento esportivo. Enquanto esperava minha vez, escutei atentamente o testemunho de um alpinista que havia superado incontáveis problemas e adversidades. Durante o jantar posterior à jornada, um dos presentes debatia acaloradamente com outro: "Fulano é um super-homem, veja quantos desafios venceu, ele é um exemplo de superação!".

Sua afirmação era parcialmente correta, mas, pessoalmente, eu discordo profundamente de seus argumentos. Fulano havia escolhido livremente, voluntariamente, e em plena posse de suas faculdades mentais, expor-se à adversidade. Para mim, ele não era um exemplo válido de superação, lamento. Sendo mais claro, não podia ser. E não o era por dois motivos principais. Primeiro, porque sua aventura fora preparada, planejada e organizada de forma voluntária, de modo que era completamente artificial e não deixava de ser uma situação de laboratório mais ou menos controlada. Fulano, uma vez preparado, planejado e equipado, enfrentou as adversidades que ele mesmo havia escolhido. Da mesma maneira, no momento em que ele assim desejasse, poderia abandonar sua luta sem maiores consequências além da fúria de alguns patrocinadores. A segunda razão é que o renomado alpinista, em pleno discurso motivador, não fazia mais que transformar consequências previsíveis em adversidades. Ou seja, ser pego por uma tempestade de neve na montanha não é uma adversidade, é algo mais que previsível. Não conseguir dormir a mais de cinco mil metros de altura não é uma surpresa, e sim algo mais que previsível e esperado, uma consequência desagradável de uma aventura programada. Em resumo, estaremos errando feio se confundirmos as consequências desagradáveis de nossos atos intencionais com uma adversidade.

Qual é o sentido de seu sofrimento? De cara, há no mínimo dois sentidos. Para começar, seu sofrimento o fez mais forte, não mais insensível; agora, você está mais preparado para viver; você se conhece melhor, cresceu e dispõe de mais recursos. Além disso, você não só é mais forte, como também é capaz de ensinar outras pessoas a ser fortes como você.

Não precisamos colocar a mão direto no fogo para saber que podemos nos queimar. Não precisamos enfiar o pé em um lago de uma montanha para saber que a água estará gelada. Não precisamos passar por determinada adversidade para ganhar força. Sua experiência é um valioso recurso para aqueles que o cercam. Em primeiro lugar, porque você é capaz de lhes proporcionar ferramentas para que aprendam a identificar o que podem passar antes que as coisas aconteçam de fato. Você tem muito a oferecer a eles; pode ensinar-lhes a perceber os indicadores de que algo não anda bem antes que seja tarde demais ou que a situação se complique ainda mais. E também pode ensinar a administrar, enfrentar e se recuperar de uma adversidade, sendo o exemplo próximo que prova que não é necessário ser um super-homem para superar a maior das dores.

Você sabe que há futuro e que há esperança. Você é um exemplo claro e real. Sugiro que embeleze suas cicatrizes dando aulas de resiliência e de superação, da boa, da real, da cotidiana.

Transforme sua dor em arte

Algumas pessoas afirmam que a arte nasce da sublimação da dor do artista. Poderíamos fazer uma longa lista de artistas que encontraram na arte a maneira de superar a dor, começando por Frida Kahlo e acabando por Salvador Dalí. Qualquer arte é uma excelente ferramenta para plasmar aquilo de que as palavras não são capazes. Quando estamos imersos em um processo criativo plástico, ganhamos a distância necessária para adotar uma nova perspectiva que nos permita analisar a dor que sentimos.

A oficina das quintas-feiras

No ano de 2009, Núria, minha mulher, idealizou e programou oficinas terapêuticas para pessoas afetadas pelo mal de Parkinson. O objetivo era proporcionar ferramentas para administrar a doença, bem como administrar emoções positivas que permitissem mitigar ou compensar as emoções negativas causadas pela síndrome.

Recordo com carinho especial uma reunião com minha mulher na qual falávamos de um tema que preocupava a nós dois: a incapacidade de alguns participantes de manifestar as emoções. A idade dos participantes era elevada – a média estava próxima dos 70 anos –, e muitos deles eram homens. Agora, imagine um homem de 70 anos tentando manifestar suas emoções mais íntimas diante de um grupo de vinte pessoas. Impossível!

Longe de desistir de nossa empreitada, e sabendo da importância de dar nome às emoções que sentimos, Núria teve uma ideia brilhante: "Já sei! Se eles não conseguem falar de suas emoções, que as desenhem!". Dito e feito. Naquela mesma quinta, chegamos com um rolo de vinte metros de papel, pincéis e tinta guache prontos para revolucionar, uma vez mais, a famosa oficina das quintas-feiras. Forramos de papel todas as paredes, enchemos pratos com tintas de diversas cores e distribuímos pincéis de tamanhos diferentes por toda a sala.

O resultado foi realmente emocionante. Os presentes ficaram absortos na tarefa e deram vazão artística a sua dor, suas emoções e inquietudes. Houve quem desenhasse uma espiral preta, quem desenhasse o mar e quem simplesmente misturasse cores. A qualidade artística, as proporções ou a beleza dos desenhos não tinham a menor importância. Não importava se eram bonitos ou feios. O que realmente importava era a existência de um pretexto para que as diversas emoções que os participantes sentiam, inferidas a partir da análise dos desenhos, fossem expostas.

Mas e se eu não for um artista? Não me diga que você formulou essa pergunta! Não gostei! Não percebe que você está emitindo um juízo negativo acerca de suas capacidades e virtudes? O que é arte? Não há nada mais livre que a definição de arte. Se não acredita em mim, basta pensar em obras de arte contemporânea, de arte clássica ou de arte de rua. A arte é tão variada e heterogênea quanto o artista possa ser. Pinte, desenhe, costure ou crie. Não me interessa a disciplina que escolha, apenas que você crie arte. Desenhe sem se preocupar com as proporções, ou se está bonito ou feio. Crie arte abstrata!

Escreva. Escrever é um dos exercícios mais terapêuticos que se podem realizar, por muitos motivos. Para começar, quando escrevemos, colocamos todas as nossas ideias, inquietudes e problemas em ordem. Escrever liberta a alma e a mente. Ao pôr no papel aquilo que você tem na cabeça e no coração, o efeito de descarga é imediato.

Construa. Vá à praia com um balde, uma pá e uma espátula e comece a fazer construções de areia. Desenhe e pinte mandalas, pegue emprestado o

Lego de seus filhos e comece a construir alguma coisa, o que for. Vá a uma loja de artigos de artesanato e compre o que quiser. Comece a fazer crochê, desenhe joias. Crie colares e pulseiras de bijuteria e os dê de presente a seus amigos. Pode artisticamente a cerca-viva do jardim. Plante uma jardineira com flores coloridas. Monte um quebra-cabeça ou faça uma colagem. Faça doces, *origami* ou marcenaria. Adentre o campo da moda, desenhe roupa, crie seus próprios vestidos ou tinja camisetas. Tanto faz! Faça o que lhe der na telha, desde que o estimule e preencha.

Dê vazão a sua dor mediante a expressão artística. Transforme sua dor em algo belo. Embeleze suas cicatrizes para que, cada vez que olhar para elas, se sinta mais forte e mais seguro.

Não esqueça...

- O importante não é se você sofreu ou não, e sim o fato de que foi capaz de superar.
- Uma cicatriz nos recorda que fomos fortes.
- Com todas as suas cicatrizes, você pode aprender algo e transformá-lo em uma lição para as pessoas que estão sofrendo como você.
- Transforme a dor em arte.
- Construa uma nova realidade.
- Não se envergonhe de sua cicatriz.

Terceira parte

Bizen-yaki, a arte de persistir

Somos animais de costumes. Não ficamos à vontade com nossa incrível capacidade de adaptação, nem com nossa capacidade de criar as circunstâncias que queremos, nem com nossa capacidade de viver o próprio sonho, nem com nossa extraordinária capacidade de regeneração e reconstrução. Preferimos viver ancorados no costume, em um hábito que interiorizamos nas profundezas da alma, que se tornou rotina, uma âncora em um mar de incertezas, um farol que indica os perigos do mar do desconhecido. Um costume que nos dá uma aparente segurança diante da crença de que somos frágeis e limitados.

Criamos nossa realidade com base no que pensamos. Nosso cérebro, nosso mais precioso recurso, nosso melhor aliado, processa milhões de dados constantemente sem que tenhamos consciência disso e, com base nesses dados, dita atos, emoções, decisões, fantasias, sonhos, desejos e medos. Nosso cérebro toma decisões por nós, milhares ao dia, sem nosso consentimento. Essas decisões determinarão nossa realidade, nossa vida e nosso futuro. E nós alheios a isso...

Pensamos com base no que percebemos. Nossos sentidos captam toda a informação que querem e a enviam ao cérebro para que a processe e a administre e tome as melhores decisões possíveis. Sim, você leu bem: "a informação que querem". Não, não é um erro que passou a mim e a toda a equipe de revisores do livro. Nossos sentidos captam o que querem; bem, o que o cérebro quer.

A atenção seletiva é um processo perceptivo muito estudado. Sempre há milhões de estímulos diante de nós, e, como não podemos processar todos, nosso cérebro fornece uma hierarquia de prioridades a nossos sentidos. Primeiro, damos preferência a tudo aquilo que tem a ver com nossa segurança; quando sabemos já ter um mínimo de segurança garantida, continuamos filtrando o que percebemos em função de nossos interesses, prioridades, crenças, medos e desejos. Se você acabou de deixar a barba crescer, vai prestar atenção seletiva a homens com barba; se você está grávida, verá mais grávidas por aí; se quiser trocar de carro, ficará o tempo todo vendo pelas ruas o modelo que deseja; se acredita que viemos a este mundo para sofrer, só verá almas sofredoras na vida; se acredita que deve ser uma pessoa abnegada diante das circunstâncias, só verá oportunidades para desenvolver sua abnegação. Nós poderíamos encher páginas e páginas com exemplos.

Nossa percepção não é ingênua, de modo algum. Requer um âmbito de prioridades, mas, a partir daí, passa a escolher aquilo que mais se encaixa com a ideia que tem da realidade, com o que acredita que nosso cérebro mais valorizará e com aquilo que acha que nos será mais útil. Nossa percepção é um processo complacente e submisso que filtrará a realidade para agradar o grande chefe central, o órgão que controla tudo, o cérebro que tudo rege. Nossa percepção não é neutra, nem criativa, nem autônoma. Não é nada além de um instrumento a serviço de nosso cérebro e de seus interesses.

Pensamos também com base no que sentimos. De repente, sentimos um calafrio nas costas e nosso cérebro (de novo, nosso cérebro) decide transformar esse calafrio em medo, e esse medo, esse sentir que nasceu de uma sensação física, proporcionará um âmbito de referência a nossa percepção e a nossos pensamentos. O que antes eram sombras na noite se transformam em terríveis ameaças; o que antes eram barulhos normais de uma casa se transformam em possíveis perigos; onde não havia mais que paz agora só há medo.

Tudo que sentimos nasce de um estímulo que o provoca, apesar de, em muitas ocasiões, nem sabermos o que foi que despertou essa emoção que sequestrou nossa calma e nossa paz. Às vezes, é um estímulo interno. Basta uma imperceptível dor de ouvido ou uma digestão pesada para nos deixar de mau humor. Às vezes, é um agente químico. Uma pequena dose de cafeína será suficiente para nos provocar desassossego e inquietude.

Não esqueçamos que nossa mente reside em um cérebro, que, por sua vez, reside em um corpo que o banha em sangue e que o nutre.

Às vezes, basta imaginar algo para despertar a mais intensa emoção, como no caso do ciúme em uma relação amorosa. Na realidade, ignoramos o que nosso companheiro está fazendo, mas o simples ato de imaginá-lo com outra pessoa é suficiente para descompensar nosso equilíbrio. Pois é, como você já adivinhou, também pensamos com base no que imaginamos. Às vezes, nosso cérebro confunde o imaginado com o real. E isso acontece com mais coisas. Costumamos confundir uma opinião com um fato, uma fantasia com um prognóstico, um medo com uma ameaça real.

Às vezes, insistimos em ignorar os sinais de alarme que o cérebro nos lança e nos empenhamos em enganá-lo a todo custo, fazendo-o acreditar que vai acontecer o que desejamos, o que queremos, o que imaginamos ou o que tememos. Não importa que seja real ou não! Uma vez que tenhamos dado um âmbito de referência a nosso cérebro, ele começará a pensar de uma maneira consoante a nossas crenças, imaginações ou prioridades.

Pensamos com base no que acreditamos. Se você acredita que está no mundo para sofrer, terá sofrimento. Se acredita que não pode fazer nada para viver melhor, ficará estagnado. Suas crenças alimentam suas decisões, seus medos e seus desejos. Suas crenças limitam você. E veja só a ironia da situação: suas crenças nascem da maneira mais infundada que você possa imaginar. Ao longo da vida, vamos incorporando sentenças, crenças e retalhos de realidade que acabam configurando nosso próprio cosmo, nossa própria realidade. Em muitos casos, herdamos essas crenças de nossos pais, ou as criamos com base em conversas entre amigos bebendo cerveja, em filmes comerciais ou em livros temperados com grandes doses de ficção. Ou seja, nossas crenças têm muito pouca base, pouca confiabilidade e uma pouco desejável falta de rigor.

Somos o que pensamos, de modo que, se quisermos fazer uma guinada em nossa vida, devemos rever todas nossas crenças e tudo que damos por certo. Seus pensamentos determinarão e condicionarão suas ações, suas percepções, suas decisões, suas prioridades, enfim, sua vida. Vamos rever juntos suas crenças acerca da realidade? Para isso, proponho que você se faça uma série de perguntas: o que é isso que tanto dói? O que é que está pesando sobre você? E a mais importante: por que você continua carregando esse peso? Precisamos chegar ao fundo do poço para sentir a necessidade de incorporar uma mudança em nossa vida. Não mudamos enquanto a dor não fica insuportável. Sofremos, e sofremos mais, ou nos distraímos e fugimos, tudo para evitar mudar, tomar decisões e entrar em ação.

Muitas pessoas só mudam quando não conseguem mais suportar a dor. De fato, a dor não é mais que um indicador de que algo não está funcionando. A dor indica que temos que fazer alguma mudança na vida, senão ela se complicará mais. Assim como a dor física indica que precisamos parar e examinar aquela articulação, dar descanso àquele músculo ou limpar aquela ferida, a dor emocional está dizendo que precisamos parar e analisar o que está acontecendo em nossa vida, com as pessoas próximas ou com nossos objetivos.

No entanto, com muita frequência, somos tomados pela pretensão de esconder a dor, negá-la e ignorá-la. É como se, não lhe dando bola, ela não existisse, e ignoramos assim que a dor é necessária para viver, que é adaptativa e que nos permite crescer. Preferimos tomar um analgésico a tomar uma decisão. Preferimos nos distrair a encarar a vida.

Também há ocasiões em que nos ancoramos na dor e não somos capazes de superá-la, de seguir em frente, de aprender com ela. Não sabemos como interpretá-la, não entendemos sua mensagem e decidimos viver com ela. Durante a vida inteira, tentam nos convencer de que viemos ao mundo para sofrer e por isso não percebemos que precisamos fazer algo com essa dor, que precisamos administrá-la.

Qual é sua carga pesada? Será que ela ainda não está pesada o bastante para que você perceba que precisa abandoná-la? Perdoe-se e livre-se do lastro que não lhe permite voar. Sei que não é fácil mudar a maneira como vemos e nos relacionamos com o mundo, mas nada que seja bom ou extraordinário é fácil. As coisas boas requerem esforço, decisões corajosas e ação focada.

Como você pôde comprovar, seus pensamentos podem mudar sua vida. E não pense que isso é algo místico ou mágico; afinal, nós e nossos pensamentos não somos mais que bioquímica e eletricidade. Cada neurônio nosso está interconectado com outros e com diversos nervos que chegam a todas as partes do corpo. Cada neurônio gera uma conexão que acaba influenciando nosso corpo, nossa percepção, nossas emoções e nossas ações.

Talvez você tenha se acostumado ao pesar, à dor, a viver quebrado, a andar descalço sobre seus próprios pedaços e a continuar se autoinfligindo um castigo por algo que *acha* que fez de errado; mas há outras realidades, acredite, há opções. Sugiro que imagine uma vida nova, uma vida que começa com a recomposição de sua dor, uma vida plena na qual você será mais forte; e que, depois de imaginá-la, comece a trabalhar para alcançá-la. Sei que não é tarefa fácil, e, por isso, dou exemplos reais que podem ajudá-lo a se inspirar e motivá-lo a entrar em ação. Agora você já sabe o que deve fazer e conhece toda a teoria e a metodologia. Sugiro, então, que entre em ação e aplique tudo na prática. Não basta saber; o conhecimento não provocará nenhuma mudança em nossa vida; a mudança virá com a ação, ou seja, com o conhecimento aplicado.

Entre em ação

Sei que entrar em ação nem sempre é fácil, que requer uma boa dose de coragem, que nunca parece ser um bom momento para isso, que é difícil romper a barreira do medo; meu melhor conselho, ainda assim, é que entre em ação e dê o primeiro passo. A representação mental que fazemos daquilo que pode acontecer sempre é pior do que o que realmente pode ocorrer. Nós montamos filmes, imaginamos um futuro aterrador, julgamo-nos incapazes, e tudo isso não faz mais que deter algo simples, que é dar o primeiro passo.

Por isso, na terceira parte deste livro, reuni uma série de casos reais, de histórias vividas por milhares, se não milhões, de pessoas como você, para que se inspire e possa dar esse primeiro passo que tanto necessita. São pessoas que um dia sofreram, mas que foram capazes de recolher todos os pedaços de sua alma quebrada e recompor sua vida e sua esperança.

Você vai ver nos diversos casos que isso não foi tão complicado. Em cada capítulo, encontrará uma descrição do ocorrido, uma análise detalhada da situação e um plano de trabalho real baseado nos três passos do método que descrevo em *Fortaleza emocional*: ganhar perspectiva, pensar diferente e entrar em ação.

Recompor-se após uma demissão

O caso de Carla: "Eu dei tudo e me demitiram"

Carla abriu a carta, leu-a e se sentou. Seu corpo estremeceu. Pensou que suas pernas não seriam capazes de sustentá-la em pé. Não confiava em nenhuma parte de seu corpo. Depois de ter chegado aonde chegara! Apoiou os cotovelos nos joelhos. Cobriu o rosto com as mãos. Sentia vergonha de si mesma. Sentia vergonha de sentir vergonha. Uma vergonha profunda e seca, sempre à espreita, sempre a acossando.

Seu orgulho doía. O fracasso doía. Doía o fato de ter se enganado. Doía a dor. Procurou algo bonito em sua vida, porém não encontrou. Todas suas recordações eram tristes. Fazia anos que não vivia. Havia dado tudo pela empresa, absolutamente tudo. A empresa sempre havia estado em primeiro lugar. "Queremos gente envolvida e comprometida", recordou o discurso do diretor-geral na primeira convenção de que participara. Tinham se portado muito bem com ela. Começara como estagiária depois de formada e pouco a pouco galgara cargos, até chegar ao de diretora de um departamento para toda a área de Madri.

Durante anos, havia priorizado sua carreira profissional acima de tudo. Seu marido a compreendia e apoiava. Recordou que ele a incentivara a analisar se essa era realmente a carreira que ela queria e se essa entrega total compensava. Recordou sua mãe lhe dizendo que estava descuidando de sua família e que tinha muita sorte de ter um companheiro tão compreensivo. Praticamente não conhecia seus filhos. Seu marido, professor de ensino fundamental, tinha mais tempo livre e cuidava de tudo referente às crianças. Carla não sabia nem o tamanho das roupas que seus filhos usavam, se estavam com as vacinas em dia, desconhecia os sonhos e desejos deles. Recordou sua primeira convenção. Recordou seu primeiro dia de trabalho naquela manhã chuvosa de abril. Recordou seu primeiro cliente. Sua primeira venda. Tudo era maravilhoso. Recordou que por fim se sentia valorizada. Ou, talvez, aparentemente valorizada. O distanciamento lhe deu uma bofetada em forma de uma nova avaliação do ocorrido. Como podia ter sido tão tola?

Carla precisava do reconhecimento, poder e *status*, e essa foi a moeda de troca utilizada pela empresa em que trabalhava. Sempre havia um novo projeto em que concentrar os esforços, um projeto que a absorvia por muito tempo. Já se sabe, novos projetos requerem muito tempo, muito carinho. Além do mais, quando não controlamos algo 100%, precisamos aprender e dedicar mais tempo.

O tempo. Se pudesse voltar atrás, àquele momento em que sua melhor amiga lhe disse que precisava repensar sua vida... Ignorara todas as advertências das pessoas mais próximas. Ignorara quando sua irmã lhe dissera que analisasse o futuro que a esperava. Ignorara muitas advertências, todos os sinais que indicavam que deveria tomar uma atitude, que seu império estava ruindo, que seu rendimento era movido por um desejo vaidoso de reconhecimento, de ser mais, de ser melhor. Ser melhor que quem? "Olhe para você. Tanto querer mais, e agora você não tem nada. Tem menos que nada. Você foi uma menina tola e imatura", disse a si mesma.

Em um ataque de ira, rasgou a carta. Como podiam demiti-la depois que ela lhes dera tudo? Como podiam demiti-la por carta, sem lhe dar nenhuma explicação pessoalmente? Abriu a mão sem perceber, e a carta caiu no chão, e com ela caiu também o ânimo de Carla, sua energia, seu futuro, sua segurança e sua autoestima.

Carla havia dado tudo pela empresa, e esta a demitiu por uma simples questão financeira. Nada pessoal. Era tudo questão de balanços e indicadores. Nada pessoal, apesar de lhe pedir absoluto envolvimento e compromisso pessoal. Que grande desengano!

A esperança de Carla caiu no chão em silêncio, discretamente, sem ânimo, e se quebrou em dezesseis pedaços, dezesseis grandes pedaços, um por cada ano trabalhado naquela renomada e bem-sucedida empresa.

Tome distância

Foi demitido? Sim? Pois bem, vamos por partes. Vamos começar analisando de maneira objetiva os motivos de sua demissão.

Vamos começar pelo início. Imagine que você foi demitido com razão, por mau rendimento. Foi demitido com razão? Sugiro que realize um exercício de autocrítica e de análise. É mais importante do que você imagina. Foi demitido por baixo rendimento? Não fique escandalizado. Trabalho habitualmente com empresas e vejo centenas, se não milhares, de funcionários que se arrastam pelos corredores tentando disfarçar sua desmotivação total pelo trabalho que realizam ou pelo cargo que ocupam. É possível que você também identifique isso como cliente ou como colega.

Você era uma dessas pessoas que veem a hora passar em câmera lenta? Se for esse o caso, tudo bem. Não se castigue por isso. A vida lhe deu uma grande oportunidade; colocou-o diante de um espelho para que se veja e evite acabar seus dias amargurado e com ódio de ter de se levantar todas as manhãs até a aposentadoria. Alguém disse que a aposentadoria é uma invenção para quem odeia seu trabalho. Quantos anos você tem? Há quantos anos odeia seu trabalho? Veja, é melhor você encerrar essa etapa sombria de sua vida e abrir uma nova. Aprenda com o que aconteceu. Seja sincero consigo mesmo. Não seja dramático. Se seu rendimento era baixo, muito possivelmente era porque você já deveria ter largado esse emprego bem antes.

Percebe o favor que a vida lhe fez? Ou quer se tornar um velho completamente amargurado que se odeia por não ter sido capaz de dar uma guinada em sua situação profissional? Entendo que fique apavorado ao pensar em procurar outro emprego. Entendo que esteja desencantado com o trabalho e que ache impossível gostar de trabalhar; afinal de contas, deve fazer anos que você não curte seu trabalho. Entendo que renunciar a uma indenização suculenta requer muita coragem; mas, acredite, nada é tão importante quanto sua saúde e sua felicidade. Em muitas ocasiões, é possível fazer um acordo benéfico para ambas as partes. Se sair para trabalhar o deixa angustiado e você acha que não é possível reconduzir a situação com sua atual empresa, peça demissão e negocie uma saída digna. Nada é tão valioso quanto se levantar da cama com vontade de trabalhar em um projeto que o entusiasma e motiva.

Além do mais, é possível que sua demissão tenha sido sem justa causa e lhe conceda uma indenização que lhe permitirá pensar em um novo projeto profissional; se assim for, você tem a obrigação de aproveitar o favor que a vida lhe fez e aprender com seus erros e buscar ou criar um trabalho pelo qual sinta paixão.

Mas voltemos ao que nos ocupa. Talvez a demissão não tenha nada a ver com você nem com seu rendimento, e sim com uma questão financeira da empresa. Esse tipo de demissão não é nada pessoal, trata-se apenas de negócios; logo, não tome a coisa como uma ofensa pessoal. Não permita que sua autoestima se sinta atacada por algo conjuntural e alheio a seu desempenho, que o bloqueie e o faça entrar em uma depressão profunda, da qual será muito difícil sair. No caso de Carla, sua demissão foi motivada por uma redução de custos, e nada mais. Ela trabalhou na mesma empresa por dezesseis anos, com um salário muito superior ao que uma pessoa recém-contratada receberia.

Com isso em mente, é preciso analisar muito bem a demissão, que, caso contrário, vai acabar cobrando um preço emocional muito mais elevado que o esperado. Vamos por partes. Uma demissão dói porque, afinal, é uma mudança que não escolhemos (a não ser que seja uma demissão por baixo rendimento, como comentamos antes) e que nos choca, acaba com nosso conforto e nos vira de ponta-cabeça. Além disso, uma demissão implica uma mudança de futuro incerto, o que, na realidade, é uma vantagem. O problema é que costumamos encará-la como uma mudança necessariamente para pior. Não, não se engane: uma demissão é uma mudança incerta.

De fato, você não sabe se a vida que o espera depois da demissão será melhor ou pior que a que levou até então.

Por isso, vamos valorar a demissão em sua justa medida. É desagradável? Ora, para que negar? Mas daí a pensar que é uma catástrofe há uma grande distância. De novo, vamos analisar o ocorrido com perspectiva. Você foi demitido e possivelmente ganhará uma indenização que lhe permitirá certa tranquilidade para pagar as contas durante alguns meses. Não entre em pânico! Eu, pessoalmente, há dezesseis anos não tenho renda fixa, como milhões de pessoas em todo o mundo.

Sei que o desconhecido dá medo. Sei que pular no vazio sem rede dá pânico. Quem não sentiria pânico? Mas o erro de conceito é que você não está pulando no vazio sem rede. Está só adentrando um terreno que, até o momento, desconhece. Mas não vamos antecipar os acontecimentos: mais adiante, quando entrarmos em ação, eu lhe darei algumas chaves para vencer esse medo compreensível, embora exagerado.

Outro motivo pelo qual você pode ser despedido, e que causa especial raiva, é passarem-lhe a perna. Permita-me comentar o caso de uma pessoa com quem trabalhei durante alguns anos. Essa pessoa contratava meus serviços como formador e consultor. Já se sabe que a proximidade gera carinho, e eu, que sou de uma natureza fácil, me afeiçoei a ela. Um dia – péssimo dia –, ela me apresentou alguém que iria ser seu braço direito. Ela mesma a havia selecionado. Quando pediu minha opinião, eu disse sinceramente e com carinho que a pessoa não tinha passado por meu escrutínio, que era perigosa e que não daria certo. Sabe o que aconteceu? Ela ficou brava comigo. Eu não entendi nada! Essa pessoa me contratava como consultor, com a função de analisar os casos mais difíceis, as empresas mais complexas e as tramas mais delicadas, e, quando eu me coloquei a sua disposição, com todo o carinho do mundo, ela ignorou meu diagnóstico. Não é difícil imaginar o que aconteceu depois: essa pessoa contou meu diagnóstico a seu "braço direito". Seu braço direito foi ganhando cotas de poder. As duas pararam de trabalhar comigo, e, alguns anos mais tarde, no mesmo dia em que eu inaugurei meu centro de bem-estar emocional em Barcelona, a pessoa que antes me contratava me procurou para me dizer que havia sido demitida e que a nova chefe do departamento era seu braço direito. Triste e evitável.

Enfim, é possível que você tenha sido demitido porque lhe passaram a perna. Meu filho, alma inocente, não esqueça que você está trabalhando em uma organização piramidal na qual os recursos são escassos e valiosos, o que significa que há sempre um carreirista disposto a fazer melhor aquilo que você faz. É triste, mas é verdade; só trabalhar não basta: é preciso dedicar um tempo a nos proteger, a nos relacionar e a mostrar que estamos trabalhando. Sabe quem lhe passará a perna? Aquele de quem você menos espera isso. Portanto, sugiro que você, sem entrar na paranoia, mas sem ser ingênuo, ative um sistema de alerta e de proteção que lhe permita se concentrar no mais importante, no trabalho e no usufruto de suas contribuições.

Conheço também pessoas que foram despedidas por causa do medo de um colega. Sim, de repente, alguém sentiu medo, sentiu-se ameaçado e tramou um plano para acabar com a fonte de seu medo – neste caso, você. É possível que você não tenha feito nada para provocar medo nessa pessoa, e nem precisa: basta que seu superior o elogie na presença dela, que o compare com ela, que o cite como uma pessoa envolvida, trabalhadora e comprometida. Isso é suficiente para fazer uma pessoa *conspiranoica* sofrer e chegar a falar mal de você. É uma pena, mas, sim, em vez de canalizar esse medo de forma construtiva, esforçando-se mais ou aprendendo com você, ela eliminará sua fonte de ansiedade com o objetivo de acabar com qualquer ameaça no horizonte. Eu gostaria de poder adverti-lo, dizer que tenha cuidado para não cruzar com ninguém assim, mas isso não depende de você. As maiores atrocidades que testemunhei, as mais cruéis conspirações sofridas por meus clientes nasceram de um medo que às vezes era paranoico e infundado. Meu conselho é que não ligue nem se preocupe com esse tipo conspiranoico, nem com as pessoas que formam uma opinião de você com base nas armações desse indivíduo tóxico.

Você não precisa fazer nada para que alguém implique com você. Bem, se você trabalha direitinho e é responsável, as chances de isso acontecer são maiores. Há um provérbio japonês que diz que o prego que sobressai é o que leva a martelada. Então, se você deixar evidente a mediocridade de alguém, essa pessoa não terá o menor problema em começar uma cruzada contra você, em criar um *lobby* de arqui-inimigos e em desenvolver estratégias tóxicas que fariam Maquiavel sair do túmulo e escrever mais um livro. Nessa situação, há pouca coisa a fazer, a não ser que você seja especialista em estratégias de acossamento e derrubada; além do mais, é bem provável que você esteja concentrado em trabalhar e produzir, em cumprir seus compromissos e desenvolver suas tarefas com excelência, o que é totalmente incompatível com montar um sistema de defesa e um escudo antiataques paranoicos.

Por fim, existe a demissão determinada pelo acaso. Às vezes, o acaso se conjura para interromper seu dia a dia e alterar sua vida. Às vezes, você é demitido por acaso; há vários nomes em uma urna, e o seu é escolhido. Simples assim, cruel assim, fortuito assim. Três pessoas com um salário determinado devem ir embora; querem dar uma mensagem ao resto da equipe, ou a empresa foi vendida, e o comprador decide abrir mão de uma parte dos funcionários. Não passa disso. Não vincule um fato assim a sua autoestima, nem a seu rendimento, nem se pergunte por quê; não existe um porquê, você não o encontrará. Sua demissão foi fruto do acaso.

Até aqui, comentamos as diversas razões pelas quais você pode ter sido demitido: por baixo rendimento, por questões financeiras, porque lhe passaram a perna, por medo ou por azar. De todos esses motivos, só o primeiro tem a ver com você; os demais, pouco ou nada. Então, faça o favor de desvincular a demissão de sua autoestima.

Não esqueça...

- Desvincule a demissão de sua autoestima e autoconceito.
- Analise, livre de culpa e vergonha, o motivo da demissão.
- Aprenda com o que aconteceu para não repetir a mesma situação.
- Sacuda a poeira e volte ao ataque mais sábio e com mais recursos.

Pense diferente

Se aconteceu com você o mesmo que com Carla, sugiro que reveja suas expectativas sobre o trabalho. Sim, eu sei que o trabalho dignifica e que ostentar uma posição respeitada em uma empresa reconhecida o apresenta ao mundo como vencedor, mas isso não tem nada a ver com seu autoconceito. De fato, aí está o problema: no reconhecimento social.

Esse aparente reconhecimento social, esse aparente *status*, acaba nos estimulando a fazer qualquer coisa para não perder o emprego. Vendemos nossa alma ao diabo por um carro da empresa. Esquecemos nossa vida por um contracheque. Hipotecamos nossos sonhos por uma aparente segurança financeira. Deixamos caírem em letargia e enterramos nossos talentos e virtudes para nos encaixar no ambiente do trabalho. Quando somos acordados desse sonho por uma bofetada em forma de demissão, percebemos que não fomos mais que uma moeda de troca em uma relação comercial na qual ganhamos dinheiro por nosso trabalho, nem mais nem menos.

Carla confundiu o que deveria ser com o que na realidade era; entretanto, a vida é como é, não como você quer que seja. Ela confundiu a perseverança inteligente, necessária para fazer crescer uma carreira profissional, com a obstinação. Confundiu o envolvimento e o compromisso com a obsessão, e confundir um desejo com a realidade é muito perigoso. Ela tinha indicadores suficientes de que precisava recalibrar sua percepção, mas não quis aceitar a realidade até que fosse tarde demais. Ela tinha um objetivo claro, mas não sabia disso. Queria vencer, provar a si mesma que era capaz de chegar a ser uma pessoa importante e admirável graças a sua posição profissional, e fez coisas que achava que dariam certo; mas fez sem controle e sem planejamento. Queria superar seu pai, sua família bem-sucedida e os fantasmas que a atormentavam.

Havia chegado o momento de dar um basta. Já havíamos tido bastante autocompaixão. Já havíamos chorado bastante o grande desengano. Lembre-se: ninguém se afoga por cair em um rio, mas sim por permanecer nele. É aceitável chorar por um desengano, mas se ancorar em uma grande decepção, não. Sigamos em frente!

Sei que não é fácil. As decisões duras, como a de aceitar a realidade e de nos reconstruir, doem, porque envolvem assumir muitas outras implicações. É preciso saber dizer basta e ter consciência do que estamos fazendo, sem perder a perspectiva, sem perder de vista o objetivo. Tudo é uma questão de expectativas. Se você tem consciência da relação comercial que é um trabalho, quando é demitido, aceita melhor o golpe, sua autoestima é menos afetada e você tem melhores condições de voltar ao mercado de trabalho.

Atenção! Que fique bem claro: enquanto estamos trabalhando, devemos manter a concentração e o rendimento ao máximo, com a responsabilidade que se espera em um contrato comercial pelo qual recebemos uma remuneração em troca de nosso talento. Dito isso, você não pode dedicar toda sua vida e energia ao trabalho, pois dessa forma não estará vivendo em equilíbrio. Isso não é bom para você nem para a empresa em que trabalha. Se quiser ser feliz e não sofrer um grande baque no dia em que for demitido, adéque suas expectativas e viva em equilíbrio. Não permita que aconteça com você o mesmo que aconteceu com Carla. Há sempre um novo projeto, há sempre um esforço, há sempre algo mais, e sempre sob a ameaça de que a qualquer momento você pode deixar de fazer parte desse seleto grupo de funcionários mais valorizados, do círculo de confiança de seu chefe – o mesmo chefe que sempre joga com sua culpa e seu medo. Que sempre joga com sua ambição.

Uma pessoa saudável é uma pessoa que trabalha, aprende, se diverte, cresce, ama, ri e dança, tudo isso de forma equilibrada, sem renunciar a viver a vida, sem entrar em uma espiral delirante, sem perder o norte e sem deixar de contextualizar os acontecimentos. Carla teve muita sorte com seu companheiro, mas nem sempre é assim. Vi muitos casais separados, muitos avós esgotados por ter de cuidar dos netos durante as maratonas de trabalho de seus filhos, bem como muitas crianças, as vítimas mais indefesas, em situação de desamparo emocional, perdidas, sem um guia, sem uma referência.

Certos momentos requerem um esforço no âmbito profissional, momentos em que precisamos dedicar mais tempo e energia ao trabalho; no entanto, dedicar mais tempo não é sinônimo de trabalhar mais. Além disso, tenha em mente que todo esforço tem um início e um fim. Se você está se esforçando muito há muito tempo, talvez precise parar a fim de ganhar perspectiva, analisar a situação e tomar decisões, como aumentar a equipe, redimensionar as cargas de trabalho, avaliar sua capacidade de se organizar, analisar seu rendimento ou rever os prazos de entrega do projeto.

Por outro lado, há quem tenha expectativas nefastas em relação ao trabalho e acredite que é impossível sentir paixão, e que o trabalho não é mais que uma sucessão diária de problemas, que só acaba com a tão desejada aposentadoria. O trabalho é um trâmite para ganhar dinheiro, que depois a pessoa gastará com caprichos para compensar as emoções negativas provocadas pela obrigação de trabalhar. Note que ciclo mais tóxico: você tem um trabalho de que não gosta, que o entristece ou que o estressa, e, para compensar essas emoções negativas, gasta grande parte de seu salário em produtos ou experiências compensatórias.

Trabalhar não é um castigo, em absoluto. Já um trabalho do qual não gostamos é mais que um castigo, é uma tortura! Recordo uma conversa com um jovem de uns 30 anos, completamente deprimido, nesse caso de maneira reativa, em consequência da tortura que era para ele ir todos os dias a um trabalho que não lhe interessava nem um pouco. Havia entrado nessa fábrica para ocupar a vaga deixada por seu pai quando este se aposentara – uma prática habitual em muitas fábricas. O caso é que esse jovem tinha outras aspirações. Mas como poderia perder essa grande oportunidade? Não trabalhar com carteira assinada nos tempos que vivemos? Ele não a desperdiçou, claro, e, com três anos naquela fábrica, foi me ver para que eu o ajudasse com sua depressão. Meu conselho foi claro: nem remédios, nem terapia; a solução do problema era mudar de emprego. Em pouco tempo, ele montou uma academia de dança, uma de suas duas paixões, a qual foi tocando com seu trabalho na fábrica (para não pular no vazio), e depois de uns anos montou uma loja e oficina de bicicletas. Hoje vive mais que feliz; vive radiante, e se levanta apaixonado pela vida, cheio de energia, e com vontade de engolir o mundo.

Essa história me permite introduzir o conceito de que a boa, a adequada expectativa, a que eu proponho, é que você pode gostar de seu trabalho. Faz mais de dezesseis anos que não me candidato a nenhuma vaga de emprego; eu mesmo crio minhas oportunidades de trabalho. Ninguém me pediu que escrevesse artigos de psicologia para jornais ou revistas. Nunca vi um anúncio solicitando um psicólogo para escrever periodicamente sobre psicologia e atualidade; eu mesmo me ofereci para criar uma seção sobre a psicologia do dia a dia. Atualmente, escrevo um artigo semanal em *El Periódico*, um mensal para a revista *Psicología Práctica* e outro para a revista *Objetivo Bienestar*. Não respondi a nenhum anúncio, porque nunca existiu nenhum anúncio.

Faz praticamente duas décadas que arranjo meus próprios trabalhos. Quando era bem jovem, fui para o meio do Pallars, nos Pirineus catalães, e pedi emprego de monitor de *rafting*. Um belo dia, liguei para o diretor do *A Punto com La 2*, e hoje tenho uma seção semanal no programa. Um dia, decidi escrever um livro e procurei uma editora que o publicasse. Hoje, você está lendo meu segundo livro. Se eu posso curtir meu trabalho, você também pode curtir o seu, acredite; não possuo nenhuma virtude especial que você não tenha. Só o que fiz foi pensar e trabalhar, trabalhar e pensar, tomar decisões, ser proativo e correr riscos; e nem foram riscos tão grandes. Enfim, fui coerente com minha ideia de que a vida é breve e que devemos vivê-la e curti-la também no campo profissional.

Não se resigne a trabalhar em um lugar que não lhe provoca paixão, que não desperta o melhor de você, que não o motiva. Você é um apanhado de virtudes e pode trabalhar no que quiser; se o cargo desejado não existir, crie-o. Pense diferente. Pense que poder trabalhar é uma bênção, que muitas pessoas não podem: pessoas afetadas por doenças, pessoas excluídas do circuito profissional, pessoas que dariam de tudo para voltar a trabalhar. Então, não abandone tudo por causa de um trabalho, como no caso de Carla; mas também não se arraste todos os dias como um zumbi até um lugar que odeia para fazer algo de que não gosta. Busque sua oportunidade, e, se ela não existir, crie-a de forma proativa. Como? Já explico.

Não esqueça...

- Reveja suas expectativas sobre o trabalho.
- Desvincule sua autoestima de suas conquistas profissionais; você é muito mais que seu sucesso profissional.
- A vida é como é, não como você quer que seja.
- Reajuste e recalibre constantemente sua percepção, para evitar grandes desvios.
- Viva intensamente além de trabalhar. Uma vida saudável é uma vida equilibrada.

Entre em ação

Venha, acompanhe-me ao depósito. Vamos buscar ouro fino. Você se quebrou e precisa se recompor. Hoje você é mais forte. Não esconda suas cicatrizes; elas são a prova de sua coragem, de seu crescimento e de sua fragilidade transformada em dureza. A vida é uma corrida de longa distância, e sem dúvida você vai cair. Cair não é ruim. Quebrar não é ruim. Possivelmente você vai cair de novo e se quebrar em outra ocasião; não importa. Tantas vezes quantas caia, poderá se levantar, mas, cada vez que se levantar, será mais forte e mais sábio.

A reflexão sem ação tem pouca utilidade. Da mesma maneira, a ação sem planejamento é um investimento de energia desfocada e de resultados fortuitos. Se você estiver em uma situação parecida com a de Carla, encontrará aqui um guia de ação que poderá ajudá-lo e orientá-lo. Já analisamos os motivos que o trouxeram até aqui, agora é hora de examinar os recursos com que conta para seguir em frente e se conectar de novo com sua fortaleza emocional; em especial, é hora de aprender com o que aconteceu, sem culpa e sem vergonha, para poder se levantar com mais força, para poder recompor sua vida e seu futuro.

Reconecte-se com sua essência

Vamos começar recompondo seu autoconceito. Quando sofremos, nossa autoestima experimenta uma desfiguração, o que representa um grave risco ao, por exemplo, enfrentar uma entrevista de emprego, ou criar um novo projeto. Sob a influência de uma emoção intensa, não somos capazes de tomar boas decisões, já que o medo de sofrer de novo limita as alternativas reais de que dispomos; o medo paralisa e limita. Você não pode aparecer diante de outra pessoa, seja para procurar emprego, pedir financiamento ou captar clientes para um novo projeto, se estiver doído ou ressentido. O primeiro passo é botar um sorriso no rosto, eliminar todo resquício de ira, ressentimento ou ódio e recuperar a versão mais encantadora de si mesmo.

Tenha cuidado, pois você pode achar que não está tão mal, que tem tudo sob controle; é porque, com o ressentimento, acontece algo parecido com as drogas: você acha que controla, mas não. No início de 2016, fiz uma endoscopia e me deram Propofol. Não guardo muitas recordações do momento de despertar, mas recordo que eu queria voltar dirigindo para casa, a uns 150 quilômetros. Achava que estava bem, mas minha mulher, a enfermeira que me atendeu, a moça do supermercado onde comprei água e todo ser vivo com quem cruzei só ria com o monte de bobagens que eu não parava de dizer.

Se você não tem controle da situação, não pode aparecer quebrado assim. Precisa se recompor primeiro. Eu proponho que tire um tempo, uma manhã, uma tarde, e que vá dar uma volta. Pense em diversas pessoas de quem gosta, em pessoas públicas, amigos ou conhecidos. Faça uma lista e anote ao lado do nome de cada uma o que lhe agrada nelas. Faça isso, porque é bem possível que nessa lista esteja parte de suas aspirações, e ela pode ser um bom ponto de partida. A seguir, faça uma lista com as pessoas de quem não gosta nem um pouco e anote o motivo. Aí você terá um primeiro guia para identificar aspectos não desejados. Quando tiver as duas listas, sugiro que faça um exercício de introspecção e que tente se definir utilizando adjetivos, palavras ou frases. Com um pouco daqui e um pouco dali, você poderá começar a se conectar com sua verdadeira essência.

Talvez você tenha se equivocado. Não faz mal errar. Não devemos almejar errar, mas, se acontecer, não há problema, visto que o ruim, o realmente nefasto, é permanecer ancorado no erro, especialmente se, como no caso de Carla, você for uma pessoa capaz de trabalhar com qualidade, compromisso e comprometimento. Você não é um fracassado porque foi despedido. Vamos ver tudo com perspectiva. Se não quer repetir o erro, precisa se reconstruir sobre uma boa base, o que requer ajustar bem seu autoconceito, sem se supervalorizar ou subvalorizar.

Você é uma pessoa cheia de virtudes e tem muitas áreas a trabalhar, como o resto dos mortais. Se for capaz de aprender com o que aconteceu, ganhar distância, pensar de maneira mais acertada e entrar em ação, em poucos anos recordará esse episódio como uma simples crise da qual saiu reforçado.

Basta tornar a se conectar com sua essência, com a essência que nunca perdeu. Você acha que não a tem, mas está enganado. Tem sim, claro que tem, e não precisa viver o que aconteceu como um fracasso, e sim como uma oportunidade de aprender. Você apenas tomou algumas decisões equivocadas. Nada do outro mundo. Se for capaz de aprender com o que aconteceu, não repetirá o erro.

Compartilhe sua essência com outras pessoas

Você já se conectou com sua essência. Fantástico! Agora é hora de compartilhá-la com outras pessoas. Reconecte-se com seu círculo de influência social; se não tiver nenhum, busque, crie um. O que não é visto não existe: você tem que ganhar visibilidade e se deixar ver. Recicle sua formação, faça um curso, conecte-se com outros profissionais e participe de grupos de trabalho. Busque o cargo que deseja e candidate-se. O que você está buscando talvez não exista, mas não se preocupe, porque você mesmo sempre pode propô-lo de maneira proativa.

Elabore uma carta de apresentação que fale de suas virtudes e de todo seu potencial, descubra endereços de correspondência, apresente-se com uma proposta às pessoas indicadas. Quando uma vaga de emprego é publicada, o recrutador que faz o primeiro filtro costuma ser uma pessoa de recursos humanos ou um assistente do departamento. Essa pessoa começa a ver currículos de vários candidatos e, quando acha que já tem um número suficiente, ignora o resto – talvez o seu esteja nessa montanha, ou seja, nem chegue a ser visto.

Eu proponho algo muito mais arriscado, porém mais efetivo. Com o que você quer trabalhar? Na área comercial? Então, procure o nome e o endereço eletrônico do diretor do departamento comercial da empresa em que deseja trabalhar e mande-lhe um *e-mail* explicando quem é você, por que se sente motivado a trabalhar nessa empresa e como pode contribuir com algo que ninguém mais pode oferecer. Esse é o segredo de uma boa carta de apresentação: explicar esses três itens.

Transforme seu sonho em um projeto

Muito bem, pode ser que você decida criar seu próprio projeto e tenha consciência de que a energia e o entusiasmo que vai investir nele terão uma repercussão mais direta em si mesmo. Isso é fantástico! Pode pôr as mãos na massa desde já. Comece estudando as áreas que não domina tanto. Uma empresa, por menor que seja, precisa de um líder com conhecimentos sobre finanças, *marketing*, administração, operacional etc.

Estude gestão empresarial a fim de criar um plano de negócios, o plano de sua empresa. Um bom plano de negócios é o que diferencia as empresas bem-sucedidas das que não alcançam o sucesso. Esse plano abarca até o menor detalhe estratégico e operacional, tornando mais fácil a identificação de possíveis problemas mesmo antes de abrir o negócio, além de servir de guia para orientar suas decisões. Trabalhe, pense, ajuste, tome decisões, e seu projeto se tornará uma bela realidade. Não há mais segredo. Mas tenha cuidado, muito cuidado, com a distorção que os três fatores que mencionarei a seguir podem provocar.

O primeiro fator é o medo, de novo. O medo bloqueia, lembra? Não tenha medo (é fácil falar, não é?). Só tenha medo do medo. Eu gostaria de confessar uma coisa. Sou uma pessoa bastante medrosinha. Sim, assumo sem vergonha. Quem me conhece um pouco não vai acreditar, visto que já escalei abismos, subi montanhas de muitos milhares de metros, corri por cristas de curar soluço, adentrei profundezas terrestres e naveguei por um rio em plena cheia perseguido por um abeto enorme arrancado pela raiz. Entretanto, quem me conhece bem sabe que sou medroso, mas também sabe que minha coragem é maior que meu medo. Você deve se perguntar de onde vem minha coragem. Eu explico com prazer. De fato, acredito firmemente que este mundo precisa de mais pessoas com coragem. Minha segurança provém de minha fortaleza emocional. Eu sei que, se analisar detalhadamente o que está acontecendo, poderei avaliar acertadamente o risco. Mas só isso não basta. Sei que, assim como você, tenho uma mochila cheia de recursos e técnicas para enfrentar esse medo com garantias. E também sei que, se não possuir de antemão nenhuma técnica para enfrentar determinada situação, serei capaz de criar uma. Não há nenhuma razão pela qual eu não possa resolver a maioria das situações que vou encontrar na vida. Exatamente a mesma capacidade que você tem. O conhecimento o fará livre. Assim, esforce-se para aprender, estudar, ler, viajar... Faça o que quiser, mas aprenda, e só então você será livre. Quando algo lhe provocar medo, aproxime-se, analise e resolva suas incógnitas e seus medos.

Agora que já temos um arqui-inimigo identificado, vejamos outro: o desejo. Carla misturou o desejo com a realidade, o que a levou à grande decepção que sofreu. O desejo é um péssimo conselheiro, na medida em que nos faz acreditar que é mais provável que aconteça o que desejamos, quando isso não é verdade. Ao misturar o desejo com a realidade, ativamos um mecanismo de atenção seletiva que filtra os estímulos que percebemos, de tal modo que descartamos os que não nos convêm, ou os que nos fazem confrontar a realidade que queremos evitar. Por outro lado, esse processo de atenção seletiva nos faz magnificar qualquer indício, por menor que seja, que justifique nossa ideia descontextualizada. Assim, obsessivamente consideramos que temos razão, que está tudo bem, ignoramos sinais externos que possam nos ajudar a recalibrar nossa percepção e seguimos em frente até dar de cara com nossa expectativa irreal e impossível de atingir.

Resta-nos o último arqui-inimigo do sucesso de seu projeto, da reconstrução de sua essência: as opiniões externas. Opinar é livre, porém também é pouco confiável. As pessoas podem opinar o quanto queiram, mas isso não significa que tenham razão, que estejam certas ou que você deva dizer amém a suas opiniões. Cuidado: eu me refiro tanto a opiniões positivas quanto negativas. Se forem positivas, mas infundadas, nós nos apoiaremos nelas como em uma bengala, como um contraforte que dará suporte a nossa ideia delirante. Ao nos sentirmos apoiados, também nos sentiremos mais fortes e nos desconectaremos mais da realidade. Lembre-se, você deve analisar a realidade constantemente, o tempo todo. Já se as opiniões forem negativas e, de novo, sem fundamento, é bem possível que desmoronemos, que desanimemos e comecemos a tomar decisões estranhas com base em dados pouco confiáveis e fora de contexto. Por tudo isso, tenha cuidado com as opiniões que ouve. Especialmente se forem de pessoas a quem você outorga certa credibilidade ou com quem tem um laço afetivo, pois acreditará nelas sem questionar se são acertadas ou não, se são verdadeiras ou falsas.

Chegou a hora da verdade, o momento de ficar cara a cara com a frustração. É preciso administrar a frustração, ou ela se acumula e acaba se tornando ressentimento. Seu futuro dependerá da correta gestão da frustração. Você nunca mais será a mesma pessoa. Se não administrá-la direito, ficará frustrado, ressentido e diminuído... quebrado e desmontado; por outro lado, se administrá-la adequadamente, sairá reforçado dessa situação, com novos conhecimentos, com uma regenerada fortaleza emocional, que lhe proporcionará mais segurança, mais integridade e mais recursos. Agora você já sabe o que deve fazer, e como. Entre em ação. Recomponha-se. Se não fizer isso por você, quem vai fazer?

Sabe o que fez Carla? Decidiu se recompor após a demissão e hoje é feliz com seu novo trabalho. Decidiu transformar sua paixão em negócio. Carla gostava muito de cozinhar, coisa que havia relegado aos eventos de fim de ano e a uma ou outra data comemorativa. Então, começou a trabalhar em um plano de negócios e em menos de um ano já havia montado sua própria empresa: um serviço de *catering*.

Por onde começo?

- Reconecte-se com sua essência.
- Compartilhe sua essência com outras pessoas.
- Transforme seu sonho em um projeto.

Como faço isso?

- Analise o que aconteceu.
- Transforme as emoções negativas (vergonha, autocompaixão, ressentimento, orgulho etc.) de uma maneira construtiva, sem negá-las nem se acomodar nelas.
- Não se culpe por errar. Você tem direito de errar, mas também tem a obrigação de aprender com o erro e não repeti-lo.

- Não misture o desejo com a realidade. Recalibre-se constantemente para ver se continua com os pés na terra.
- Não comece a procurar emprego sem refletir antes. Com o que você quer trabalhar? Como quer se ver?
- Transforme seus desejos em objetivos, trace um plano de ação e depois verifique se é viável ou não.
- Escute outras opiniões, analise-as, mas não as incorpore sem submetê--las a um exame detalhado.
- Dê atenção aos sinais e indícios de que você precisa reajustar seus planos.
- Confie em si mesmo e em suas capacidades.
- Construa pouco a pouco. Não tenha pressa, não se precipite. É melhor bem-feito e devagar que rápido e malfeito.

Recompor a autoestima

O caso de Carlos: uma dor seca e profunda

Um novo olhar de desprezo se cravou no coração de Carlos. Conseguiu segurar as lágrimas até chegar a seu pequeno refúgio. Ele não entendia por que motivo era incapaz de segurá-las. Não estava chorando de raiva, e sim de tristeza; de uma tristeza sombria e densa.

Os maus-tratos físicos deixam uma marca evidente, um sinal inequívoco que aos olhos de todos justifica até a decisão mais dura. Mas o que importa o que todo mundo pensa? Os olhos mais exigentes, mais duros e menos compreensivos costumam ser os próprios. A dor física é temporária. Nenhum soco dói eternamente. Nosso corpo é sábio e capaz de se recuperar rapidamente da dor.

Há um tipo de maus-tratos muito pior, maus-tratos silenciosos e sibilinos, maus-tratos astutos e discretos, que provocam uma dor sofisticada que dói sem fim, muito além do soco. Uma dor surda e profunda que nos seca a alma. Uma dor que não nasce de soco algum, e sim do desprezo, do abandono, de um olhar de ódio, de uma rejeição a seu ser mais íntimo. Essa é a pior dor, sem dúvida. Era o que Carlos sentia. Ele conhecia a dor do insulto e da incompreensão. Conhecia também a dor da comparação, uma comparação da qual sempre saía diminuído. Qualquer pessoa era melhor que ele, qualquer conquista minúscula ou estúpida era mais importante que as suas.

Carlos se sentou à pequena escrivaninha em sua casa, remexeu a mochila da escola e tirou um livro que havia pegado emprestado na biblioteca. Que grande descoberta, a biblioteca! Carlos devorava livros constantemente. Tinha sede de conhecimento, queria conhecer outras realidades, queria compreender, aprender e crescer – em especial, queria deixar de sentir a dor que o mantinha acordado à noite, com a garganta seca. "Isso mesmo, tranque-se para ler suas bobagens, que assim vai resolver muitas coisas", escutou enquanto fechava a porta de seu quarto. Seus pais eram encantadores com todo mundo, menos com ele. Bem, com todo mundo, não; só com aqueles que os faziam se sentir pessoas boas ou então vítimas.

Carlos odiava o papel de vítima e a mentira. Odiava a manipulação e a crítica de sua mãe desmerecendo seus próprios irmãos e irmãs. Odiava a falta de diálogo, a falta absoluta de respeito e o regime ditatorial implantado por sua mãe. Não entendia por que seu pai roubava no trabalho e se vangloriava disso. "Roubar não é certo." "Se for de seu chefe, é", recebera como resposta uma vez, junto com "Você é tolo, filho".

De repente, a porta do quarto se abriu. "Seu chorão, você já deu outro desgosto à mamãe!", gritou sua irmã. "Você é um rato egoísta!" Carlos escutou uma ladainha de insultos infundados. E por acaso existe algum insulto justificado? "Melhor eu sair daqui", pensou. Pegou o livro e foi passear, sem rumo fixo, sem destino. Qualquer lugar era bom – pelo menos, melhor que sua casa. Quer dizer, a casa onde lhe coubera nascer e viver.

Chorou. Sua alma doía. Permitiu-se chorar, mas sabia que precisava fazer alguma coisa para entender e superar sua dor, sua tristeza. Buscou uma canção que o consolasse. Buscou algo alegre, uma dança alegre e estimulante. Queria combater sua tristeza. O aplicativo lhe sugeriu "Czardas", uma antiga dança tradicional. Ele se sentou em um banco e fechou os olhos. Imaginou um violinista húngaro tocando seu velho violino, entoando uma melodia triste, como triste era seu sentir. Carlos se imaginou tocando violino. Que grande recurso é a imaginação para fugir de um mundo de que não gostamos! Fechou os olhos e tocou com o violinista. Deu vazão a toda sua tristeza em uma melodia triste, mas logo se surpreendeu, pois sua melodia havia se transformado. O parcimonioso e triste ritmo inicial havia se transformado em um momento alegre e cheio de frescor. Alegrou-se ao ritmo de sua nova melodia – a melodia de quem sabe que a dor não é eterna se fizermos algo para evitá-la. Naquele entardecer, enquanto Carlos dançava com o olhar perdido no meio da rua, tomou consciência de que não deixaria nenhum aspecto de sua vida nas mãos do acaso. O maldito acaso que se divertia com sua dor.

Tome distância

O caso de Carlos é o de um menino maltratado, mas o que vou explicar aqui é igualmente válido se você foi maltratado por seus pais, seu companheiro ou por outra pessoa, em casa, na escola ou no trabalho. Ele sofreu, sem sombra de dúvida – e, o que é mais grave, sofreu em dobro, pois, além da dor infligida pela pessoa que o maltratava, sofreu em silêncio para não ter de suportar o estigma das pessoas próximas.

Ninguém compreende a dor que você sente. Ninguém entende que um olhar possa causar tanta dor. Mas o que os outros ignoram é que o olhar não é mais que um instrumento, um recurso para dar vazão ao ódio ou ao menosprezo que a pessoa que deveria amá-lo – ou pelo menos respeitá-lo – sente por você. E você, um menino desorientado e perdido, um menino que espera ser amado por seus pais como todas as crianças do mundo, não entende o motivo de tanto ódio, o motivo da rejeição sem sentido, a origem de tanto sofrimento.

Você foi maltratado na infância. Deu azar. É uma pura questão de sorte. Dependendo da família em que nasceu e das motivações tóxicas de seus pais e irmãos, do estado emocional ou do equilíbrio psicológico deles, você ganhou na cruel loteria dos maus-tratos sem sentido... Como se houvesse algum com sentido.

Mas vamos por partes. Você foi vítima de maus-tratos. Sei que sente vergonha disso, talvez até culpa, mas você não é a única pessoa que já passou por isso. Se cada uma que foi maltratada carregasse um balão vermelho cheio de gás hélio, eu lhe garanto que não enxergaríamos a luz do sol.

Quem sofre maus-tratos os suporta em silêncio. Ninguém vai entender que seus pais, tão encantadores, só eram encantadores da porta para fora. Algumas pessoas até chegam a negar o ocorrido ou a justificar os maus-tratos que receberam, como se fosse possível justificá-los por algum ato ou omissão.

Vamos pensar com perspectiva: até aqui, você foi vítima passiva de um abusador, mas, agora, neste exato momento, pode dar um passo adiante e se livrar das correntes que o unem a uma pessoa cruel e desapiedada. Tome as rédeas de sua vida e encerre essa etapa sombria. Pegue todas as correntes, tire-as e deixe-as no chão. Chega de carregá-las. Você precisa encerrar o que aconteceu para poder se recompor. Não continue sofrendo por causa disso. Não continue carregando isso. Sei que ter um porquê o ajudará a entender, mas é comum não haver uma resposta que explique a dor sem sentido.

Se você sofreu maus-tratos quando era criança, precisa saber que a única razão que explica isso é o acaso. Uma criança é sempre vítima; sempre. Vítima da família em que nasceu sem escolher, vítima do estado emocional de seus pais, vítima da escola onde estudou, vítima do ciúme e da natureza perversa das crianças próximas.

Contudo, a coisa muda de figura quando falamos de uma relação afetiva. Com frequência, conheço indivíduos que escolhem ativamente ficar com pessoas tóxicas que os maltratam. Às vezes, confundimos amor com admiração, ou com proteção, ou até com *status*. Tenha cuidado, porque o preço a pagar por essa confusão é muito alto.

Carlos foi obrigado a escutar que era o culpado por todos os males de sua mãe, de seu pai, de sua família, do mundo. Sim, esta é uma das piores sequelas dos maus-tratos psicológicos: o sentimento de culpa. O abusador, desapiedado, não está nem aí para seu sofrimento e, além do mais, sabe que ao culpar você estará multiplicando o efeito devastador de sua toxicidade.

Sim, você é o culpado. O abusador (seja sua mãe, seu pai, seu companheiro ou seu chefe) está legitimado a maltratá-lo. Mas há mais uma razão pela qual um abusador joga com a culpa de suas vítimas: para que ele durma tranquilo, sua consciência precisa estar em paz… e a culpa da vítima lhe dá essa paz. Portanto, vamos começar eliminando esse sentimento de culpa, liberando essa carga pesada que depositaram sobre seus ombros e que não lhe permite avançar com leveza rumo a seu próprio destino. Do que você tem culpa, exatamente? De nada. No entanto, se estabelecer essa premissa é simples, erradicar a maldita culpa parasita é muito mais difícil.

Um abusador é capaz de mudar o autoconceito de sua vítima; e ele não vai parar antes de garantir que até o DNA dela gire em torno da culpa. Sabe como ele consegue isso? Mudando seu estilo de atribuição causal, ou seja, a maneira como você interpreta o que acontece a si mesmo e às pessoas ao redor.

O abusador posiciona sua vítima como a origem de todos os males, de maneira direta ou indireta. Se sua mãe abusadora deixa cair o ferro de passar, estando ela na sala e você em seu quarto, é culpa sua, porque a deixou nervosa e fez com que o pulso dela tremesse. Se ela teve um câncer diagnosticado, também é culpa sua, que a está matando de desgosto. Quando estoura um vasinho na perna dela, a mesma coisa. Tudo, absolutamente tudo de ruim que acontece com o abusador é culpa de sua vítima, e ele chega a argumentar da maneira mais rocambolesca o que na realidade não tem sustentação.

Outra coisa que o abusador pretende é criar insegurança em sua vítima. Ele sabe perfeitamente como conseguir isso: menosprezando suas conquistas e inculcando-lhe a ideia de que ela não sabe, não é capaz e não pode se desenvolver sozinha. Mais adiante, você encontrará chaves para entrar em ação, mas me permito adiantar que o eixo da mudança reside em transformar seu autoconceito e em se dar a oportunidade de se conhecer e de abandonar velhas ideias.

O abusador também pode isolar você de seu entorno. Pode ser que ele tenha montado um cenário que seja conveniente para ele. Um cenário com dois atores, ele e você. Você é o ator coadjuvante, está a serviço dele; você é menos que escória, e ele lhe faz um favor ficando a seu lado. Se você não tiver outras referências, essa passará a ser toda sua realidade. Aqui, o truque está nas referências. Esse é o motivo pelo qual ele o isola; para que você não conheça outras realidades. Ele o isolará pouco a pouco, sutilmente, discretamente. Não gostará de suas amizades, de suas atividades e de seus interesses. Absorverá você com seus males e necessidades, e, antes que você se dê conta, terá caído em sua rede.

Lamento muito por você ter sido vítima de maus-tratos psicológicos. Lamento profundamente se o abusador foi seu companheiro, mas permita-me que me entristeça e sinta raiva junto com você se quem o maltratou foram seus pais. Não se preocupe, estamos juntos nesse caminho. Você já deu o primeiro passo, ganhou perspectiva e viu que o que aconteceu foi fruto do acaso, que você não tem culpa de nada e que precisa aprender de novo a viver e a se relacionar. Você esteve perdido na floresta, mas chegou a hora de começar a subir a última encosta, aquela que lhe permitirá chegar ao topo da montanha, para ter a perspectiva que necessita. Além do mais, você não está sozinho; você está comigo. Posso vê-lo. Ambos estamos juntos, curtindo o ar fresco no rosto, sentados, olhando o vale que se abre diante de nós, identificando as montanhas que vencemos e os caminhos que não mais percorreremos.

Não esqueça...

- Você ganhou perspectiva. Agora sabe que seu passado não determina seu presente nem seu futuro.
- Você sabe que é uma pessoa cheia de virtudes que estão esperando para florescer.
- Seu testemunho e seu exemplo servirão de ajuda a milhares de pessoas. Não sinta vergonha, não sinta culpa, não se sinta só.
- Agora você já viu as coisas como são, e não como o fizeram acreditar que eram. É hora de começar a pensar diferente.

Pense diferente

Vamos começar derrubando alguns mitos. O conceito de família é supervalorizado. Pronto, falei! Se não falasse, acabaria tendo uma indigestão. Talvez você seja a pessoa mais sortuda do mundo e tenha uma família maravilhosa. Se esse for o caso, parabéns! No entanto, para cada família feliz, eu lhe garanto que há centenas infelizes.

Também me vejo na obrigação de advertir que existem famílias maravilhosas porque precisam ser maravilhosas, querendo ou não. Nesse tipo de família, o autoengano e a defesa acérrima de algo que é mais um desejo que uma realidade estão por todo lado. Se um dia se encontrar diante de alguém que pertence a esse tipo de família, não tente contrariar a pessoa nem lhe mostrar a realidade. Quando as notícias são ruins, quem paga o pato é o mensageiro.

Nascemos onde nascemos por mero acaso. Não escolhemos nossos pais nem nosso contexto familiar. Nossos pais e irmãos podem ser encantadores ou podem ser assassinos em série. Não depende de nós. O ideal, sem dúvida nenhuma, é você se dar bem com sua família, mas com frequência isso não só não é possível, como o preço que cobra é alto demais.

Eu me atreveria a dizer que a maior parte de meus clientes teve ou tem problemas originados direta ou indiretamente por suas famílias. Isso não é um estudo, não é ciência, mas posso garantir que as relações familiares provocam muito sofrimento, bem como consequências negativas e nefastas que perduram por anos e anos. Não é aceitável tolerar algo pelo simples fato de que quem o pratica é seu pai, sua mãe ou seu irmão. Não se pode tolerar tudo. Não se pode tolerar maus-tratos físicos ou psicológicos, nem o sofrimento gratuito.

Atenção! Eu sou a favor da vida familiar, mas só se for boa para todos os integrantes. Sou um homem imensamente familiar, mas nem toda minha família é de sangue. Não precisamos ter laços de sangue para amar determinadas pessoas como irmãos ou filhos. Da mesma maneira, ter um laço de sangue não significa necessariamente sentir um laço afetivo.

Como é a família em que você cresceu?

1. Boa família. É aquela na qual todos os membros que a integram são respeitados; há uma comunicação de qualidade entre os membros; existe confiança nos diversos integrantes; e todos agem em prol de um bem comum. Uma boa família fomenta a autonomia de seus integrantes de tal modo que não gera dependência, nem a promove.
2. Boa família na aparência. É o pior caso que se pode encontrar, dado que essa família é perita em manter as aparências, de modo que é uma família ideal, exemplar, modelar aos olhos de todo mundo, mas não para você. Ela compartilha todas as características de uma família tóxica no fundo e as de uma boa família na aparência.
3. Família tóxica. Alguns pais confundem relações familiares com relações de dominação e submissão, nas quais seus filhos existem para satisfazer suas necessidades, seu ego ou seus desvios psicopáticos. Em outras

ocasiões, os maus-tratos provêm dos próprios irmãos e são motivados por inveja e motivações externas.

4. Família temporariamente tóxica. Às vezes, devido a determinadas circunstâncias (por exemplo, uma demissão, uma separação ou uma doença), perde-se o equilíbrio e o respeito no seio de uma família. Para que a situação não se torne crônica, é preciso recuperar o equilíbrio o quanto antes. Esse tipo de circunstância cria muitos problemas entre irmãos, visto que alguns foram criados em um entorno saudável e outros em um entorno tóxico, de modo que costuma haver incompreensão e falta de empatia entre eles.

Objetivo: ganhar segurança

Vamos começar por você, recompondo seu autoconceito e sua autoestima. Serei claro e direto: a imagem que você tem de si mesmo é completamente falsa e distorcida, uma vez que foi construída por seu abusador. Também darei um conselho claro: rompa com essa imagem e dê-se a oportunidade de se conhecer de novo.

Mas vamos por partes. Vamos rever seu conceito de relações sociais. Serei claro mais uma vez: você não está a serviço de ninguém. Uma relação saudável encontra seus fundamentos no respeito mútuo e na possibilidade de ambas as partes expressarem suas necessidades.

O primeiro objetivo é ganhar segurança, recuperar a fé em si mesmo. E o que é fé em si mesmo? Não tem nada a ver com fé religiosa ou a crença de que um ser, um deus ou um ente nos dará ajuda ou abrigo. Entendo a fé em si mesmo como a capacidade que lhe permite confiar em si, apesar de não ter nenhuma evidência que o respalde. Ao longo da vida, enfrentaremos desafios que nos exigirão o melhor de nós mesmos sem saber se seremos capazes de vencê-los. Em muitas ocasiões, diante de um problema, um objetivo ou um desafio, olhamos para trás e mergulhamos no passado em missão de busca e apreensão de algo que nos permita ganhar segurança ou que nos guie no desejo de superar; entretanto, às vezes, não encontramos nada. Sempre há uma primeira vez, sempre há algo novo a superar, sempre há situações que não controlamos ou que jamais vivemos. Quando isso acontece e não conseguimos encontrar nenhuma ideia ou recurso na base de dados de nossa experiência, ficamos travados e desorientados.

Pois bem, existe uma força emocional que lhe permitirá seguir adiante apesar de não ter nenhum respaldo que o oriente: a fé em si mesmo, a certeza de que pode enfrentar os desafios apresentados pela vida. Por que você não seria capaz? O que importa aqui é o juízo que você faz de suas possibilidades, e a realidade não é tão importante quanto você pensa. Se você acha que não pode aprender novas habilidades, não aprenderá mesmo. Já se acredita que pode aprender uma nova destreza, por exemplo um novo idioma, em poucos meses estará construindo frases em francês, inglês ou, como no caso de um amigo, japonês.

A base da fé em si mesmo é sua capacidade e sua força de resposta, que é, sem dúvida, muito mais rica e plena do que você imagina. Você tem muito mais recursos do que pensa ou de que tem consciência. E muitos dos recursos que possui não serão postos em prática enquanto você não precisar deles. Assim, o que realmente importa não é seu histórico de conquistas, e sim seu potencial de enfrentamento e de consecução. Quando você se encontra diante de algo desconhecido, não sabe se será capaz de superá-lo, mas também não sabe se será incapaz; portanto, não seja tendencioso em sua resposta, pois a superação ou não da adversidade é imprevisível, em muitas ocasiões, enquanto não começarmos a trabalhar nela.

Ao se sentir capaz, ao acreditar que você não tem necessariamente que não ser capaz de enfrentar qualquer desafio que a vida lhe apresente, sua motivação, sua segurança e sua vitalidade, sem que tenha consciência disto, se ativarão. Diante de um desafio ou de uma adversidade, a melhor versão de si mesmo se ativará, mobilizando recursos de maneira criativa e focada na solução do problema. Quando tem fé em si mesmo e em suas capacidades, seu peito infla de coragem e você se sente cheio de força para enfrentar situações difíceis, novas e desconhecidas. Não sabemos do que somos capazes até nos provarmos capazes.

Quando não houver absolutamente nada que respalde com total certeza sua capacidade de enfrentar um obstáculo, quando você olhar para trás e não encontrar nenhum recurso que o ajude a enfrentar a adversidade, nesse exato momento, olhe para dentro de si e assuma, acredite que, com um plano de trabalho e com uma boa dose de fé em si mesmo e em sua capacidade para tomar decisões, você será capaz de superar os maiores desafios. Uma pessoa que sofreu maus-tratos precisa aprender a enfrentar inúmeras situações novas, e para isso deve ter fé em si mesma e em suas capacidades – que permaneceram ofuscadas por desejo expresso do abusador. Então, no fundo, se se encontra nessa situação, você é um compêndio de virtudes a descobrir. Embora o tenham feito acreditar que não pode, que é incapaz, na verdade você tem todo o necessário para ser feliz. Eu sei que essa tarefa pode parecer difícil, praticamente impossível, mas, acredite, não é tão complexa. A segurança é uma força emocional necessária e básica para viver em plenitude e liberdade em nosso dia a dia.

Quer saber qual é o segredo para adquirir segurança? Rever a maneira como você avalia o que acontece. Já se perguntou como você avalia o que acontece? Há uma infinidade de mensagens motivacionais que o convidam a ganhar segurança, mas não dizem como. Pois eu vou lhe explicar como com base nos resultados de pesquisas realizadas por reconhecidos psicólogos. Prepare-se para analisar as avaliações que você faz daquilo que acontece com você!

Avaliamos tudo que nossos sentidos percebem. Cada dado sensorial que entra em nosso campo perceptivo é avaliado inconscientemente com o objetivo de se determinar se representa uma ameaça ou um perigo para nós. Há duas avaliações possíveis do acontecimento: pode ser irrelevante ou pode ser uma ameaça. Se avaliamos algo como irrelevante, está tudo certo. Já se a conclusão de nosso processo de análise for que o fato que captamos com os sentidos é uma ameaça, o cérebro enviará para o corpo um sinal de alarme que nos preparará para fugir ou para lutar contra tal ameaça. Assim, com o corpo preparado para a ação, nossa mente realiza uma segunda avaliação, a fim de discernir se temos recursos para enfrentar a situação ou não. De novo, só há duas respostas possíveis. Se concluirmos que temos recursos para enfrentar a situação, nosso corpo relaxará, e tudo bem. Se concluirmos que não temos recursos e que não sabemos como enfrentar a situação, nosso cérebro disparará um sinal de alarme em forma de ansiedade e estresse. Veja que interessantes, e que importantes, os achados de Lazarus em sua teoria da avaliação (*appraisal*) cognitiva – teoria que acabei de explicar –, visto que nos permitem entender o mecanismo pelo qual sentimos medo e conhecer as estratégias de que dispomos para ganhar segurança. Se alguém que é referência para nós nos maltratou, nos fez acreditar que não somos capazes de enfrentar diversos desafios e situações, nossa segunda avaliação sempre nos situará em uma posição de desvantagem e nos provocará ansiedade e medo.

Mas o maravilhoso de todo esse processo é que ainda realizamos uma terceira avaliação, na qual nos perguntamos o que deveríamos fazer para enfrentar o perigo que os sentidos perceberam. Agora sim já temos todos os atores do filme no estúdio. Se demitirmos o temeroso vigia que analisa o que acontece conosco e contratarmos um novo, mais experiente, realizaremos avaliações primárias melhores. Se despedirmos o segundo ator, o que nos diz que não podemos e que não sabemos, o que vê tudo que acontece como uma ameaça, e contratarmos outro mais motivador, capaz de transformar os problemas em desafios, nossas avaliações secundárias serão mais acertadas. E, por fim, se demitirmos o terceiro ator, o que tem uma péssima criatividade, e contratarmos outro capaz de buscar recursos, imaginar e criar, nossa segurança aumentará na medida em que teremos ciência de possuir os recursos para enfrentar a adversidade, e, caso não os tenhamos, saberemos onde obtê-los.

Meu conselho é:

Pense diferente. Ainda usando o exemplo cinematográfico, eu o aconselho a abandonar o *set* do filme que viveu até o momento e a começar a escrever o roteiro do próximo – o filme no qual você será o protagonista.

Entre em ação

Chegou a hora de arregaçar as mangas e pôr mãos à obra! A principal obra que você construirá na vida, a casa mais importante que terá: o lar de sua alma. Vamos reconstruir sua vida com fios de segurança, de autoestima e de coragem. Quero que você seja uma pessoa livre e segura, e para isso devemos trabalhar intensamente.

Comece se conhecendo. Você não se conhece. Você não tem ideia de como é nem do que é capaz. Durante os anos mais vulneráveis de sua vida, fizeram-no acreditar que você não era capaz, que não podia, que não sabia e que não valia. Você foi ignorado, castigado, suas conquistas foram depreciadas, e tudo isso corrói seu autoconceito.

Busque o silêncio e procure reencontrar sua essência. Descubra-se, explore-se. Não é tarefa fácil, eu sei, mas isso não é motivo para deixar de realizá-la. Observe-se sem se julgar e conheça-se um pouco mais a cada dia – assim como faria com um novo amigo, um novo carro ou uma nova casa.

Pare de sentir medo, pare de se preocupar, pare de correr sem olhar para trás. Esqueça o medo, pare de reagir e comece a analisar. Essa é a chave: analisar em vez de reagir. A vida é um processo dinâmico, e isso é uma boa notícia, pois significa que você pode crescer, aprender, mudar e, acima de tudo, ganhar segurança.

Contextualize cada fato sem fazer avaliações precipitadas. Você já sabe como as avaliações funcionam segundo a teoria de Lazarus. Agora, é capaz de identificar quando está realizando avaliações parciais com base no medo ou em um autoconceito negativo, as quais só fazem disparar seus alarmes e provocar ansiedade. O primeiro passo para ganhar segurança é a compreensão; o segundo, a detecção, e o terceiro, a gestão.

Use sua atenção racional para evitar o efeito túnel que uma mente estreita e obtusa quis inocular em sua alma. Simplifique a realidade, elimine o fator medo. Proponho um exercício de imaginação. Imagine que você está em uma reunião expondo seu ponto de vista sobre um projeto e que, de repente, seu chefe pega um papel e começa a fazer anotações. Você não sabe o que ele está anotando, mas, se sentir medo, vai pensar que está escrevendo coisas de que não gostou. No entanto, você não sabe de fato. Talvez ele tenha adorado. Ou talvez simplesmente se lembrou de alguma pendência. Quando você não tiver certeza de algo, não escolha nenhuma opção, nem negativa nem positiva. O efeito túnel.

Você tem muito mais virtudes do que imagina. Você é capaz de muito mais feitos do que acredita. Sofreu em silêncio os maus-tratos de alguém que deveria amá-lo, educá-lo e cuidar de você, e superou. Você acha que existe algo pior do que esse sofrimento?

Recalibre seu conceito das palavras "perigo" e "ameaça". Viajar não é perigoso, pegar o metrô não é perigoso, amar uma pessoa não é perigoso, matar uma aula para curtir um dia de sol não é perigoso, hesitar em uma apresentação não é perigoso, o olhar de seus colegas não é perigoso... Talvez você pense que as pessoas são perigosas e decida se isolar. Talvez acredite que amar é perigoso e decida viver na solidão. Talvez acredite que viver é perigoso e entre em depressão. Não posso negar que certamente existe uma dose de perigo em tudo que acabei de enumerar, mas, em vez de evitar, o que devemos fazer é aprender a administrar esse perigo, essa ameaça. O perigo é como o sal. O sal em si não é bom nem ruim; depende de como você o use. Se começar a comer um quilo de sal a colheradas, é bem possível que morra. Deixar de consumir sal para não correr risco de morte também não é a atitude mais adequada; sugiro que aprenda a identificar qual é a dose adequada de sal para cada ocasião.

Vou dar um exemplo pessoal. Ao longo de minha vida, pratiquei vários esportes, e alguns deles, como escalar na rocha ou no gelo a grandes alturas, implicavam um risco elevado. A escalada em si implica um risco, mas, dependendo de como seja administrada, esse risco pode ser aumentado ou controlado; ou seja, escalar pode ser mais ou menos perigoso em função de como você administre certos parâmetros, como a escolha da trilha, o nível de preparo físico, o estado do material, o colega de cordas ou a previsão meteorológica. Posso afirmar que os melhores momentos de minha vida foram vividos na montanha, e que eu nunca quis renunciar a isso. Posso afirmar também que não sofri nenhum acidente grave praticando esses esportes, apesar de em muitas ocasiões ter dependido de uma corda mais fina que meu dedinho. Ao longo da vida, pude seguir dois caminhos: renunciar a meu amor pelas montanhas por medo, ou aprender a avaliar e administrar muito bem o risco que corria. Em meu caso, eu sempre soube muito bem qual caminho seguiria.

Aprenda a discriminar o que representa uma ameaça daquilo que é desconhecido ou de evolução incerta. Não são a mesma coisa, e dessa correta identificação dependerá sua felicidade. Às vezes, quando adentro um caminho novo, nos Pirineus ou nos Alpes, realizo essa avaliação; normalmente, adentro caminhos incertos ou desconhecidos, poucas vezes caminhos perigosos. Algo incerto é algo cuja evolução desconhecemos. A incerteza faz parte da vida, do dia a dia. Não podemos pretender uma vida serena e tranquila; a vida é de evolução incerta, o que é mais uma vantagem que um inconveniente. A mãe natureza, perfeitamente conhecedora das incertezas da vida, nos forneceu todo o necessário para enfrentá-las: a capacidade de análise e a capacidade de tomar decisões.

Com frequência, adentramos caminhos incertos. Sugiro que tente obter informações antes de entrar, se for possível; mas nunca, de jeito nenhum, deixe de seguir um caminho por medo da incerteza. Quando estiver diante de um rumo incerto, ative seu sistema de alerta, analise cada acontecimento e tome decisões, mas de maneira nenhuma deixe de seguir por ele por medo.

Às vezes, confundimos o que é perigoso com o que é desconhecido. Grande erro! Se estiver diante de algo desconhecido, diante de um caminho desconhecido, arranje um mapa, um GPS ou uma bússola, e saiba que, ante o desconhecido, o melhor que se pode fazer é estudá-lo, analisá-lo e conhecê-lo. Portanto, de novo, meu melhor conselho é que não deixe de fazer algo porque o desconhece.

Não esqueça: reveja suas avaliações segundo o que aprendeu com Lazarus, pois delas dependerá sua felicidade. E, falando em avaliações, se realmente quiser se sentir seguro, não há nada melhor que ter um bom repertório de estratégias de enfrentamento, ou seja, uma boa base de dados que o guie e oriente em face dos desafios.

Pense que você foi isolado de seu entorno para que não conhecesse novas realidades, e agora chegou a hora de se conectar com muitas pessoas, conhecer novas realidades e analisar novas estratégias de enfrentamento. Enriqueça seu repertório de estratégias de enfrentamento; sem dúvida, a melhor maneira de fazer isso é conhecendo e observando o mundo. Viaje, leia, conheças pessoas de perfis e culturas diferentes... Aprenda com uma atitude curiosa, segura e aberta. O único segredo aqui é a atitude que você assume, que deve ser a atitude de sede de conhecimento e aprendizagem sem fim – aprendizagem que lhe proporcionará a segurança necessária.

Sua capacidade de análise é seu melhor recurso

Às vezes, alguém que sofreu se isola e não quer se relacionar com ninguém. No entanto, essa nunca é a solução. A solução é aprender a analisar as pessoas e a discriminar aquelas de quem se deve afastar, ou diante das quais se deve mostrar uma atitude prudente e precavida, daquelas com quem realmente vale a pena compartilhar a vida. Algumas pessoas, porém, especialmente no que diz respeito a relacionamentos afetivos, continuam procurando um perfil de relação similar ao que tinham com o abusador, mas, aparentemente, mais controlada. Aprendendo a analisar as pessoas, você será capaz de identificar quando estiver repetindo erros e resolver isso.

Exercite sua responsabilidade

Professores, tutores, monitores extracurriculares ou treinadores podem mudar a vida de uma criança maltratada. Como? Oferecendo-lhe novas alternativas, permitindo-lhe entrar em contato com maneiras mais saudáveis de viver, mostrando-lhe outros modelos de relação, fomentando sua autoestima e sua segurança e dando-lhe o amor e o carinho que lhe falta.

Se tiver um aluno maltratado, dê-lhe uma bolsa de estudos para estudar no exterior, para que curta uma colônia de férias ou para que faça esporte ou alguma atividade extracurricular todos os dias. Se for professor, você deverá entrar em ação; eu apelo a sua responsabilidade como educador e como adulto. Você também pode pensar diferente; não esqueça que tem a chave para tirar uma criança que está sofrendo de seu entorno tóxico.

Por onde começo?

- Você não tem do que se envergonhar. Se não se encaixa na família que tem, tudo bem, não se sinta mal por isso. Talvez vocês tenham prioridades, valores ou pontos de vista diferentes. Se não consegue conviver com alguém que bate em mulheres, que maltrata outras pessoas, que rouba ou que simplesmente é machista, homofóbico, mentiroso ou manipulador, você não tem nada do que se envergonhar.
- Não se sinta culpado. Tenha cuidado com a culpa originada pela própria família e com aquela que os emissários da família pretendem provocar em você. E cuidado também com a culpa que o fazem sentir aquelas pessoas que escolhem uma das partes (a família) sem se interessar pela outra, pois elas partem de pressupostos errados e não lhes interessa nem um pouco sua realidade nem sua opinião.
- É possível que você não ame sua família. Tudo bem, não dá para amar quem nos faz mal constantemente.
- Você não é exceção. Não se sinta estranho. A maioria das pessoas sofre direta ou indiretamente por causa de sua família. Um dia, farão um estudo que provará que a origem de muitos problemas de saúde mental não está em grandes traumas, nem em grandes problemas no trabalho, nem em grandes preocupações, e sim na família.
- Você não tem nada que justificar. Não tem que dar explicações. Possivelmente ninguém o entenderá, talvez você provoque um dilema em alguém que tenta se convencer de que a própria família não é tão ruim assim. Se alguém lhe perguntar, julgar ou insistir, recomende que leia este capítulo de *Kintsugi*.
- Encerre uma etapa para poder abrir outra. Solte o lastro, pare de carregar o que o limita. Você está onde está por simples acaso, nasceu na família que tem por simples acaso. Comece a escrever seu próprio destino. Sua família não deve prender nem condicionar você.
- Não renuncie a ter sua própria família, não tire conclusões precipitadas com base na dor. Você teve uma grande lição de vida, e pode ser a origem de uma família maravilhosa e bonita na qual reinem o respeito e o amor.

Como faço isso?

- Reprograme seu diálogo interno. Troque a imagem de si mesmo de um gatinho desvalido pela de um leão cheio de coragem. Isso que eu proponho não é uma afirmação sem fundamento, e sim uma afirmação baseada na segurança proporcionada por ter vivido o que você viveu e ter superado.
- Saia do círculo de influência de seu abusador, se ainda estiver nele. Se não puder, busque referências e apoios externos que o ajudem a compensar a situação, a não perder a perspectiva e a aprender novos modelos.
- Aprenda a impor limites às pessoas. Às vezes, confundimos gentileza com submissão. Ao longo da vida, você encontrará diversos perfis de pessoas, algumas belíssimas, cheias de respeito, e outras tóxicas, irreverentes e pouco respeitosas, com as quais precisará determinar limites.

Recompor a vida

O caso de Daniel: quando a alma se rasga

Algumas pessoas julgam que não temos alma, mas estão equivocadas. No entanto, nem todo o mundo tem alma. Algumas pessoas, ao crescer, perdem-na. Somente pessoas sem alma são capazes de rasgar a alma do outro. Sim, há pessoas com alma. Não são poucas, acredite.

A alma é etérea, algo que só é visível com o olhar adequado. As pessoas com alma são facilmente reconhecíveis por sua sensibilidade, vivem conectadas com o entorno e se importam com o que as pessoas próximas passam, conhecendo-as ou não. Têm um olhar especial. Não sei descrever isso, mas, quando uma pessoa com alma nos olha, ela sente a nossa alma.

O pior que pode acontecer com essas pessoas é ter sua alma rasgada. Sim, as almas podem se rasgar. Como a alma de Daniel. Há quem acredite que os homens não podem ter alma, que só crianças e algumas mulheres a possuem; mas isso é um engano. Daniel tinha uma alma enorme e compassiva que, com seu olhar cândido, ia buscando outras almas para se conectar.

Daniel julgou se conectar com uma alma, pensou que viveria sempre feliz com sua família cheia de almas e de bondade; no entanto, um dia, a maldita morte lhe arrebatou sua alma mais querida, sua filha, sua princesa, sua jogadora de futebol, sua palhaça, seu estandarte; sua amada filha, seu mais precioso tesouro. "Maldito câncer!", sua alma vazia só conseguia repetir sem parar essas palavras. "Maldito câncer!" Daniel sempre abrigara a esperança de que sua amada princesa superasse a doença. Surpreendera-se rezando, correndo, chorando, lutando e buscando ajuda de um lugar a outro. Tentara de tudo, mas nada adiantara.

Quando sua amada filha morreu, ele sentiu sua alma explodir. Tanta tristeza acumulada durante tanto tempo, tanta esperança inútil, tanta dor e tanta incompreensão... Sim, sua alma explodiu como uma supernova esperando que sua filha fosse uma daquelas estrelas que tanto brilham na noite. "Quem acredita em tamanha mentira!", surpreendeu-se gritando.

Daniel ficou vazio, exausto. Tanto sofrimento não era humano, não era suportável, não era possível. Tatiana, sua mulher, pousou a mão em seu ombro.

"Daniel, precisamos de ajuda", conseguiu sussurrar.

"Minha alma está rasgada, Tatiana", respondeu Daniel, "e ninguém pode reconstruir uma alma rasgada".

Tome distância

Trabalhei com praticamente todas as caras e disfarces que a dor utiliza. Sofri com meus clientes, ajudei-os em seus piores momentos e juntos lutamos para devolver a esperança e a força a sua vida. Acredite quando digo que conheço muito bem a dor e o sofrimento. Eu os conheci em minha própria carne, em minha própria vida. Ninguém escapa de seus desejos perversos, nem eu. A dor é universal. Mas nenhuma dor é tão terrível e cruel quanto a de perder um filho amado.

Recompor a alma de um pai é muito difícil, por muitos motivos. O principal é que não existe um porquê capaz de aplacar esse pranto sufocado e seco. O absurdo o mergulha na desesperança mais tóxica e devastadora que se possa imaginar. Quando não há nenhuma razão, o sofrimento se torna gratuito e cruel.

Recompor uma alma rasgada é uma tarefa árdua, e as cicatrizes permanecem sempre vivas. Por todo lado, há algo que lhe recorda sua princesa; qualquer coisa que se faça sempre poderia ter sido feita junto com ela. Tanta coisa para lhe ensinar, tanta vida para viver... Diante da morte de um filho, é mais que necessário ganhar certa distância e perspectiva; do contrário, os pais morrem em vida. A morte nos acompanha todos os dias, é lei da vida, consubstancial a nossa existência; mas nem por isso é fácil de administrar, especialmente quando inesperada.

Nunca é um bom momento para a morte, e menos ainda para a morte de um filho. O que vou explicar agora será útil para administrar o luto pela morte de uma pessoa querida, seja um filho, um amigo a quem você amava como a um filho, seu companheiro ou seu bichinho de estimação. Sim, o amor não entende de gêneros, raças ou espécies. Não esqueça que a dor é diferente para cada um e que a morte de um cão com quem você passou mais de uma década de vida pode doer demais.

Mas voltemos ao tema deste tópico: ganhar perspectiva. Precisamos nos afastar um pouco da dor, ou pelo menos ter alguns momentos de paz. A vida o fez mudar. Você não escolheu isso, mas a vida o mudou para sempre. O que era normal ontem já não é hoje, e esse é o ponto de partida de todo processo de recomposição.

Aceitar a morte é um processo complexo denominado *luto*. Pode durar meses, e se caracteriza por uma torrente de emoções intensas e variáveis. Durante o processo de luto, nosso estado de ânimo é lábil, instável. Oscilamos entre a tristeza e a ira, somos incapazes de pensar com clareza, e a incompreensão e a busca de uma resposta nos torturam dia e noite. Pouco a pouco, as águas vão se acalmando, até entrarem no ritmo que nos permita avaliar com certa perspectiva o que aconteceu. Entretanto, nem sempre é assim, e, se não administrarmos esse luto, poderemos ficar ressentidos, deprimidos ou amargurados por toda a vida, o que é injusto conosco, com as pessoas que nos cercam e com a pessoa que faleceu.

Nosso querido filho, companheiro ou ser amado não pôde escolher continuar vivendo, e a melhor homenagem que podemos lhe fazer é viver por ele. Recordo um professor que tive que perdeu seus filhos e sua esposa na famosa enchente do *camping* de Biescas, no ano de 1996. Eu me lembro de vê-lo andar atordoado pela cidade. Parecia um morto em vida. Naquela época, eu não entendia a magnitude do ocorrido, mas teria gostado de lhe dizer que ele precisava voltar a viver, que tinha a obrigação de viver intensamente, que sua família não pudera escolher viver e que sua melhor recordação e homenagem seria não desperdiçar os dias que tinha pela frente.

Lembro-me de ler uma entrevista feita com Carole Bouquet na qual a atriz explicava que, quando seu marido faleceu, ela entendeu que havia duas opções: morrer em vida ou viver, e que escolheu viver. Não foi uma decisão rápida nem instantânea, não foi algo instintivo, mas que aconteceu depois de um processo de luto de vários meses.

Meu conselho é:

Se passou pela situação dolorosa de perder um ser querido, deve ter a consciência de que está diante do pior desafio. Entretanto, apesar da dureza da perda, o melhor que pode fazer é voltar a viver, insisto, por você, pelos seus e pela pessoa amada que perdeu.

Pense diferente

Há pouco tempo, vi com minha filha o filme *Festa no céu*, produzido por Guillermo del Toro. É uma animação que fala da vida e da morte, e apresenta a morte de uma forma simpática. A cultura da morte tem um tratamento muito especial no México. Não quero dar *spoiler*, porque você pode querer ver o filme – que eu recomendo muito –, mas ele fala da existência de dois mundos paralelos, o das pessoas lembradas, onde há uma festa constante, e o das pessoas esquecidas, onde reina a tristeza. A ação do filme transcorre no dia 2 de novembro, Dia de Finados, dia em que podemos sentir a presença de nossos entes queridos. Talvez aqui esteja a chave: no modo como você recorda o ser amado e no fato de tê-lo presente.

Depois de ganhar certa perspectiva, é hora de começar a pensar diferente. Estamos diante de um problema a cuja raiz não dá para chegar, e, mesmo assim, você tem que administrar as consequências dele, as emoções associadas... Não podemos fazer o falecido voltar, porém isso não significa que devamos ficar de braços cruzados. De fato, podemos fazer algumas coisas, mas, enquanto não pensarmos diferente, não teremos a energia necessária para entrar em ação.

A vida é uma das coisas mais difíceis de recompor. O passado atua como um peso que não nos permite avançar. Carregamos uma história que não é só nossa, e nossa mochila pesada se crava em nossos ombros e coração.

Você precisa mudar de atitude. Não tenha pressa. Você está sofrendo um luto. Mas precisa saber que em algum momento terá que dar um passo à frente e começar a viver de novo, e terá que fazer isso por você, pelos seus e pela pessoa que perdeu. É importante que dê esse passo, dele depende sua recuperação. Você merece viver e merece ativar essa mola que o impulsionará e permitirá que se conecte de novo com a vida.

Pense que você pode contribuir para mitigar o sofrimento advindo de situações parecidas com a sua. Pode colaborar na pesquisa da doença que arrebatou seu filho; pode colaborar com uma associação para evitar que alguém passe pelo mesmo que seu filho passou; pode compartilhar sua experiência com outras pessoas; pode transformar sua dor em arte. Pode fazer muitas coisas, mas a primeira deve ser necessariamente tomar a decisão de fazer algo. Talvez alguma dessas ações – que, de certo modo, atacam de uma forma criativa a raiz do problema – seja a motivação que lhe permitirá dar esse primeiro passo. A morte de uma pessoa amada paralisa o corpo e a alma e nos deixa em um estado de estupefação e de letargia. Enquanto não o superarmos, não poderemos começar a cuidar de nós mesmos.

Meu conselho é:

Às vezes, rejeitamos ajuda e desejamos continuar ancorados na dor. Temos a ideia de que voltar a sentir vontade de viver, esperança ou felicidade nos transforma em um ser sem sentimentos que não amava o suficiente a pessoa que morreu; nós mesmos nos pressionamos e somos pressionados pelo que achamos que as pessoas vão pensar. Livre-se dessa ideia.

Entre em ação

Vamos começar recompondo sua vida, que mudou completamente. Você acabou de perder uma pessoa que fazia parte de sua vida e, por isso, não pode continuar fazendo a mesma coisa que fazia nem continuar com os mesmos arranjos de antes.

Pouco a pouco, a dor vai passando, a tristeza vai diminuindo e a raiva, desaparecendo. Pouco a pouco, seu estado emocional vai se moderando, e você vai recuperando a capacidade de raciocinar adequadamente. Quando isso acontecer, você tem que aproveitar a janela de tranquilidade e começar a traçar uma vida nova. O que aconteceu doeu, e a recordação do ocorrido também dói. Cada vez que você passa por aquele quarto vazio, cada vez que vê aquela cama vazia, ou aquela foto, seu sofrimento volta. Você precisa mudar de vida, adequar seu entorno a sua nova realidade, encontrar uma distração. Não podemos atuar na raiz do problema; não podemos fazer o ser querido voltar. Por isso, devemos administrar nossas emoções e as consequências da adversidade.

A cada cliente meu que sofreu uma perda, eu aconselhei que mudasse de casa. Esse ato tem um elevado componente simbólico; na realidade, o que você está fazendo é reconstruir sua vida.

Todos nós temos sonhos a realizar, planos que relegamos a nossa aposentadoria, negócios que gostaríamos de empreender e aventuras que desejamos viver. A vida nos deu um golpe duro, mas também nos provou que é finita e que é melhor não deixar para amanhã o que podemos fazer hoje. Portanto, comece a trabalhar para realizar seus sonhos, pois essa é a melhor homenagem que você faz à pessoa querida. Ela não teve essa oportunidade; não perca a sua e a dela.

Um sonho pendente

Algumas pessoas, depois da morte de um ser querido, investem toda sua força e energia na materialização do sonho da pessoa que se foi. À primeira vista, pode parecer uma opção ruim, visto que nessa estratégia há muitos aspectos implícitos, como culpa por não ter feito isso antes, rememoração constante da pessoa perdida e negação das próprias necessidades. Mas não serei eu a negar os inúmeros efeitos positivos dessa estratégia, que dá uma motivação existencial, um porquê e um para quê, um motivo para continuar vivendo, e isso é o que mais necessitamos depois de perder alguém amado.

Além desses, há outro benefício muito positivo. Em muitas ocasiões, realizar o sonho da pessoa amada atua como uma ação compensatória, como o encerramento de uma etapa. Enquanto você está trabalhando na realização do sonho, a própria motivação é a melhor distração (lembre-se que não podemos ir à raiz do problema), e, também, uma vez realizado o sonho, além das aventuras vividas, costuma-se dar por encerrada a etapa, coisa tão necessária para poder começar a construir de novo.

Quando reconstruímos nossa vida, não estamos esquecendo a pessoa amada, de jeito nenhum. Quando você guarda suas fotos, quando muda de casa, quando troca de cama, não entenda isso como um absurdo nem como uma traição; são ações necessárias para mitigar a dor e continuar vivendo. Adéque seu entorno a sua nova realidade, adaptando-o a suas novas necessidades, à vida que o fez mudar, à ausência que nunca mais deixará de ser sentida. Permita que a recordação física vá embora, permita-se viver, permita-se recordar o ser amado sem para isso precisar de sua onipresença, pois ela não ajudará.

Não dê mais importância à morte que à vida

Já vi muitas pessoas que, chorando pelo filho morto, esqueceram os vivos; que, chorando pelo companheiro falecido, esqueceram os filhos; que, chorando pelo filho, esqueceram o companheiro; que, chorando a ausência, esqueceram de si mesmas. Querido leitor, isso não pode acontecer. Você tem uma responsabilidade como pai, como companheiro e até para consigo mesmo; uma responsabilidade que não pode relegar.

A vida segue, ela não para. Quando nossa alma está rasgada pela perda de um ser amado, pensamos que a vida é cruel. Tudo continua absolutamente igual, nada mudou, o sol continua nascendo para todo mundo, as cidades continuam com seu ritmo frenético, as estações continuam passando, tudo permanece igual para todos, menos para você. Mas, na realidade, a vida não é cruel, e sim nobre e equilibrada, e sabemos que devemos seguir adiante e que não podemos esquecer as demais criaturas que continuam vivas e precisam viver.

Não esqueça de si mesmo, nem das pessoas ao seu redor. Não dê prioridade à morte acima da vida. Sei que isso não é nada fácil, mas você precisa tentar. Sei que é mais fácil falar que fazer, mas você precisa tentar. Não existe nenhuma técnica especial, já que se trata exclusivamente de uma disposição de atitude, de uma declaração de intenções que deve guiar seus pensamentos, emoções e ações. Escolha viver, e opte por fazer isso com os seus; e não esqueça que essa atitude pró-vida não implica o esquecimento da pessoa querida que você perdeu.

Canalize sua dor

Uma das melhores maneiras de canalizar a dor que sentimos é transformá-la em experiência e em conselho para outras pessoas. Permita-me lhe explicar o caso de uma menina encantadora que faleceu devido a uma estranha doença. A dor de seus pais foi terrível – insisto, não há nada pior que a morte de uma criança. Depois de um lógico período de luto, os pais decidiram canalizar toda sua dor de uma maneira construtiva e passaram a empreender uma luta particular contra a terrível e desconhecida doença que levara sua filha.

Eles estão lutando de duas maneiras muito diferentes. Por um lado, de uma maneira mais concreta e visível, arrecadando fundos para pesquisa e oferecendo sua experiência ao meio médico, à associação de pessoas afetadas por essa doença e aos pais de crianças doentes. Por outro lado, em um nível mais abstrato, digamos assim, estão pressionando agentes sociais e entidades médicas e contribuindo para que a dor de outras crianças e de outros pais seja menor por meio da realização de qualquer ação que passe pela mente inquieta dos dois.

Às vezes, não podemos resolver a raiz de nosso problema, mas podemos ajudar a resolver a raiz do problema de outras pessoas. Essa estratégia se baseia na transformação da dor em algo construtivo. Construir é um ato belo, e olhar para o resultado da construção é ser constantemente desperto para sua beleza e grandeza. Em muitas ocasiões, o belo edifício erguido sobre a dor se torna uma linda homenagem, uma espécie de monumento em memória da pessoa amada. Longe de ser uma lembrança triste, é uma recordação positiva: a recordação da contribuição; a recordação de que a morte do ser amado serviu para criar um mundo melhor. Então, aquela morte deixa de ser uma vida perdida, deixa de ser sem sentido, vã e estéril.

Administre suas recordações

Quando perdemos um ser querido, nossa razão fica turva. O processo da morte é uma inesgotável fonte de impactos emocionalmente muito intensos e dolorosos. Se a pessoa amada faleceu de uma doença, é provável que passemos seus últimos dias vendo-a sofrer e se deteriorar; se ela morreu devido a um acidente repentino, possivelmente sentimos uma infinidade de emoções negativas, como culpa por aquela conversa que não tivemos, por aquela recriminação que saiu de nossa boca ou aquela raiva guardada. Mesmo na morte mais tranquila, todo o processo de óbito e o funeral implicam uma série de imagens, palavras e emoções que ficam gravadas em nossa memória, acompanhadas de dor, incompreensão e sofrimento.

Não é justo que essas recordações ofusquem a infinidade de lembranças bonitas que temos ao lado daquela pessoa maravilhosa. Com a pessoa amada, rimos, brincamos, pulamos e vivemos. É injusto ficar com uma recordação triste; por isso, sugiro que escolha uma lembrança para evocar dignamente o que você e a pessoa viveram, e não o que sofreram. Entretanto, para escolher bem a recordação a evocar, é preciso antes dar um passo. Sugiro que você faça um álbum de fotos de belos momentos vividos. Olhe para trás e reveja todos aqueles bons momentos. Cada vez que vir uma fotografia ou um vídeo de um momento agradável, sem que se dê conta, você sentirá parte da felicidade registrada pela mera evocação dela. A recordação de uma situação é capaz de evocar emoções parecidas, mas de menor intensidade, às vividas.

Faça esse álbum. Reveja as fotos, os vídeos, as recordações. Ao fazer o álbum de recordações, você sentirá alegria e tristeza, rirá e chorará; não importa, essa mistura de emoções contraditórias é normal e esperada. Não se assuste, permita-se chorar e permita-se sorrir. A criação dessa compilação é como uma espécie de revisão da vida que o ajudará a recuperar belos momentos e a estabelecer um contraponto às intensas recordações associadas ao sofrimento próprio do final de uma vida. Quando o álbum estiver pronto, guarde-o em um lugar bonito e acessível, mas que não o faça onipresente. Não o deixe ao lado da cama, nem no meio da sala. Ele pode ficar guardado em um armário ou em uma gaveta. Seu acesso tem que ser rápido, você pode consultá-lo quantas vezes quiser, mas ele não deve chamar sua atenção constantemente.

Você viajou no tempo, para uma época melhor. Recuperou emoções e recordações. Agora, chegou a hora de escolher uma recordação dentre todas: a mais bonita, a mais alegre ou a mais representativa – essa será sua recordação evocativa. Tenho um amigo que, quando conhece alguém ou acrescenta um contato novo à sua agenda, bate uma foto para identificar a pessoa, e é capaz de bater diversas, quantas forem necessárias, até ter uma foto bonita e simpática que lhe evoque uma emoção positiva cada vez que a veja. Sugiro que você faça o mesmo que meu amigo. A recordação evocativa da pessoa amada que faleceu não pode ser triste nem negativa, não pode ser em um hospital, em um velório ou com o rosto desfigurado de dor. Sua recordação evocativa deve ser bonita e doce, um dos melhores momentos vividos juntos, e o álbum vai ser o ponto de encontro com essa recordação bonita.

Você não deve recordar a pessoa amada sofrendo; deve recordar toda sua beleza, seu sorriso e sua vitalidade, em vez de suas lágrimas. Pense que sua recordação será a única que restará dela; então, escolha uma bonita que o acompanhe aonde for. Como acontece no filme de Guillermo del Toro, uma recordação agradável lhe permitirá ter a pessoa mais presente.

Quando os pais morrem

Nós, pais, temos uma grande responsabilidade para com nossos filhos. Ter um filho é um dos maiores atos de amor e de responsabilidade. Como eles não nos pediram que os trouxéssemos a este mundo, temos a obrigação de cuidar deles e de lhes dar todas as ferramentas para que sejam autônomos, livres e fortes. Sim, eu disse autônomos. Com frequência, confundimos a paternidade com superproteção. Não há nada pior que criar dependência em nossos filhos.

Alguns pais e mães se sentem reforçados em seu papel, já que, quando fazem e dão tudo por seus filhos, sentem-se imprescindíveis e importantes, e sentem que seu papel de pai e mãe tem sentido. Só que isso não é um favor que fazemos a nossos filhos. Quando uma pessoa adulta perde os pais, não deve ficar desamparada. Eu educo e continuarei educando minha filha na autonomia, para que, no dia em que sua mãe ou eu não estivermos mais com ela, não se sinta desamparada, perdida e quebrada.

Nossa tarefa como educadores acabará quando nossos filhos forem autônomos, fortes, equilibrados e livres. E isso implica lhes fornecer as ferramentas necessárias para que confiem em si mesmos e para que saibam administrar uma perda.

Desconexão temporal

Outra estratégia que posso lhe aconselhar para administrar a perda de um ser querido é a desconexão temporal. Quando o sofrimento vem descontrolado, sem medida, como o estouro de uma boiada selvagem, nossa mente se enche de emoções intensas e confusas. Essa ativação emocional tão intensa precisa se acalmar para que consigamos começar a pensar com certa perspectiva. Às vezes, só o que conseguimos fazer por uns dias ou semanas é deixar a vida passar. Se isso acontecer, e se depois de tentar diversas estratégias você não seguir em frente, contemple a possibilidade de se desconectar temporariamente, de mudar de ambiente, de ficar umas semanas com um amigo ou um parente, de se estabelecer no campo, de ir para outra cidade, enfim, de se recolher e se distrair em outro ambiente completamente diferente. Talvez você possa ir a um balneário, a um mosteiro, à casa de seus pais no interior, ao apartamento de praia de seus irmãos ou à cabana de montanha de um amigo. A chave está em se recolher, em mudar de ambiente e estar acompanhado de pessoas queridas que o ajudem a pouco a pouco mitigar essa dor.

Você vai perceber que sua mente, que é inteligente, retomará paulatinamente o controle, pensando, analisando e racionalizando. Você voltará a ser capaz de ver as coisas com clareza, de contextualizar e de construir uma nova vida em consonância com sua nova situação.

Cuidado com a culpa

Às vezes, precisamos encontrar um culpado para explicar a dor, um bode expiatório que permita que nos agarremos a um ponto de apoio emocional. São muitos os casais que perderam um filho e que transformaram sua dor em raiva do companheiro, em ira, ódio e culpa.

Tome cuidado com esse deslocamento do objeto de dor, pois tem o potencial de arruinar a vida de alguém que está sofrendo tanto quanto você. Diante de uma desgraça como a morte de um filho, faz pouco sentido culpar o companheiro.

A culpa conduzirá ao ódio, e o ódio o manterá estreitamente abraçado ao sofrimento. Concentre sua energia na busca de apoio, e não na busca de culpados; é uma atitude muito mais saudável para você e para as pessoas próximas.

O que você tem pendente?

Quando a tempestade diminuir, comece a pensar em si mesmo. Olhe-se no espelho. Você sofreu. Está tentando se recompor. O furacão de emoções começa a se acalmar. Pouco a pouco, a tristeza vai esquecendo você. É hora de formular a pergunta mais dura e curativa: o que você tem pendente?

Não deixe este mundo sem ter espremido a vida ao máximo. Não se resigne a sobreviver, a ser um zumbi emocional, a ir do trabalho para casa e de casa para o trabalho. Você tem a obrigação de viver, e viver não é o mesmo que sobreviver. O que você tem pendente? O que você tem por fazer? Que lugares por visitar? Você se quebrou, mas conseguiu se recompor. Agora está mais forte, mais belo, mais majestoso. Olhe-se no espelho. Você merece viver. Merece ser feliz. A felicidade não está em uma dimensão cujo polo oposto é a tristeza. Podemos estar tristes e felizes ao mesmo tempo. Podemos ter um estado basal de felicidade, mas sentir tristeza ao ver o sofrimento de uma criança. Da mesma maneira, podemos estar tristes pela morte de uma pessoa amada, mas incorporar momentos de felicidade a nossa vida.

Faça isso, não se resigne a sofrer. Pense em você e no que merece. Você não tem que expiar nada, não tem que pagar nenhuma dívida, não tem que fazer nada mais que viver e aproveitar a oportunidade que a vida lhe deu. Olhe-se no espelho. Não permita que a morte o surpreenda com algo ainda por fazer.

Cuidado com as condutas de compensação

Quando temos que nos reconstruir da morte de uma pessoa querida, encontramo-nos em uma situação muito vulnerável. A morte nos arrebatou um pedaço da alma, deixando em nós um buraco para preencher de novo. Eu proponho que você o preencha com ouro, seguindo a antiga arte dos mestres Kintsugi. No entanto, algumas pessoas tentam preencher esse buraco com condutas de compensação tóxicas.

Algumas tentam preenchê-lo com álcool ou drogas, outras, com comportamentos temerários que desafiam a morte, como uma espécie de suicídio acidental, seja correndo de carro ou praticando atividades arriscadas. Há quem se abandone com um grito desesperado à morte, invocando-a para que acabe com seu sofrimento. Há quem castigue outras pessoas, quem torture animais ou torture a si mesmo. Aparentemente, esses comportamentos podem parecer estratégias para compensar a dor, mas, acredite, eles não vão adiantar nada. Quando a pessoa perde um filho, o amor de sua vida ou até mesmo seu animalzinho amado, perde também, momentaneamente, o juízo.

Se tiver por perto alguém que está sofrendo um luto e que adotou condutas compensatórias tóxicas, sugiro que tente ajudá-lo com doçura e mostrar-lhe que esse tipo de conduta faz mal. Procure dar-lhe a perspectiva que ele perdeu. Você pode ser um farol em meio à mais escura tempestade. Não precisa ser psicólogo para isso, pois não é questão de conhecimentos, e sim de sensibilidade.

Permita-se chorar

Biologicamente, não temos nada sobrando. A natureza e a evolução são os melhores criadores que existem. Milhares de anos de evolução conseguiram nos dotar de tudo que necessitamos e nos despojar do acessório.

A tristeza e o pranto não são ruins; são bons e necessários. Vivemos em uma época em que se faz apologia da felicidade e se demoniza e se castiga a tristeza. A tristeza – não a depressão – faz parte das emoções básicas que nos permitem sobreviver. A tristeza e sua máxima expressão, o pranto, têm uma função adaptativa que permite que nos recolhamos e nos concentremos em nós mesmos para pensar e nos reconstruir. E o pranto tem uma dupla função: permite dar vazão à tensão emocional que nosso sistema nervoso acumula e, assim, descarregar o embotamento afetivo; e comunica a nosso entorno mais próximo que precisamos de ajuda.

Portanto, permita-se chorar. Não reprima o pranto. Chorar vai ajudar. Se seu corpo pedir, chore. Chore quanto precisar, pois, depois de chorar, você vai se sentir melhor. Chore sem culpa, sem vergonha, desconsoladamente, até que não reste nem mais uma lágrima. Chore quantas vezes precisar e, depois de chorar até a última lágrima, enxugue as faces e reconecte-se consigo mesmo, disposto a viver a vida sabendo-se mais forte e capaz.

Não se isole

Quando estamos sofrendo, não queremos saber de ninguém. Até certo ponto, é uma reação compreensível. Acreditamos que a dor é mais bem suportada na solidão, mas isso não é verdade. Precisamos de momentos de intimidade, de reflexão tranquila e de silêncio. Entretanto, é sabido que as pessoas em luto por morte que recebem suporte social se recuperam antes e melhor.

Encontre o equilíbrio entre a solidão e a companhia. Conecte-se com as boas pessoas que o cercam. Aceite suas ofertas. Participe de um almoço em família ou com amigos, se for agradável; deixe-se acalentar pelas pessoas que o amam e, especialmente, não se isole. Não se isole do mundo nem das pessoas. Você não precisa ter um grande círculo social. Nesses casos, menos e bom é melhor que muito e ruim. Deixe-se acalentar, deixe-se amar, aceite as demonstrações de carinho e apoio. Atenda ao telefone, abra o e-mail que recebeu, ligue para pessoas queridas, para seus amigos. A dor é uma carga muito pesada que carregamos melhor quando dividimos seu peso entre várias pessoas.

Administre o *flashback*

Pode ser que a morte de um ser querido provoque em você um estresse pós-traumático. Nesse caso, as recordações o assaltarão no momento menos esperado, sem pedir licença, durante o dia em forma de *flashbacks*, ou durante a noite em forma de pesadelos. Quando a inquietude assume o controle de sua vida e a ansiedade decide pegar em sua mão. Quando a ansiedade também decide participar da festa, quando não é só a tristeza que o tortura, é preciso entrar em ação.

Incorpore ações higiênicas a seu dia a dia. Seu sistema nervoso está excitado, descontrolado, estressado. Entre em ação dando tranquilidade ambiental a seu sistema nervoso. Pare de consumir cafeína e estimulantes, baixe seu nível de atividade, pratique um esporte, tome banho com água quente, durma, descanse, passeie e medite. Enfim, relaxe ativa e passivamente.

Um *flashback* é uma imagem extraordinariamente real e vívida do ocorrido, especificamente de um momento de grande carga emocional negativa.

Quando um *flashback* o acometer, convide-o a se retirar. Assuma o controle da situação e não permita que ela detone uma torrente de recordações tristes e dolorosas. Distraia-se ativamente e busque sua imagem de recordação, aquela cena que você decidiu associar à pessoa amada. Busque-a em sua mente, em suas lembranças. Mude a tela que está diante de seus olhos, da mesma maneira que fazemos com o celular – deslize o dedo pela tela e troque a dor pela beleza de uma recordação.

Não se abandone

O processo de luto é uma reação complexa e com frequência mal administrada. A dor da perda é tão intensa que, no caso de algumas pessoas, o pensamento e a vida giram somente ao redor dessa perda. Isso faz com que, pouco a pouco, percam todos os diversos interesses que tinham antes da perda – inclusive o interesse em si mesmas, na vida, em se cuidar e em viver. Todos os dias são iguais, as horas são vazias, e essa atitude de abandono da vida e de si mesmo costuma acabar em complicações na gestão do trauma.

O abandono de si mesmo se torna evidente quando tanto faz o que comemos, quando tanto faz, inclusive, comer ou não. Quando andamos pela rua sem notar por onde passamos, que caminho seguimos, com quem cruzamos. Quando descuidamos de nossa higiene pessoal, de nossa imagem e de nossa maneira de vestir. As pessoas que se abandonam falam com o olhar perdido; parecem estar escutando, até assentem com a cabeça, mas é visível que sua mente está a milhões de quilômetros de distância.

Abandonar-se não é fácil nem difícil; não é coisa de covarde nem de fraco. Às vezes, abandonar-se é a consequência de uma dor insuportável, a única escolha possível diante de um mundo que desmorona, ou a única opção que nos resta.

Querido leitor, não se abandone, nem permita que um amigo ou uma pessoa querida se abandone depois da morte de um ser amado. Quando nos abandonamos, inicia-se uma queda em espiral no vazio. Quando nos abandonamos, sentenciamos nossa vida, quer acabemos morrendo de fato ou vivendo qual alma penada. Se vir que alguém está se abandonando, estenda a mão e faça o possível para evitar que caia no esquecimento. A resposta costuma ser boa, pois em muitos casos esse abandono nasce da falta de alternativas. Não importa se na realidade a pessoa tem alternativas; o que importa é se ela acredita que as tem. De qualquer maneira, estenda a mão, pois, nessa queda, nesse vazio, quando aparece uma mão, uma luz, um sorriso, é como se de repente a pessoa que sofre recuperasse a perspectiva e se conectasse de novo com a vida.

Compense seu sofrimento

Quando a alma se rasga, quando um ser amado morre, de uma coisa podemos ter certeza: a dor vai nos acompanhar por um longo tempo. Recuperar-se da morte de um filho é complicado, e será praticamente impossível evitar a dor ao longo da vida. Cada vez que visitar um lugar novo, quando vir na rua a bicicleta preferida dele, ou quando vir pais e filhos brincando felizes, uma lágrima triste rolará, por seu rosto ou por seu coração. Nesses momentos, a cicatriz doerá, você a fitará com tristeza; é justamente nesses momentos que precisa ver uma cicatriz embelezada.

A dor da perda de uma pessoa amada nos acompanhará ao longo da vida com maior ou menor intensidade. Quando se aproximar o aniversário da morte, doerá mais; quando estivermos distraídos, um pouco menos. Embora a dor não seja onipresente, são tantas as oportunidades de pensar na pessoa perdida que é muito complicado acreditar que não sofreremos pelo resto da vida. Devemos nos preparar para isso, prevenir e administrar isso. Sem dúvida, a melhor estratégia é a compensação do sofrimento, mas de uma forma saudável, equilibrada e doce. O sofrimento se compensa com a vida, vivendo, curtindo emoções positivas e sensações agradáveis. Nossa balança precisa estar sempre equilibrada. Nosso corpo pode tolerar sem problemas um pequeno desequilíbrio, uma perda momentânea do equilíbrio ou até uma dor aguda, mas não pode reparar desequilíbrios grandes, intensos e sustentados por muito tempo.

Incorpore a seu dia a dia um plano de compensação. Elabore uma lista de ações, pensamentos ou recordações que provoquem emoções positivas, as quais lhe permitam compensar o sofrimento. Talvez seja um passeio, talvez uma recordação, ou até escrever uma carta ou suas reflexões. Você pode compensar seu sofrimento com uma viagem, com uma boa leitura ou com uma conversa com amigos. Compense a dor com um analgésico emocional que lhe permita mitigar seu sofrimento e se distrair.

Reconstrua ativamente seu equilíbrio emocional. Lute para restabelecer a homeostase necessária para continuar vivendo, para continuar cuidando de você e para continuar conectado. Compense a dor ativamente, livre de culpa e de vergonha, visto que isso não é, em absoluto, uma atitude frívola.

Nossa vida é regida pelo processo de necessidade e de compensação. A motivação é o motor da vida e sempre nasce de um desequilíbrio que precisa ser compensado. Quando sentimos fome, precisamos compensar essa sensação, essa necessidade. Quando sentimos sede, ativa-se um mecanismo de compensação que consiste em beber algo. E assim, da mesma maneira, compensamos o sono, a dor ou qualquer necessidade que tenhamos.

As necessidades

As necessidades têm um papel adaptativo. Nosso corpo se comunica conosco mediante necessidades. A necessidade de comer, de beber ou de dormir nos mantém vivos. A necessidade de afeto, de conquista ou de reconhecimento nos permite alcançar objetivos importantes para nós e para as pessoas que nos cercam.

O mecanismo homeostático é regido pela necessidade. Diante de um desequilíbrio, nosso corpo ou nossa mente lança um sinal em forma de necessidade, de modo que podemos afirmar que a necessidade tem uma clara função adaptativa.

No entanto, em geral, acreditamos que as necessidades são ruins. Essa demonização é injusta e frívola; as necessidades não são apenas boas, como também necessárias – permita-me a redundância. O problema é quando as necessidades estão desfocadas (por exemplo, devido a uma tristeza excessiva) e se transformam em um transtorno que condiciona nossa vida.

O que acontece é que com frequência não sabemos traduzir a mensagem que o corpo está emitindo e satisfazemos esse desequilíbrio com necessidades que se afastam das demandas que ele está sinalizando. Assim, a necessidade de ter uma aventura extraconjugal não é, no fundo, mais que a necessidade de parar para analisar e reconsiderar a vida conjugal. A necessidade de adquirir posses pode estar mostrando que precisamos reconsiderar nosso estilo de vida. A necessidade de comer compulsivamente pode estar mostrando que temos níveis muito elevados de ansiedade e que precisamos reconsiderar nossas prioridades. A necessidade de reconhecimento ou de proteção nos passa uma clara mensagem sobre nossa autoestima.

Por outro lado, também é verdade que existe uma extensa e complexa indústria da necessidade, que baseia sua atividade na criação de necessidades para poder vender produtos. Não é uma afirmação *conspiranoica*, e sim a pura realidade. Basta ver um pouco de televisão para comprovar que existe uma infinidade de artigos criados para atender a certas necessidades que não temos de fato, ou que precisaríamos atender, mas de outro modo. Assim, um carro novo vai lhe dar a segurança de que você precisa, uma bolsa muito cara vai indicar seu *status* e seu poder, e férias no paraíso vão impressionar seus colegas de trabalho.

Querido leitor, não negue suas necessidades, não as evite. Procure atender a todas e entendê-las. Analise-as e descubra a mensagem que seu corpo está passando, e não hesite em atender às necessidades da melhor maneira.

A necessidade, assim como a dor, é boa e adaptativa. A dor impede que continuemos fazendo algo que está nos prejudicando; faz que procuremos um médico para evitar complicações posteriores. Algo parecido acontece com as necessidades, sejam da natureza que forem, porém normalmente não sabemos entendê-las, administrá-las e atendê-las. Algumas pessoas pretendem eliminar as necessidades de sua vida, mas isso, além de não ser uma opção plausível, não passa de uma incoerência coberta de justificativas estranhas que tentam sustentar um edifício insustentável. Precisamos de amor, de conforto, de comida, assim como precisamos de reconhecimento. O problema não são as necessidades que temos, e sim o fato de que não nos ensinaram a entendê-las e administrá-las.

Por onde começo?

- Comece chorando e se permitindo expressar a tristeza que sente.
- Aceite que sua vida mudou e adapte-a pouco a pouco a sua nova situação.
- Não dê mais importância à morte que à vida.
- Dê uma vazão construtiva a sua dor.
- Administre suas recordações.
- Faça o que sempre quis fazer.
- Cuide-se, não se abandone.
- Compense seu sofrimento, regenere-se. Um luto é como uma corrida: assim como em uma prova de longa distância você precisa se hidratar e se alimentar, no luto precisa se regenerar.

Como faço isso?

Quando um ser querido morre, a tristeza se apodera de nós e relega o resto do mundo a segundo plano – inclusive a nós mesmos e nossas necessidades. Mas não podemos esquecer de nós mesmos. Se adotarmos as pautas a seguir, conseguiremos administrar melhor a morte de um ser amado:

- Durma. O corpo e o cérebro se regeneram durante o sono. Se quiser torturar alguém, não lhe permita dormir, e você vai ver como a pessoa se deteriorará a passos largos. Durma o quanto precisar, desde que não mais do que nove horas; tire um cochilo durante o dia, se for necessário. A cama não é um refúgio, mas também não é uma tortura.
- Coma. Não deixe de comer, e coma direito. Se ficou sozinho, não pare de cozinhar. Coma de forma equilibrada, coma frutas e verduras, elimine alimentos e hábitos tóxicos. Coma sem buscar na comida uma saída, sem ver a comida como um recurso ou como um incômodo. Não deixe de cozinhar para si mesmo, não coma qualquer coisa, não coma compulsivamente. Coma. A comida é a melhor garantia de equilíbrio que temos, e, em muitas ocasiões, pode nos fazer adoecer ou nos curar.

- Distraia-se. Você não pode ficar pensando obsessivamente no que aconteceu. Procure ativamente por distrações. Pensar em demasia na ausência da pessoa querida não significa que você a ame mais ou que sinta mais saudades. Visite amigos e parentes, vá ao teatro, passeie, leia, viaje, faça o que quiser, mas distraia-se, pois isso lhe permitirá preencher seus depósitos de energia vazios. Você precisa dessa energia para enfrentar o duro processo de luto.
- Exercite-se. A atividade física é um precursor de um bom estado de ânimo, visto que libera endorfinas, nos distrai e pode nos conectar com o meio natural. Faça algum tipo de atividade física (caminhe, corra, pedale, nade), mas, sempre que possível, em um entorno natural, bonito e inspirador. Sozinho ou acompanhado. Só não pare de se movimentar.
- Fale. Falar é bom para o coração, pois alivia o peso que suportamos e dá forma à tristeza que nos invade. Não guarde as coisas dentro de si. Fale, compartilhe com outra pessoa; fazendo isso, você vai ver como elas vão tomando uma forma mais doce e elaborada, vai ver que a dor amadurece e se torna mais suportável.

Recompor o amor

Corações partidos

O caso de Maria

Ela não podia imaginar que seu amor se quebraria em mil pedaços. Descobriu por acaso, como costuma acontecer. Tinham convidados em casa. Foi ao banheiro, mas estava ocupado. Então, foi ao banheiro do andar de cima, e ali escutou seu marido falando ao telefone. Não podia acreditar. Não queria acreditar.

Entrou no quarto contíguo ao banheiro e o surpreendeu. Ele estava em um estado de irritação monumental, própria do mentiroso que tenta distrair e ganhar tempo. Tirou o celular das mãos dele e viu com quem estava falando; viu mensagens, viu fotos.

Seu coração se partiu, e sobre os fragmentos da decepção seu marido jogou uma relação de dez anos, quebrando-a em mil pedaços. Maria se agachou e os recolheu. A decepção se misturava com a tristeza, a raiva com a culpa. A culpa que sente quem foi vítima de maus-tratos emocionais.

O caso de Jesus

Seu amor se quebrou, seu primeiro amor, o mais belo e intenso. Ele sabia que o primeiro amor é o mais bonito, aquele em que tudo é por descobrir. Sabia que estava se entregando sem restrições a alguém com mais experiência em assuntos do amor. Sabia, e se entregou incondicionalmente. Acaso é possível fazer diferente no primeiro amor? Entregou-se sem couraças e proteções. Entregou sua alma e seu corpo a quem lhe jurara amor eterno.

Sabia que o primeiro amor é o mais bonito, sim, mas também o que mais dói quando se quebra. E quebrou. E com ele se quebrou a alma, a vida, os sonhos e a poesia de Jesus. Ele sabia, e mesmo assim não pôde evitar. "Nunca mais vou sofrer por amor", jurou enquanto recolhia os pedaços de seu coração arrasado.

O caso de Isaac

Da mesa onde estava, ele a viu. Decidiu beber mais um pouco. "Como fui me apaixonar por alguém assim? O que aconteceu conosco? Devorávamos a vida, devorávamos um ao outro aos beijos, e agora não posso nem olhar para ela sem sentir raiva e uma dor intensa. Éramos o casal perfeito?" O Merlot turvava suas recordações. "Talvez nunca devêssemos ter nos casado." No fundo, ele não sabia se alguma vez haviam compartilhado algo. Aparentemente sim, mas o tempo só havia provado que aquela noite de São João em Menorca os marcaria pelo resto da vida, mas de uma forma ruim.

"Como pude me casar com alguém que conheci bêbado em uma festa?" De repente, tudo parecia tão claro... ou tão confuso. O amor é voluntarioso. Ele quis amá-la... No entanto, nunca deveriam ter começado o que agora ele não conseguia terminar.

Faltavam-lhe forças. Sobravam filhos. Precisava de um impulso. Serviu-se outra taça. Estava ficando cada vez mais aturdido. Levantou-se meio tonto. Viu a foto das crianças em cima da lareira. "Talvez amanhã eu fale", pensou. "Vou dormir, meu bem", disse a sua mulher, e pelo caminho sua dignidade se quebrou em mil pedaços.

O caso de Natália

Queria que ele a amasse. Desejava-o tanto... Não importava o que ele lhe pedisse, ela faria. Confundiu amor com submissão. Queria se sentir amada.

Ele viu que ela queria amor e se deixou comprar. Ela o comprou com prazer. Ele nunca dizia não a seus pedidos.

Nada é tão caro quanto a solidão. Gostava de vê-lo contente, e contentá-lo era fácil; nada que sua gorda conta corrente não bancasse. Ia tudo de vento em popa. O relacionamento era fantástico – aparentemente fantástico. Até que, depois de passar uns dias na casa de uns amigos, ela percebeu o que era amor verdadeiro, o amor necessário para engendrar uma família, para criar filhos, para superar as adversidades da vida e para envelhecer juntos de mãos dadas.

Naquela noite, não conseguiu dormir. Naquela noite, se deu conta de que não podia comprar o amor. E por que tinha que comprá-lo? Acaso não seria capaz de encontrá-lo? Naquela noite, se deu conta de que era melhor estar aparentemente sozinha que aparentemente acompanhada.

Naquela noite, começou a chorar, rasgou sua foto e rompeu o relacionamento. O que mais lhe doía era não ter sido capaz de fazer isso antes. Natália recolheu os pedaços de sua vergonha que estavam espalhados por seus sonhos e dormiu soluçando, esgotada de tanto sofrer.

Tome distância

E você? Tem certeza de que o que descobriu é uma má notícia? O fim do amor é uma decepção, uma dor terrível... Mas você há de concordar que, vendo a coisa com certa perspectiva, não é obrigatório que isso seja uma má notícia, e por muitos motivos. Em primeiro lugar, porque quando o amor acaba, seja por uma infidelidade, por esgotamento ou porque nunca existiu, fica evidente uma situação que você talvez intuía, mas não queria confirmar. De fato, em muitas situações parecidas com os casos descritos, a pessoa enganada, a pessoa cansada ou a pessoa com o coração partido temia algo, esperava alguma coisa. É que com frequência nos deixamos enganar conscientemente, pois, se não o fizéssemos, teríamos de aceitar e assumir consequências dolorosas e desconfortáveis. Depois de quase vinte anos trabalhando e vendo incontáveis problemas de relacionamento, posso afirmar que, ao fim de uma relação, o que mais dói é ter enganado a si mesmo ao negar uma realidade percebida.

Tudo bem, seu companheiro o deixou, o enganou, foi infiel ou o ignorou, o que é difícil. Mas, se olhar pelo lado positivo, agora você tem a evidência de que precisa de uma mudança na vida. Não costumamos mudar até que a dor seja muito intensa, até que o sofrimento seja muito profundo. É possível que durante muito tempo você tenha visto que seu relacionamento não funcionava, mas não era capaz de fazer nada para colocá-lo nos trilhos. Por fim, chegou a hora!

Agora você já sabe. O final se precipitou. O desenlace bateu a sua porta. Entendo sua dor e sua surpresa, mas devo lhe dizer que praticamente 100% das pessoas que ajudei a superar uma infidelidade ou um desengano amoroso, após a dor inicial, foram muito mais felizes na vida.

Terminar uma relação não tem que necessariamente ser uma mudança ruim; na verdade, é uma mudança de natureza incerta. Não podemos dizer que seja uma mudança para pior, uma vez que ignoramos o que o destino nos reserva. É inegável que nos primeiros momentos após um rompimento vemos tudo embaçado. As emoções sequestram nossa razão como um tornado violento e cruel. Superar uma ruptura não é fácil, ainda mais quando implica uma separação. É preciso arranjar uma casa nova, dividir propriedades, administrar o assunto dos filhos, quando os há, e uma série de problemas e negociações que nunca poderíamos imaginar. Pois bem, na realidade, tudo que acabei de descrever não são consequências negativas de uma separação, e sim consequências incômodas. Não se engane; não confunda algo incômodo com algo negativo ou com uma mudança para pior. Repito que praticamente 100% das pessoas que ajudei a superar uma separação, depois de um desconforto inicial e uma necessária reorganização, voltaram a curtir a vida muito intensamente, como não faziam havia muitos anos.

Por outro lado, também não podemos dizer que uma separação será uma mudança para melhor, uma vez que, se não fizermos nada, nada acontecerá. Talvez o acaso lhe sorria, mas sugiro que, enquanto espera que a fortuna lhe traga sorte, você mesmo a busque. Você não tem a menor ideia de como será seu futuro, porém sabe que está em suas mãos a escolha de dar uma guinada positiva em sua vida. Nos diferentes casos que mostrei na introdução, tão reais quanto frequentes, após alguns meses atribulados, os protagonistas já estavam curtindo a vida e se perguntando repetidamente como era possível que não houvessem percebido antes que a pessoa com quem se relacionavam não os amava.

Devo dizer também que praticamente em todos os casos preciso trabalhar duramente para que o cliente reaprenda a amar e não renuncie a algo tão importante como compartilhar a vida com outra pessoa. Mas já estou me antecipando; é que fico ansioso para explicar como você pode superar uma decepção amorosa... Venha! Vamos pensar diferente.

Meu conselho é:

É sempre melhor encerrar uma etapa que tentar estendê-la a qualquer preço. Diante dos primeiros sinais de que o relacionamento não está bem, avalie se ele pode ser ajustado ou não. Se existir alguma possibilidade de reconduzir a situação, vá em frente – mas com uma data-limite. Já se a relação estiver desenganada, não prolongue a agonia do inevitável e encerre essa etapa depressa.

Pense diferente

"Como posso ter certeza de que meu companheiro ainda me ama? Como posso comprovar isso?" É normal que uma das duas partes do casal sinta insegurança e medo. Talvez esse medo seja justificado por uma mudança de atitude por parte do outro, talvez não. Seja como for, quando o medo aparece, a insegurança se apodera de nossa mente e alma, atormentando-nos e privando-nos da capacidade de curtir a relação.

"Compartilho cada vez menos coisas com meu marido." "Posso recuperar minha mulher?" "Podemos voltar a sentir paixão um pelo outro?" "Como posso voltar a amar meu companheiro?" "Conseguiremos superar uma infidelidade?" "Durante muitos anos, dirigimos todas nossas energias às crianças e ao trabalho e deixamos de cuidar de nós. É possível recuperar o que perdemos?" Com frequência, casais com um percurso de dez a vinte anos juntos me formulam essas perguntas. Durante esse tempo, os dois membros do casal viveram em paralelo – juntos, mas desconectados. Às vezes, pareciam mais duas pessoas que dividiam um apartamento que um casal que em algum momento ardeu de paixão e imaginou um futuro cheio de projetos.

Como chegaram a esse ponto? Um dia, você cancela um jantar com seu companheiro por causa de trabalho. Outro dia, vocês não têm o espaço para os dois porque uma das crianças está doente. Em outro, você está cansado demais para ter momentos íntimos. Outro dia, você precisa levantar cedo para trabalhar e está de mau humor. Chegam as férias, e você precisa se desligar de tudo e ter tempo para si mesmo. Já é Natal, e você não está a fim de ir à casa de seus sogros, prefere fazer uma pequena viagem, o que dá início a uma discussão. Chegam novas férias, mas só para um dos dois, e vocês só passam uma semana juntos. Sem que você perceba, já se passaram anos, décadas. De repente, as crianças já são grandes, e você não se reconhece, nem reconhece a pessoa com quem vive. E então surgem as dúvidas, as crises, o medo, as decisões impulsivas, as discussões, o desencanto etc.

Deem-se a oportunidade de se conhecer de novo

Durante todo esse tempo, você mudou, assim como seu companheiro; são dois desconhecidos, o que é um problema – e também uma oportunidade. É um problema porque você não pode continuar fazendo o mesmo que fez por cinco, dez, quinze ou vinte anos. Mas também é uma magnífica oportunidade para se conhecerem de novo. Para voltarem a conversar. Para voltarem a explorar o corpo, a alma, os medos e os desejos um do outro. Para falarem de futuro. Para encerrarem uma etapa e abrirem outra.

Testemunhei muitos casais que decidiram terminar a relação sem se dar a oportunidade de se conhecer de novo. Casais que só precisavam construir uma ponte de comunicação entre si. Casais que só precisavam passar algumas horas juntos, sozinhos, flertando, conversando, sonhando.

A lenda do fio vermelho

Conta uma antiga lenda japonesa que as almas que são predestinadas a se unir na Terra estão amarradas por um fio vermelho invisível, para que não se percam. Quando se encontram, o fio vermelho pode se retesar ou contrair, mas nunca se rompe.

Em certas ocasiões, um casal ideal, um casal com um índice de conexão muito elevado, um casal que pode ser feliz, por diversos motivos, retesa seu fio. Às vezes, por uma doença, por estresse, por pressão de outros familiares, pelos filhos ou por uma infinidade de cenários que representam desafios e problemas. Esses casais, esses que estão verdadeiramente unidos pelo fio vermelho, deveriam dedicar um pouco de tempo à reconstrução da relação antes de decidir abandoná-la.

"Por que o amor foi embora?" Sempre que me fazem essa pergunta, respondo com outra pergunta: "Em que está baseada sua relação? No corpo? Na atração física? Na paixão ardente? Na diversão? Houve um dia amor de verdade na relação?". A vida apresenta diversos cenários a nós como indivíduos e como parte de um casal, e eles podem criar tensão e distanciamento na relação.

De repente, a vida se complicou, e nos complicou

Encontrei pessoas que não souberam administrar uma experiência ou um problema, o que acabou afetando o relacionamento afetivo. Na vida, podemos passar por coisas que geram uma grande distorção em nosso estado de ânimo, em nosso pensamento e em nossa conduta, e que costumam ter um elevado impacto emocional. Podem, inclusive, provocar mudanças em nossa personalidade. Normalmente, são situações como uma demissão, uma gravidez, o diagnóstico de uma doença, um acidente, uma mudança de residência etc.

Qualquer situação que gere estresse, ansiedade ou incerteza, seja da natureza que for, tem efeitos negativos em nós mesmos e no relacionamento.

Quando o estresse aparece, ficamos mais irritadiços, mais intolerantes e menos compreensivos. Comunicamos menos, e o conteúdo da comunicação costuma ser mais negativo e recriminador. Perdemos o entusiasmo e tudo aquilo que nos torna divertidos e interessantes. Além do mais, essa mudança aparece de maneira insidiosa, lentamente, sem que percebamos. De repente, não temos nada a ver com a pessoa que éramos. Nosso companheiro não entende, ou, como acontece em outros casos, depois de ter feito um esforço de tolerância e compreensão, começa a se cansar. O impacto dessas situações traumáticas em nossos relacionamentos será um ou outro a depender da maneira como as administremos. O primeiro passo, porém, é sempre o mesmo. O ponto de partida consiste em tomar consciência do estado emocional em que nos encontramos, o que nem sempre é simples.

Às vezes, a situação pode ser reconduzida, às vezes, não. Conhecer de novo o outro pode ser uma aventura muito estimulante, interessante e divertida. Não tome uma decisão com base no cansaço. Você não deve terminar uma relação sem analisar o que aconteceu. Se dedicarem um pouco de tempo à análise do contexto da relação, de como chegaram até tal ponto, por que surgiu a possibilidade de uma separação e que possibilidades reais de sucesso existem na continuidade do relacionamento, vocês terão condições de tomar uma decisão acertada, seja a de continuar juntos ou terminar. Então, para tomar uma decisão acertada, eu proponho que você arregace as mangas. Comece analisando sua situação, buscando alternativas e prevendo as consequências de curto, médio e longo prazo para cada uma das diversas opções; a partir daí, priorize e decida qual é a melhor.

Mas vamos começar pelo início: reaprendendo a amar. Ao longo de minha prática clínica, observei que para muitas pessoas separar-se de um companheiro tóxico e daninho gerou uma marca profunda, mesmo tendo sido, na prática, uma bênção. Em muitas ocasiões, o caráter dessa marca foi negativo e influenciou os relacionamentos seguintes. A culpa e a vergonha tingiram de escuro aquilo que na verdade foi uma libertação.

A maior parte das separações se deve à existência de um falso positivo na relação; quando achamos que a relação com alguém pode dar certo e não dá, estamos diante de um falso positivo. Quando já começamos um relacionamento com um falso positivo, como no caso que estamos tratando, é questão de tempo para que tenhamos uma experiência frustrante e negativa, que pode se tornar dolorosa e condicionar nossas relações futuras.

Conheci pessoas que decidiram não se relacionar mais, nunca mais confiar em ninguém. Esse tipo de decisão costuma ser motivada pelo sofrimento e pela dor. Diante de uma experiência intensa, ativam-se determinados mecanismos de defesa que erguem altos muros para proteger nosso coração.

Conheci pessoas que, depois de uma ou várias relações tormentosas, decidiram demonstrar uma atitude passiva e submissa com o novo companheiro. Aparentemente, essa atitude gera tranquilidade e estabilidade; mas só aparentemente, e no curto prazo. No médio e longo prazo, a passividade se transforma em frustração e agressividade, implosiva ou explosiva.

Há pessoas que adotam uma atitude resignada dentro de uma nova relação devido a experiências passadas. A resignação anula a vontade, e pode inclusive ter o efeito contrário ao desejado, visto que o outro pode se cansar de carregar o peso da relação. Além disso, no médio prazo, evolui para recriminações ou desconexão por saturação. Na pior das hipóteses, a resignação é aplicada no momento da escolha do parceiro, e, assim, a pessoa deixa de aplicar qualquer critério e acaba aceitando qualquer candidato, combine com ela ou não.

Também vi pessoas que, como resultado de suas experiências passadas, concluíram que devem adotar um papel dominante. Esse tipo de conduta, de novo, é altamente tóxico e provoca sofrimento no médio e longo prazo. A dominância anula por completo a pessoa submissa, criando dependência e ansiedade.

Ainda, há pessoas que pensam que amar é manipular, ser cruel ou castigar. Possivelmente, essas pessoas têm necessidades que só conseguem aplacar mediante uma relação tóxica.

Seja qual for o caso, o mais indicado para curtir uma vida juntos, de forma plena e satisfatória, é reaprender a amar. Talvez tenhamos chegado a esse ponto devido a experiências passadas negativas ou a conclusões extraídas de experiências negativas que são parciais, descontextualizadas e generalizadas, mas chegou a hora de reaprender a amar e, não poderia ser diferente, de reaprender a amar a si mesmo.

Meu conselho é:

Diante de uma experiência emocional intensa e negativa, nosso processo cognitivo (ou seja, o pensamento) se vê afetado, de modo que perde a faculdade de análise e diminui sua capacidade de pensar com clareza, de maneira contextualizada e de tirar conclusões válidas e confiáveis. Em muitos casos, eu me atreveria a dizer que a origem desses problemas de relacionamento pode estar nas conclusões que tiramos de nossas primeiras experiências relacionadas com o amor.

Entre em ação

Chegou a hora de entrar em ação, de trabalhar consigo mesmo, com seu coração e com seu conceito de amor. É certo que em algum momento alguém partiu seu coração. Pois então recolha os pedaços; sim, esses que você guardou no canto mais escuro de seu passado. Recolha-os, que temos trabalho a fazer. Precisamos recompor seu coração para que ele possa voltar a bater forte, a se emocionar com um beijo, a estremecer com uma carícia, a se entusiasmar com um amor.

Reveja suas experiências passadas

Vamos olhar o passado daqui do presente. Agora, você pode usufruir da perspectiva que o tempo e a distância oferecem. Vamos usá-la para realizar uma análise do que aconteceu. Permita-me compartilhar com você um exemplo que ilustra uma situação bastante habitual.

Lembro de uma paciente que teve uma má primeira experiência de relacionamento. Não aconteceu nada de excepcional, ela apenas teve um desengano amoroso pouco depois que a relação começou. E assim chegou à conclusão de que havia sido ferida e se refugiou atrás de uma couraça pela qual ninguém passava. Sem que ela soubesse, sem que tivesse consciência, essa couraça foi responsável pelo fracasso das quatro relações seguintes. O mesmo final se repetia. Ela não conseguia relaxar e deixar a relação fluir; não era ela mesma em todo seu esplendor; estava sempre tensa e na defensiva. A relação não se tornava íntima, surgiam as dúvidas, e acabava terminando. O trabalho com ela foi complexo e difícil; de fato, enquanto não tomou distância, não foi capaz de perceber que era ela mesma que estava provocando o fim de seus relacionamentos.

Proponho-lhe que selecione uma relação passada que não acabou do jeito que você queria. Agora, tome um pouco de distância e analise o que aconteceu. Não se preocupe, eu o acompanharei e o guiarei durante todo o processo. Com a distância, você com certeza enxerga que alguns aspectos dessa relação não foram bons, e outros, sim. A questão é analisarmos o que aconteceu, sem prejulgamentos, para tirar conclusões mais acertadas. Quando estamos sofrendo, queremos eliminar rapidamente a tensão que nos toma, de modo que costumamos nos precipitar em uma fuga desorientada, que gera um elevado custo emocional.

Tive um paciente com quem passei horas, sessões conversando sobre uma relação difícil. A pessoa com quem se relacionava estava com ele por um interesse que ia além do amor. Ele, loucamente apaixonado, começou a se tratar de um transtorno de ansiedade. Depois de realizar o processo de diagnóstico, comprovei que sua ansiedade era reativa e que tinha origem em sua companheira. Bem, não exatamente nela, e sim nas contradições que ele apresentava devido à dissonância entre sua percepção e a realidade. Ou seja, havia um conflito entre a realidade que sua percepção lhe devolvia e os sentimentos que brotavam de seu coração. Ele constantemente via coisas de que não gostava, que destoavam ou que eram contraditórias ao que deveria ser uma atitude amorosa por parte de sua companheira. Ele as via, mas não queria aceitar. Seus amigos, seus familiares e até os amigos de sua companheira o advertiam e tentavam lhe mostrar a realidade.

Eu o ajudei a analisar a situação, a buscar evidências, a estudar as dissonâncias que sentia, a acreditar em suas percepções, e ele decidiu abandonar o processo. Desapareceu do consultório; não o vi mais entrar pela porta – até uns cinco ou seis meses depois. Por fim, ele havia reunido a coragem necessária para acreditar em suas percepções e abandonar sua companheira. Entretanto, no caminho, precisou pagar um pedágio caro. Alguns meses de relacionamento lhe custaram uma dependência ao álcool e à maconha, que usava como ansiolítico, além de uma autoestima alquebrada. Ele se deu conta de que havia sido manipulado sem perceber, apesar dos conselhos que recebera. Na realidade, a única coisa que tinha acontecido era que ele tentara forçar a realidade a se adequar a seus desejos, enganando a si mesmo. Ele tomara uma decisão e tentara mantê-la, apesar dos claros indícios da inadequação de suas crenças e esquemas.

Quando voltamos a trabalhar juntos, ele havia conseguido adquirir a perspectiva necessária para analisar adequadamente o ocorrido, tirar uma conclusão acertada e aprender com seu erro, com o objetivo de não penalizar suas futuras relações. Recomeçamos o processo, mas com uma condição: começaríamos analisando o passado e suas consequências para poder encerrar uma etapa e abrir uma nova, livre de preconceitos e erros.

Análise de incidentes críticos

Como foram suas experiências passadas? Por que foram assim? Agora é hora de analisá-las com distanciamento. Analise os motivos pelos quais elas foram boas ou ruins e tente tirar algumas conclusões. Sem pensar muito (em breve a filtraremos), faça uma lista de argumentos que provocaram o curso da relação ou a influenciaram.

Eu o convido a analisar todos os seus relacionamentos. Você pode até fazer um quadro resumido para cada um. Já encontrei muitas pessoas que tendem a repetir esquemas nos diversos relacionamentos que mantêm. Nesse caso, costuma-se escolher o mesmo tipo de pessoa, com as mesmas características, repetindo os mesmos comportamentos, com desenlaces parecidos.

A análise deverá ser bem detalhada, além de conter os seguintes elementos. Por favor, responda com perspectiva, com distância, minimizando o envolvimento, sinceramente, sem medo das respostas.

A primeira pergunta a que você deve responder é: por que a relação não deu certo? Muito possivelmente, a resposta não se limitará a um único motivo. Talvez se trate de um acúmulo de motivos e situações que acabaram levando a relação ao fim. Tente separá-los e analisá-los. Sem rancor, sem dor; faça como quem assiste a um filme antigo, como um espectador.

Agora que você já analisou os motivos de a relação não ter dado certo, dê mais um passo. Quais dos motivos da ruptura ou da experiência ruim são atribuíveis ao outro? Tente pensar em coisas concretas e abstraia-as: "Sempre discutíamos para decidir onde passaríamos o Natal, o que, na realidade, era um comportamento egoísta e pouco respeitoso". Há certas coisas que consideramos normais, mas que não deveriam ser. Tentar dominar a vontade de outra pessoa mediante a manipulação ou a coação não deveria ser normal. Tomando o último exemplo, podemos analisar diversos estilos de comunicação que demonstram diferentes atitudes diante do outro. Com frequência, somos manipulados, coagidos ou extorquidos para atender aos desejos e necessidades de nosso companheiro, como o exemplo da escolha do lugar onde passar o Natal. Na realidade, uma conduta mais saudável poderia ser levantar a questão e conversar sobre ela. Conversar, não discutir.

Depois de avaliar a responsabilidade do outro, chegou a hora de analisar quais dos motivos que detalhamos na lista são atribuíveis a nós mesmos. Talvez você não encontre nada, mas acho que vale a pena fazer um esforço. Não se castigue, mas também não tire conclusões enganosas.

Agora, vamos analisar tudo que deu certo e de que gostamos. Às vezes, contaminamos nossa percepção com um efeito halo em consonância com a qualidade de nossa experiência. Talvez, se a relação não deu certo, você acabe contaminando todas as recordações, tingindo-as de negatividade. Tente notar se o efeito halo se faz presente. Não generalize, analise detalhadamente. Pode ser que haja algo interessante. Não negue tudo, busque os momentos bonitos, as recordações doces, se houve algum. Se for capaz de discriminar sem julgamento e sem contaminar de negatividade o ocorrido, você poderá analisá-lo com mais eficácia e mais detalhes.

O que você pode aprender com essa experiência?

Vamos ver o que você pode aprender com o que aconteceu. Quais são suas conclusões? Esse mesmo processo que acabei de comentar é o que utilizo nas consultas enquanto eu e meu paciente caminhamos, pedalamos ou esquiamos nos Pirineus. Eu gostaria de dar um exemplo concreto que acho que pode ajudar.

Maria teve uma experiência ruim com um namorado. Depois de dois anos juntos, ele decidiu terminar o relacionamento para começar um novo com outra pessoa. Ao fazer o exercício de análise, Maria percebeu que a relação não havia dado certo porque o grau de envolvimento de cada parte era muito diferente. Ele queria avançar mais rápido, e ela mostrava certa frieza e rejeição ao compromisso. Com o tempo, ele foi se desencantando com Maria; era cada vez mais difícil para ele suportar sua frieza e suas raras demonstrações de afeto. Maria concluiu que seu namorado deveria ter se comunicado melhor e exposto suas necessidades. Havia mais coisas, mas, para simplificar, a título de exemplo, ficaremos com os problemas de comunicação do namorado dela naquela época. Ao prosseguir com o exercício, Maria percebeu que ela era responsável por uma parte do fracasso da relação. Admitiu que era fria e distante, que não chegaram a ter intimidade e que evitava fazer planos para o futuro com ele. O que ela considerava normal naquela época passou a perceber como inadequado. Ela precisou de alguns anos, distância e maturidade para voltar a analisar aquela relação. Mas, acima de tudo, precisou analisar o que aconteceu sem distorcer nem seu pensamento nem a realidade. Enquanto não formos capazes de analisar o ocorrido sem distorcê-lo, não seremos capazes de concluir quais aspectos devemos mudar e melhorar antes de iniciar um novo relacionamento.

Você se identificou com o exemplo de Maria? Chegou a hora de analisar como ela processou cognitivamente essas experiências passadas a fim de identificar se existem distorções de pensamento e mecanismos de defesa.

Aprenda a reconhecer suas distorções de pensamento

Existem muitas maneiras de nos enganarmos de forma mais ou menos consciente; na psicologia, nós as catalogamos sob o conceito de distorções do pensamento. Selecionei algumas, as mais comuns e frequentes. Pode ser que você manifeste uma ou várias delas, mas não se preocupe, pois isso é comum. Meu objetivo com esse exercício é que você adquira o conhecimento e a competência necessários para identificá-las e trabalhá-las.

Certas pessoas tendem a polarizar o pensamento. Pensam em termos de tudo ou nada. Ou eu me entrego incondicionalmente ou mantenho distância. Ou me relaciono de novo ou não fico com mais ninguém. Nas relações afetivas, como nos demais cenários que a vida propõe, nada é branco ou preto, e sim uma infinidade de matizes a descobrir.

Em alguns casos, ocorre a generalização do que aconteceu em uma relação. A partir de um fato isolado, extrai-se uma conclusão generalizada e normalmente falsa: "Todos os homens são insensíveis", "Todas as mulheres são sensíveis demais", "Não dá para confiar em ninguém", "Todo mundo é ruim", "Todos querem se aproveitar da gente" etc. Esse tipo de pensamento anula qualquer iniciativa e não permite que se aprenda nem se analise o que deu errado ou certo na relação. Trata-se de esquemas que não são válidos nem reais – o que importa neles, como nas demais distorções cognitivas, não é a realidade, e sim o modo como a interpretamos, porque o que pensamos guiará nossa interpretação da realidade, nossas emoções e nossos atos.

Certas pessoas aplicam um filtro negativo ao ocorrido, de tal modo que se concentram exclusivamente nos aspectos negativos e nocivos. Desse ponto de vista, não dá para começar uma relação nova, visto que estaremos antecipando negativamente o futuro, focando tudo de ruim que poderia acontecer.

Existem mais distorções, muito mais, mas com essas cobrimos as situações que ocorrem mais frequentemente nas relações afetivas. O pensamento distorcido nos dá certa tranquilidade e recursos de curto prazo, mas, no médio e longo prazo, nos prejudica, porque não é possível construir uma conclusão válida sobre uma base que não seja sólida.

Outro conceito que eu gostaria de comentar é o da profecia autorrealizável. Na psicologia, observamos esse fenômeno quando alguém, de maneira consciente ou inconsciente, acaba provocando aquilo que acha que vai acontecer. Por exemplo, se você acredita que não vai se divertir na festa à qual está indo, é bem possível que assim seja. Por quê? Porque você estará menos receptivo, mostrará uma atitude hostil, as pessoas não se aproximarão, e quem se aproximar não terá uma interação positiva, sem que você se dê conta disso. Se, ao contrário, acreditar que vai se divertir muito, possivelmente assim será. Certamente você buscará de forma ativa oportunidades para curtir e se divertir, estará receptivo e aceitará muito bem as tentativas de comunicação de outras pessoas.

Até o momento, listei uma série de fenômenos, mecanismos e estilos de relacionamento que podem influenciar negativamente uma relação afetiva. É muito comum estarmos sob a influência de alguns desses processos e não percebermos, e por isso é importante que você os conheça e que saiba identificá-los. O primeiro passo consiste em analisar se você já passou por uma dessas situações ou se acaso se sente identificado com alguma delas. Perceber e assumir é difícil, mas é a única maneira de começar a mudança.

Não repita o mesmo erro

Em determinadas ocasiões, não percebemos que estamos repetindo um padrão. Conheço pessoas que tiveram companheiros abusadores e que repetiram a experiência com outro, também abusador – às vezes repetiram-na em quatro ocasiões, com quatro companheiros diferentes. Não é que essa pessoa não aprenda com a experiência; é que ela provavelmente tem um filtro que só deixa passar aqueles que reúnem uma série de condições. Assim, só os abusadores passam por esse filtro e são considerados possíveis candidatos. A partir daí, a seleção consiste em escolher a melhor opção entre os pré-candidatos, ou seja, o menos abusador.

Em outras ocasiões, parece que estamos fazendo caridade, e uma tal relação está destinada ao fracasso. "Ele vai mudar", "Eu o ajudarei" ou "Eu o farei mudar" são frases que denotam um fracasso anunciado. Caso não se lembre, no primeiro exercício, realizamos algumas reflexões sobre a adequação de começar um relacionamento com base na aceitação de como somos e de como é nosso companheiro.

Por onde começo?

- Comece tomando uma decisão; a firme decisão de amar intensamente de novo.
- Aprenda com o que viveu, mas deixe os fantasmas do passado para trás.
- Não se precipite nos relacionamentos. O tempo é o melhor aliado para conhecer uma pessoa.
- Não pretenda obter em um relacionamento aquilo que lhe falta. Primeiro, fortaleça-se, e depois procure alguém para compartilhar a vida, não alguém que tire sua vida, sua alegria.

Como faço isso?

- Analise a maneira como interpreta o que acontece, suas experiências negativas.
- Você precisa reaprender a amar devido a experiências que foram baseadas em um falso positivo, em um erro.
- Aprender a identificar bem os candidatos é tão importante quanto analisar bem e tirar as conclusões corretas de uma relação que está acabando.
- Note se você está assumindo alguma das atitudes mais frequentes que surgem após uma relação que não deu certo: passividade, agressividade, desconexão, lutas de poder, resignação etc.
- Conscientize-se de como é difícil perceber e assumir que você está distorcendo a realidade em função de seus interesses.

Recompor o entusiasmo

O caso de Cloe: a queda no abismo

Cloe caminhava lentamente, com o olhar perdido, em busca de uma esperança, sem nunca encontrá-la. Arrastava os passos, estava cansada. Sua vida a cansava. Estava esgotada de tanto sofrer, de tanto se preocupar com tudo, de tanto decepcionar a todos. Por fim, tinha uma certeza na vida. Sentiu a mureta que a separava do abismo bater contra sua cintura. A vida doía, o fracasso doía, a falta de esperança doía, doía o fato de ter decepcionado todo mundo. Bebeu da garrafa de gim que tinha na mão. Não suportava mais tanto sofrimento.

Passou as pernas para o outro lado da mureta, primeiro a direita, depois a esquerda. Diante dela, o abismo. Que ironia; sempre vivera em um abismo, um abismo de uma tristeza profunda que ninguém compreendia. Cloe tinha tudo, era invejada por qualquer mulher. Era bonita e inteligente, tinha um marido que a amava e filhos maravilhosos, vivia em uma casa de sonhos, tinha o emprego ideal. Apesar disso, não era feliz.

Sentiu o ar fresco em todo seu corpo. Sentiu frio. Quem se preocupa em se agasalhar para morrer? Já fazia muito tempo que buscava calor e abrigo. Já fazia muito tempo que Cloe não conseguia aproveitar nada, não conseguia relaxar, mal conseguia dormir. Bebeu de novo. Jogou a garrafa ao vazio como quem envia uma tropa avançada para reconhecer o terreno. O vazio, o vazio que ela sentia. Que ironia! Finalmente, o vazio havia ganhado o jogo.

Ela tentara. Todas as manhãs, tentava. Sair da cama é uma odisseia quando a pessoa passa a noite toda pensando e chorando. Ela lutava para dar um sentido a sua vida, à vida que a mantinha presa em uma gaiola de tristeza e solidão. Pela primeira vez, teve consciência de que seu sofrimento iria acabar. Seu sofrimento e o das pessoas próximas. Tantas vezes a chamaram de fraca, de frágil, de imatura, de caprichosa, de exigente. Seus pais não a entendiam, nem seu marido. Ninguém entendia sua tristeza, sua insatisfação crônica, sua falta de expectativas e de energia, seu vazio existencial.

Lá estava, sozinha diante do abismo; não podia ser tão ruim. Fazia muito tempo que se sentia sozinha e sempre se sentira culpada por isso. Sempre a haviam feito se sentir culpada. "Não posso contar com você para nada." "Você sempre tem que estragar nosso dia." "Você não é capaz de curtir nada." "Anda o dia todo como um zumbi, com o olhar perdido."

E lá estava ela, diante do abismo, diante de uma esperança, diante do fim de uma vida que nunca fora vivida, diante do fim de uma vida sofrida. A profunda tristeza que sentia chegaria ao fim. Fechou os olhos. Buscou uma bela recordação, algo doce. Mas não encontrou nada. Baixou a cabeça. Seu cabelo lhe cobria o rosto. Ninguém a havia ajudado. Todo mundo havia julgado sua depressão. "Faça um pouco mais de esforço", gritava seu marido. "Você é sensível demais", gritava seu pai. "Você nunca brinca com a gente", gritavam seus filhos.

Levantou a cabeça e abriu os olhos. O sol estava nascendo. Olhava sem ver. Seus olhos estavam cansados e tristes. Não restava esperança nela. O vento penteava seus cabelos. Olhou para a direita esperando encontrar algo, buscando algo, desejando que o mundo lhe desse uma nova chance. Mas viu apenas dor e sofrimento. Deixou-se cair. Precipitou-se no vazio. Conhecia bem essa sensação de vazio, de não saber quem era nem como deveria ser. Lançou-se ao vazio. E sentiu a dor da renúncia, a dor do fracasso, a dor de ser diferente, a dor de não ser capaz nem sequer de viver, algo que todo mundo sabe fazer. Sentiu uma dor forte no braço e parou de cair.

Ficou suspensa no ar sem querer abrir os olhos. Escutou vozes distantes. Estava aturdida. Ninguém havia lhe ensinado a viver, nem a se respeitar, nem a se amar. A vida passava diante dela como um filme de terror. Também não haviam lhe ensinado a morrer. "Peguei!", gritou um dos jovens excursionistas. "Ajude-me!", gritou para seu amigo, que chegava correndo. "O que está fazendo?!", gritou à mulher enquanto a segurava com força. Mais gritos. "Todo mundo grita comigo", ela pensou. Já não aguentava mais. Não tinha mais forças para falar. Fechou os olhos de novo. Caiu em um pranto sufocado. Seu peito se rasgou, sentia um nó na garganta. Não conseguia respirar. Não tinha forças nem para chorar. Apertou os olhos.

Ninguém quer perder a vida, mas, quando a vida já não é vida, não há nada a perder. Escutou vozes distantes de novo. Não estava mais com frio. Estava deitada em uma cama. Tentou abrir os olhos. Tudo era nebuloso. Sentiu seu peito vazio, rasgado, cheio de fragmentos de lembranças, esperanças e medos.

"Querida", escutou de novo aquela voz. Era doce e calma. Transmitia a paz que ela tanto havia buscado. "Sua vida se partiu, mas você pode reconstruí-la, e, quando conseguir, você vai ver que é mais forte do que jamais acreditou. Não importa o que aconteceu; importa, sim, tudo que vai acontecer a partir de agora. Vamos recolher todos esses pedaços e lhe dar forma de novo, sem nos envergonhar do passado, sem esconder nossas cicatrizes, porque elas nos mostram que fomos mais fortes."

Tome distância

Cloe tem um grande problema, um transtorno que afeta grande parte da população e que é subdiagnosticado. Um problema que leva anos para se manifestar plenamente, de modo que as pessoas não procuram um psicólogo ou psiquiatra até que seja tarde demais. Um problema que nos joga contra as cordas, que não conseguimos suportar. Um problema que tem um nome: depressão.

Estou deprimido?

Se você se sente triste e vazio durante a maior parte do dia, todos os dias; se você é incapaz de curtir as coisas e se sente insatisfeito; se perdeu ou ganhou muito peso; se dorme menos ou mais que o habitual; se tem agitação ou alentecimento psicomotor; se você se sente fatigado e está perdendo a energia; se tem sentimentos de culpa ou de inutilidade inapropriados e não justificados; se tem dificuldade para pensar, se concentrar ou tomar decisões; e se tem pensamentos recorrentes de morte ou suicídio, é bem possível que esteja deprimido. Esses são os sintomas da depressão, uma doença terrível. São sintomas que, diferente de uma febre alta, não são identificados como tais, são julgados pela sociedade e sofridos incompreensivelmente pela pessoa doente.

Sim, a depressão é uma doença. Não menospreze o impacto que uma depressão pode causar. Só as pessoas que passaram por ela sabem o que representa, conhecem o lento apocalipse que é sofrê-la. A depressão é uma doença terrível que se apodera de nossa vida pouco a pouco, sem que notemos. Com frequência, pessoas chegam ao consultório argumentando que se separaram e que, em consequência disso, ficaram deprimidas; mas na maioria dos casos elas já estavam deprimidas havia cinco ou seis anos, e seus companheiros não conseguiram conviver com isso e acabaram se separando.

Sim, a depressão é uma morte lenta de todo nosso ser. As pessoas pensam que uma pessoa deprimida passa o dia todo chorando, mas o que não sabem é que a maior parte das pessoas deprimidas passa despercebida. Uma pessoa deprimida é alguém que está travando uma batalha terrível em silêncio, que precisa reunir uma quantidade enorme de energia para conseguir se levantar a cada manhã, que sofre constantemente e que luta para sobreviver. Como se isso não bastasse, uma pessoa deprimida também luta contra a solidão, a incompreensão e a crítica de quem a cerca. Em alguns casos, são tachadas de conformistas, em outros, de autocompassivas, e outras vezes ouvem que deveriam lutar mais, que deveriam se esforçar mais, que se largaram, ou que deveriam parar de chorar tanto e ser mais fortes.

O que as demais pessoas não sabem é que estar triste e estar deprimido não são a mesma coisa, da mesma maneira que ter a glicose um pouco elevada não é a mesma coisa que ser diabético – se você está com a glicose um pouco alta, basta controlar a dieta; já se for diabético, deverá injetar insulina várias vezes ao dia, e sua saúde correrá um grave risco cada vez que romper o delicado equilíbrio resultante da batalha que a insulina e o açúcar travam em seu organismo.

O que as pessoas que não passaram por uma depressão também não entendem é que o deprimido não escolhe se deprimir, não deseja estar mal nem se aproveita da compaixão de quem o cerca. Um indivíduo deprimido não deseja despertar a compaixão alheia, e muito menos chamar a atenção. Na verdade, odeia chamar a atenção; ele só quer passar despercebido e ser deixado em paz.

A depressão é uma doença tão grave que chega a afetar a maior parte dos processos cognitivos. Um indivíduo deprimido pensa menos e pior, é incapaz de tomar decisões, sofre delírios acerca de suas capacidades, de sua autoestima e de seu futuro e ainda tem que lutar contra sua doença e contra a incompreensão e a estigmatização das pessoas ao redor. Ele perde a esperança e não tem expectativas de futuro e de vida.

Uma pessoa com depressão perde a capacidade de autocontrole e a automotivação, e é por isso que leva entre quatro e seis anos para procurar ajuda profissional, quando procura. Nesse tempo, a vida em família já foi afetada, o companheiro chegou ao limite da paciência, o rendimento profissional já dista muito do desejável, a aparência física foi afetada e a saúde está muito prejudicada.

Com esse panorama, é fácil chegar à conclusão de que a vida não tem sentido. Sem a compreensão dos amigos e familiares, com uma visão sombria do futuro e com a sensação de que é impossível mudar a situação, restam poucos caminhos. Sem futuro, cansada de sofrer, sentindo uma profunda solidão e vivendo no vazio, a pessoa que sofre de depressão se vê diante de poucas opções.

Não conheço ninguém que não queira continuar vivendo; ninguém que não deseje sentir o doce calor da primavera, ouvir o barulho do mar ou sentir o abraço de uma criança; ninguém que queira conscientemente abrir mão de ver o sol a cada manhã, de curtir um passeio, de sentir o toque de lençóis limpos, o calor de um aquecedor em pleno inverno ou o beijo da pessoa amada.

No entanto, quando a pessoa não consegue aproveitar os pequenos prazeres da vida, quando, faça o que fizer, é incapaz de sentir uma emoção positiva, ou quando uma depressão terrível e infame toma o controle de sua vida, então ela deixa de viver, deixa de ter vontade de se levantar a cada manhã e se pergunta se quer continuar assim pelo resto da existência. A vida, para uma pessoa deprimida, perde o sentido e se transforma em uma tortura, em um poço escuro e sem fundo, em um túnel sem luz ao final.

Olhe a sua volta; você conhece mais pessoas deprimidas do que imagina. Elas estão em seu bairro, na televisão, na rua, no supermercado ou no trabalho. Talvez você possa fazer algo para que não se passem tantos anos até que elas procurem um especialista, para que não compliquem sua dura existência ou para que não se sintam marcadas por um dedo acusador. Uma pessoa deprimida não costuma perceber que está assim. Ela se arrasta pela vida apesar dos terríveis esforços que realiza para evitar isso. Portanto, por favor, não aumente a pressão. Se achar que graças a este capítulo identificou uma pessoa deprimida que não tem consciência disso, converse com ela. Incentive-a a ler este capítulo. Preocupe-se com essa pessoa. Ofereça sua mão e ajude-a a sair do poço terrível em que se encontra.

E se, depois de ler este capítulo, você concluir que está deprimido, arregace as mangas. Há tipos diferentes de depressão, que requerem tratamentos diferentes. O que você não pode fazer é ficar de braços cruzados. Procure o mais rápido possível um especialista em depressão, ou, melhor ainda, uma equipe de especialistas em depressão, pois é possível que precise de uma abordagem interdisciplinar para vencer a batalha contra essa doença cruel.

Já se o que acabei de explicar lhe pareceu grego, tudo bem; então, procure entender as sérias repercussões dessa doença cruel e demonstre compaixão para com pessoas deprimidas. Acima de tudo, não as julgue fracas, pois lutar para sair da cama todas as manhãs requer uma força de vontade que a maioria de nós não tem.

Agora você já sabe o que está enfrentando, qual é o monstro que o está torturando. Vamos atrás dele.

Não esqueça...

- A depressão é uma doença do sistema nervoso e tem repercussões muito graves em todos os âmbitos.
- Muitas pessoas deprimidas passam despercebidas.
- Uma pessoa deprimida não quer chamar a atenção nem deseja sua compaixão; ela quer voltar a viver.
- Ninguém escolhe voluntariamente ficar deprimido.
- Uma depressão afeta o corpo e as funções cognitivas.
- Normalmente, não há consciência da depressão até que se passem anos.

Pense diferente

Vamos pensar diferente com o auxílio de dois exemplos muito simples. Em primeiro lugar, vamos imaginar que você está com gripe; uma dessas gripes fortes que nos deixam prostrados na cama. Tente entrar na situação. Não se trata de um simples resfriado, e sim de uma gripe com gê maiúsculo. Exato, dessas que causam uma intensa dor nas costelas e não nos permitem ficar em pé, dessas que dão a sensação de que há um bumbo em nossa cabeça. Está me acompanhando? Se você já teve uma gripe assim, deve saber que, faça o que fizer, não poderá agir sobre a causa, de modo que a única coisa a fazer será mitigar os sintomas. Como é que é? Você não pretende agir para mitigar os sintomas? Querido leitor, a ciência evoluiu com o objetivo de facilitar nossa vida; você não vai aproveitar isso? Apesar de não poder curá-la, você tem que agir sobre os sintomas, já que eles têm consequências negativas que podem agravar tudo e complicar sua saúde além da simples, mas brutal gripe que o acometeu.

Vamos passar ao segundo exemplo. Às vezes, sofremos algo que tem cura, solução, de modo que sofrer por esse algo é um absurdo. Imagine que você tem uma geladeira que não funciona direito, o que faz que alguns alimentos estraguem, provocando-lhe, por sua vez, uma gastrite. Pode ser que você não tenha identificado a origem de seus problemas digestivos e que esteja resignado a sofrer com a gastrite periodicamente e em silêncio. Mas não se engane: se você não fizer nada, a situação só se complicará! No entanto, também pode ser que você tenha tentado diversas estratégias para se curar. Talvez tenha mudado sua dieta, tenha ido ao médico e até tenha instalado um sistema de osmose reversa. Só que todos seus esforços foram em vão, pois não agiram na origem do problema. O mesmo acontece com a depressão. Às vezes, acreditamos que estamos fazendo algo que nos ajudará, mas, na realidade, não só não nos aproximamos da origem do problema, como nos afastamos dela.

O que achou desses dois exemplos? Você precisa fazer alguma coisa para curar sua gastrite, para mitigar os sintomas da gripe e para que o processo gripal não se complique, estamos de acordo? Não há dúvida quanto a isso, certo? Pois então devemos abordar o tratamento de uma depressão da mesma maneira. Qualquer que seja o tipo da depressão, chega de bobagens e vamos tratá-la como se fosse uma gripe ou uma gastrite.

Uma depressão não é nada mais que uma doença. Terrível, sem dúvida. Menosprezada e banalizada. Mas uma doença. Não a sofra resignado. Não se castigue por uma doença simples, embora devastadora; não tenha vergonha dos sintomas de sua depressão. Pense diferente: temos uma gripe a administrar e uma gastrite a curar.

Entre em ação

Talvez você esteja deprimido há muitos anos, com todas as repercussões sociais, familiares e profissionais. Não podemos perder tempo, vamos começar a trabalhar com um objetivo claro em mente: recuperar a esperança.

Antes de começar, no entanto, permita-me pontuar algo muito importante: não deixe de considerar a necessidade de procurar um especialista para avaliar se você está deprimido e o alcance disso em sua vida. Neste capítulo, vou lhe proporcionar algumas chaves que serão de grande ajuda, mas que não substituem, de jeito nenhum, o necessário diagnóstico e a terapia com um profissional competente. Tenho certeza de que você fará isso, mas, nesse meio-tempo, não podemos ficar de braços cruzados. E podemos fazer muitas coisas. Temos que fazer muitas coisas. Vamos lá?

Explique (de maneira seletiva) o que está acontecendo

Vamos começar avaliando se vale a pena falar com algumas das pessoas com quem convivemos. Sugiro que você analise isso com calma, pois, sempre que for possível, é muito melhor tentar reduzir a pressão exercida pelas pessoas próximas que não compreendem seu estado de ânimo. Às vezes, uma conversa com seus pais, seu companheiro ou seu chefe serve para que eles se conscientizem de que você está sofrendo algo que não escolheu. Às vezes, só às vezes, algumas pessoas são capazes de trocar o *chip* e parar de pressioná-lo. Contudo, é importante avaliar se vale a pena compartilhar a situação, e com quem. Nem todo mundo vai entendê-lo, e, se você já prevê isso, não precisa explicar nada; assim vai economizar tempo e energia que poderá investir de uma maneira mais produtiva.

E o que você deve explicar? Eu o aconselharia a estruturar seu discurso em duas partes; uma parte informativa e uma parte sensibilizadora. Na primeira parte, que é muito importante, diga a seu interlocutor que você talvez esteja deprimido e que quer tirar a dúvida. Pode lhe mostrar o tópico intitulado "Tome distância" deste capítulo e explicar que, ao lê-lo, você se reconheceu na descrição dos sintomas e que quer esclarecer se está realmente sofrendo uma depressão. Mas que, enquanto isso, decidiu entrar em ação e dar alguns passos, entre eles compartilhar suas intenções e dúvidas com pessoas queridas. Explique como se sente e, o que é mais importante, como seu interlocutor faz que se sinta. A essa altura, você chegaria à segunda parte da conversa, na qual a sensibilização é importante. Diga a seu interlocutor o que necessita e o que gostaria que acontecesse, especialmente no que diz respeito à atitude dele, consciente de que é possível que ele não entenda.

Se o resultado da conversa for positivo, maravilha, comemore. Mas, se for negativo, não se preocupe. Entendo que seja decepcionante, já que você esperava que seu interlocutor mostrasse certa empatia, mas não esqueça que, se decidiu falar com ele, é porque até esse momento ele o pressionou ou demonstrou que não entendia sua situação ou suas necessidades. Assim, talvez se trate de uma pessoa que faz julgamentos precipitados e que precisa desenvolver a empatia e a capacidade compassiva. Você tentou, e saber disso é a melhor recompensa. Ao simplesmente tentar, já fez muito mais que muitas pessoas, e nesse ato reside sua coragem.

Redecore sua vida

Vamos redecorar sua vida juntos. O que acha? Você vive em uma casa pequena, escura, sem janelas, úmida e fria, e chegou a hora de ajeitá-la, ou até de se mudar para uma casa nova.

Como já comentamos, estar triste não é incompatível com sentir alegrias pontuais, de modo que precisamos buscar ativamente emoções positivas que nos permitam compensar o que sentimos. Aqui, rege o princípio da praticidade e da compensação. Você pode viver em uma casa minúscula, porém bonita. Abra as janelas, pinte as paredes, decore o interior, troque alguns móveis, e você vai ver que ela deixará de ser a casa que era.

Eu proponho que você elabore uma lista com tudo aquilo de que gosta e que lhe permite mudar seu estado de ânimo. Talvez você tenha que fazer isso acompanhado, porque seu amigo, seu companheiro ou seus filhos podem refrescar sua memória ou abrir sua mente para as coisas que lhe agradam. Vale tudo, desde uma receita até uma escapada romântica de fim de semana. Inclua coisas pequenas e grandes, detalhes, presentes, experiências, pequenos prazeres. Uma vez elaborada a lista, anote cada item em um pedaço de papel, dobre os papeizinhos e deposite-os em uma caixa especial – pode ser uma caixa de sapatos com um buraco, um vaso ou uma urna, mas precisa ficar à mão. No mínimo uma vez ao dia, enfie a mão na caixa e tire um papel e, o que quer que esteja escrito, obrigue-se a fazê-lo imediatamente ou a programá-lo para o quanto antes. Não adie, não deixe para amanhã ou para o próximo mês. Enriqueça sua vida com doses de prazer. Lembre que você está sofrendo uma depressão e que é muito complicado ser capaz de gerar sozinho momentos de prazer se não estiverem programados. Com esse planejamento divertido e espontâneo, você compensará a falta de interesse em experiências positivas.

Redecore sua vida, pinte as paredes, acrescente luz e calor, enriqueça seu dia a dia; sim, seu dia a dia. Você vai ver como a soma de pequenos gestos resultará em uma grande mudança.

Dê o primeiro passo

Tenho certeza de que você tem convites e oportunidades para se divertir. Pense bem! Aquele amigo que sempre o chama para jogar tênis, aquele jantar pendente, aquela mãe da escola que lhe propôs fazer o curso de inglês com ela... Certeza! Mas talvez você esteja antecipando um desenrolar negativo para essas oportunidades. Até gostaria de jogar tênis, mas se acha desajeitado, não tem roupa apropriada, vai errar muito, ficará cansado e com cãibras no dia seguinte. Gostaria de sair para jantar, mas acha que será o mais abatido do grupo, que só você não estará maravilhoso, que o jantar acabará muito tarde, que você ficará de ressaca no dia seguinte, que gastará um dinheiro que poderia usar de outro jeito. Gostaria de melhorar seu inglês, mas prevê uma aula desastrosa, a maior vergonha, imagina toda a classe rindo de você e se vê totalmente incapaz de decorar uma única palavra em inglês. Todos esses pensamentos são delírios negativos. Tudo isso pode acontecer, sem dúvida, mas a verdade é que não precisa ser assim. Sua mente, que está deprimida, entra em ressonância negativa e tinge de negatividade todo seu conteúdo.

Sei que é o mais difícil, mas posso garantir que depois de dar esse primeiro passo, depois de aceitar os convites, você vai ver como se divertiu, como enriqueceu seu dia, como quebrou a monotonia de seu estado de ânimo, e talvez até queira repetir!

Querido leitor, dê esse primeiro passo. Eu sei que é difícil, mas é muito vantajoso, sem dúvida!

Mantenha os delírios sob controle

Tenha muito cuidado com os delírios, pois são verdadeiros mestres do disfarce. "Ninguém me ama." Isso é um delírio de manual! Note que atende ao principal requisito de um bom delírio, pois parece verdade, mas não é. É claro que alguém o ama, mas, se você pensar o contrário, se ficar repetindo que ninguém o ama, acabará acreditando e sentindo a tristeza provocada por um pensamento tão cruel.

"Nunca poderei sair deste poço." Outro delírio! Talvez não seja uma tarefa fácil, nem rápida; talvez você precise fazer muitas mudanças e trabalhar forte internamente e na reestruturação de sua vida, mas a verdade é que pode, sim, sair do poço. Agora, se acreditar que nada do que fizer vai adiantar, é claro que esse delírio injusto provocará sofrimento gratuito.

"Eu deveria me esforçar mais." Mais um! Você se esforça, se esforça muito, e sabe disso. Sair da cama a cada manhã é uma batalha, vencer a tristeza é uma façanha, estampar um sorriso no rosto para buscar seus filhos na escola é uma conquista épica. Acredite, você está fazendo um grande esforço. Se pensar o contrário, estará apenas se torturando e se culpando. Sabia que um dos sintomas da depressão é a falta de energia vital? Se não sabia, agora você sabe. Uma pessoa deprimida precisa investir muito mais energia que uma não deprimida para atingir o mesmo objetivo.

"Minha vida é um desastre." Entrem, pensamentos delirantes, fiquem à vontade! Sua vida não é um desastre, ela é maravilhosa! Você é maravilhoso, continua sendo, mas uma doença cruel decidiu acompanhá-lo e condicionar sua vida. De novo, um delírio injusto está lhe causando um sofrimento gratuito. Sua vida é maravilhosa, mas uma depressão é como um par de óculos escuros que modificam sua visão de tudo que você faz.

Não esqueça: é preciso tomar a rédea dos delírios. Para isso, basta identificá-los, ou buscar o apoio de alguém que lhe proporcione a perspectiva necessária, contextualizá-los como delírios e ignorá-los remetendo-se à realidade – realidade que lhe mostra com dados o que sua mente tenta ocultar.

Recupere o entusiasmo

O entusiasmo é o sal da vida, o filtro que ressalta todas suas fotos, um sopro de ar fresco que reconforta sua alma. É um estojo cheio de cores novas. É o perfume de uma rosa fresca, o canto de um rouxinol e a água do mar banhando seus pés. O entusiasmo tem forma de sorriso, mas de sorriso de uma criança feliz e cheia de vida. É o motor da vida, o propulsor da felicidade e o melhor estímulo para viver intensamente. Quando perdemos o entusiasmo, deixamos de viver e passamos a sobreviver.

O entusiasmo é uma atitude vital, uma espécie de escolha que vai enriquecer sua vida. Se puser entusiasmo em tudo que fizer, você será feliz e curtirá a vida. Viva a vida com entusiasmo! Acrescente uma dose generosa de entusiasmo a sua vida para ser feliz.

O entusiasmo é um impulso que nasce da cognição, do desejo e da esperança. Sem entusiasmo, não conseguimos atingir nossos objetivos. Contudo, para poder sentir entusiasmo por algo, às vezes precisamos querer senti-lo. Viver a vida com entusiasmo requer uma vontade e um desejo, o desejo de curtir tudo que ela nos oferece.

Ao mesmo tempo, o entusiasmo é uma energia extra que tempera seus objetivos e sua maneira de viver. Quando a vontade falha, o entusiasmo empurra. O entusiasmo é o principal motivador que possuímos e atua como um motor que proporciona energia extra nos momentos em que mais necessitamos: o de iniciar uma nova etapa e o de nos manter firmes nos desafios.

Os planos dificilmente dão certo logo de cara. Talvez você esteja deprimido há muitos anos. Quanto mais elevado for um empreendimento e mais extraordinários forem nossos objetivos, mais esforço requererão. Você nunca alcançará uma grande conquista, uma conquista extraordinária, sem uma dose generosa de entusiasmo.

Gosto de imaginar o entusiasmo como os depósitos de energia extra que costuma haver nos videogames de corrida de carros. Sabe do que estou falando? Em muitos desses jogos, existe a opção de gastar um nitro ou um turbo que confere mais rapidez a seu veículo. Às vezes, a corrida está igualada, pau a pau, perto da linha de chegada. Falta pouco. Todos os competidores estão no limite, mas, de repente, você usa esse nitro que estava reservado e *voilà*, seu carro acelera e termina à frente dos demais. Pois o entusiasmo é exatamente isso, uma energia extra que lhe permite ir mais rápido durante um tempo, realizar um esforço, ganhar impulso e se aproximar de seus objetivos. O entusiasmo será a melhor ancoragem de que você poderá dispor para superar essa depressão devastadora.

Todos os dias, ao longo do caminho da vida, você precisa ir alimentando seu entusiasmo. Imagine que você tem uma conta-corrente na qual deposita uma boa dose de entusiasmo sempre que realiza algo que o faz vibrar. Por outro lado, cada vez que você tem uma decepção, sua quantia de entusiasmo diminui. De fato, o que realmente importa é sua capacidade de gerar entusiasmo de forma autônoma. E sabe qual é o segredo para gerar boas doses de entusiasmo? Tomar suas próprias decisões e escolher o caminho que deseja percorrer.

Você já tomou a decisão adequada, está no caminho certo. Sinta isso e alimente seu entusiasmo, esse entusiasmo que lhe dará a energia necessária para superar e esquecer essa etapa de sua vida.

Levante a cabeça

Ninguém tem vergonha de ter uma gripe, nem de ser diabético, nem de quebrar o braço. Ninguém se sente culpado por torcer o tornozelo, por ter dor de cabeça ou otite. Então, por que ter vergonha de estar deprimido? Os transtornos psicológicos nunca vêm sozinhos; sempre vêm acompanhados de grandes doses de vergonha e culpa, que condicionam e pioram os sintomas. Portanto, levante a cabeça, pois você não fez nada de errado. Você não é frágil, não quis ficar deprimido. Não fez nada para acabar deprimido. Não se sinta mal, e não permita que o façam se sentir mal.

Quando alguém lhe disser que também esteve deprimido e que conseguiu sair da depressão, saiba que talvez não tenha sido bem assim. Quem sofreu tanto não pode deixar de estender a mão a quem está passando pelo mesmo sofrimento. Diga adeus a quem não o entende. Não tente se justificar. Quem não entende seu olhar também não vai entender sua explicação. Não esqueça que você deve se concentrar em sua luta contra a doença, concentrando todas suas energias e evitando qualquer coisa que provoque dispersão ou que roube um minuto de seu tempo, pois você precisará dele para si.

Cuide-se, você é importante

Talvez você tenha se esquecido de si mesmo, de suas necessidades e de como é importante se cuidar e se mimar. Quando a depressão controla a mente, uma das primeiras coisas que fazemos é esquecer de nós mesmos, e até nos maltratamos, como uma espécie de castigo inconsciente.

Pois bem, você já se abandonou à deriva do destino suficientes vezes! Cuide-se, mime-se. Tome um banhozinho, lave-se, desfrute a água do chuveiro, receba uma massagem, vá a um balneário, compre uns creminhos, renove seu guarda-roupa, tome sol, tonifique seu corpo, durma e coma bem. Não pense que estou exagerando! Você precisa se amar, se cuidar e se respeitar. Você só tem um corpo, portanto trate-o como ele merece.

Mas você deve cuidar e mimar não apenas seu corpo, mas também sua alma, sua mente, seu coração, seu espírito, chame como quiser. Analise o modo como dialoga consigo. O que você diz? Que mensagens passa? Em qual tom? Analise o que diz e o que não diz. A depressão provoca a piora do autoconceito e da autoestima. Muitos pacientes meus afetados por uma depressão literalmente se insultam, chamam-se de inúteis e se menosprezam constantemente.

Analise o modo como você fala consigo; você deve ser gentil consigo mesmo. Trate-se bem, seja compreensivo com suas necessidades. Não se maltrate, não se castigue. Aprenda a conviver consigo mesmo em paz, respeito e harmonia.

Desenvolva a capacidade de se motivar

A motivação é uma das grandes forças emocionais afetadas pela depressão. Quando você está deprimido, é difícil fazer qualquer coisa, visto que a motivação cai para níveis mínimos. Diante desse sintoma, o melhor que você pode fazer é realizar um planejamento, com calma. Vou explicar. Na depressão, assim como na dor de dente, observamos certos ciclos de melhora e de recaída. Meu melhor conselho é que você aproveite um ciclo de melhora para realizar um planejamento realista que contemple todos os aspectos que deseja trabalhar, como dedicar-se a um projeto, sair com amigos, fazer mais exercício físico, cozinhar mais, gastar melhor seu dinheiro etc. Esse planejamento deve ser conservador e realista, porque, uma vez feito, você terá de cumpri-lo. Quando faltar motivação, recorreremos ao planejamento.

Eu sempre defendi que um planejamento é um guia que pode ser ignorado, se necessário – exceto quando se trata de uma ferramenta terapêutica para gerar o impulso que você necessita caso sua própria motivação não possa fornecê-lo.

Se está pensando em sumir do mapa...

Se em algum momento você pensou que a morte o faria parar de sofrer, que ninguém sentirá sua falta, que estará fazendo um favor às pessoas próximas ou que não vale a pena viver, devo dizer que você está muito enganado. Sei que está sofrendo, que vê tudo escuro e que acredita que será sempre assim. Não posso sentir o mesmo que você, posso apenas imaginar, porém sei que um belo dia tudo isso será passado, que um dia, antes do que imagina, você olhará para trás e verá que foi capaz de superar uma doença terrível.

Pode apostar que, pouco a pouco, você vai recuperar a confiança em si. Pouco a pouco, recuperará todas suas funções cognitivas. Tão logo você comece a trabalhar consigo mesmo, se perceberá saindo do poço, avançando pelo túnel, sentindo-se melhor.

Eu sei que você acha que a morte é uma saída para acabar com sua dor. Tanto sofrimento é insuportável, concordo com você. Mas a morte não é a única saída. Existem outras, e não tão complexas como você talvez imagine.

Não renuncie à vida, pois sua dor é temporária, e sempre, sempre, depois da noite mais escura, o sol volta a nascer. Sempre, sempre, depois da mais intensa tempestade, reina a calma. Sempre, sempre, há um caminho e uma alternativa.

Por onde começo?

- Comece procurando um especialista competente para que avalie se você está deprimido e de que forma isso está afetando sua vida.
- Prossiga explicando a si mesmo o que está acontecendo, sob a perspectiva de uma doença, e avalie se deve explicá-lo a mais alguém.
- Programe atividades que provoquem emoções positivas e cumpra o planejamento.

- Identifique e controle os delírios negativos.
- Enriqueça sua vida e dê-lhe uma guinada motivadora que seja capaz de despertar o entusiasmo, essa energia extra que você necessita.

Como faço isso?

- Afastando a vergonha e a culpa, bem como as pessoas que o fazem senti-las. A coisa de que você menos precisa é alguém a seu lado que não o compreenda, que o julgue e lhe provoque mais emoções negativas.
- Veja a luta contra a depressão como uma batalha contra uma doença qualquer. Para acabar com ela, devemos atacar os sintomas e a raiz do problema.
- Cuide-se, mime-se, não fique mais no fim de sua lista de prioridades, passe ao primeiro plano.
- Reveja seu diálogo interno e dê-lhe um toque de otimismo e, acima de tudo, de respeito por si mesmo. Você é, sem dúvida, seu mais implacável juiz.
- Quando faltar motivação, recorra àquele planejamento que você fez com calma.

Recompor a alegria

O caso de Elsa: quando o corpo não responde

"Bem, você não é carpinteiro; pode pegar uma caneta." As palavras do médico voltaram a retumbar em sua cabeça. Olhou o relógio. Eram três da manhã. A dor provocada pelo peso do edredom a acordara, como toda noite, e, uma vez acordada, sua mente se perdia em pensamentos negativos, misturando a tristeza com a raiva e a dor, uma dor seca e surda, uma dor que apertava sua alma e seu corpo.

Ela não queria uma expiação, nem um diagnóstico, nem uma invalidez, só queria parar de sentir dor, ter de novo a energia que sempre tivera, sentir-se forte e ativa. Não queria correr uma maratona, nem escalar montanhas; conformava-se com poder brincar com seus filhos. Queria poder carregar as sacolas do supermercado, passar o aspirador e não precisar de dois dias para se recuperar, dançar com seu marido e levar seu cachorro para passear no bosque.

Uma lágrima rolou por sua face. Suas pernas doíam. Levantou-se e tomou um analgésico e um sonífero. "Amanhã, quero levantar cedo", pensou enquanto secava uma lágrima. Adormeceu, esgotada de novo.

"Mãe, amanhã você vai me buscar na escola?" Elsa acordou assustada. Que horas eram? Seis e meia. "Merda! Eu só queria fechar os olhos um pouquinho. O dia vai ser um desastre, como todos os outros! Que nojo de vida!", pensou. Elsa se levantou nessa manhã, fez o café da manhã para seus filhos e os penteou. Sentiu-se incapaz de levá-los à escola. Suas pernas ainda doíam. Despediu-se de seus filhos à porta de casa e voltou para a cama. "Vou fechar os olhos por um instante e depois vou me arrumar para buscá-los", pensou. Mas passou o dia todo na cama.

"Meu amor, faça um sanduíche para lanchar e comece a lição de casa que a mamãe já vai."

"Não se preocupe, mami, descanse. Vou fazer de presunto, tá?", disse seu filho ao sair do quarto.

Ela tentou se levantar da cama, mas não conseguiu. Havia passado o dia todo dormindo, porém continuava completamente esgotada. "Não peço tanto", murmurou. "Só quero saber o que tenho e como posso lutar contra isso." Ligou o *tablet* e procurou mais uma vez: "especialistas autoimunes, reumatologistas". Fechou-o. Levantou-se e foi até a geladeira. Pegou uma bebida energética e penteou o cabelo. Não podia deixar seus filhos sozinhos. O espelho refletia uma Elsa cansada, triste, macerada, presa em um corpo que não reagia. Enxugou uma lágrima e foi para a sala, com os braços doloridos pelo esforço de se pentear.

No caminho, esboçou um sorriso. Elsa era uma pessoa positiva, capaz de transformar a adversidade em desafio, capaz de se motivar vez após vez, vez após vez; mas cada nova tentativa era um pouquinho mais difícil que a anterior.

Tome distância

Elsa era uma pessoa alegre e cheia de vida, capaz dos maiores esforços. Havia sido atleta e praticava qualquer esporte que pudesse; trabalhava com garra e com um grande sorriso; além de tudo, sempre encontrava oportunidades para se dedicar a causas sociais. Enfim, era uma pessoa extraordinária, sensível, inteligente e cheia de coragem. Ela não se percebia como tal, mas vivia a vida intensamente, sem se perguntar como era ou como deveria ser.

Entretanto, gradualmente, Elsa foi perdendo a energia. Tornou-se cada vez mais difícil praticar esportes, viajar, sair com os amigos e até, depois de uma longa luta motivada por sua responsabilidade, trabalhar. Os últimos anos de Elsa foram diametralmente opostos a sua identidade, sua energia e suas prioridades. Mal tinha duas horas boas por dia. Não conseguia dormir à noite, e durante o dia não podia fazer nenhum esforço; debatia-se constantemente entre a fadiga e a dor.

Elsa se sentia presa em um corpo que não a representava, que estava cobrando um preço muito elevado em todos os níveis. Para que não mais sofresse, Elsa precisava se conectar com sua identidade, continuar mantendo sua essência e se adaptar às novas circunstâncias em que se encontrava. Continuava sendo a mesma pessoa extraordinária de antes, se não mais; porém ela não se via assim.

Queridas Elsas do mundo, nunca esqueçam, vocês continuam sendo pessoas extraordinárias, continuam sendo, em essência, as mesmas pessoas de sempre. Mas, agora, precisam dosar muito bem suas extraordinárias virtudes e, acima de tudo, conservar sua maravilhosa identidade e preservá-la da fadiga e da dor que estão sempre à espreita.

O tema da identidade é profundamente complexo. Uma coisa é como somos, outra coisa é como acreditamos que somos, e outra ainda é como acreditamos que os outros pensam que somos. E, no fim das contas, resta-nos agir de acordo com o que os outros pensam que somos. Que confusão! Com tamanha complexidade, só há uma coisa a fazer: tomar distância e olhar para a realidade em perspectiva. Então, vamos ao que interessa.

Você é como é. E não se preocupe com como você é, nem como o veem, e muito menos como você se vê. E direi por quê. Porque você não é especialista em personalidade, e as pessoas que o cercam também não são, de modo que seus julgamentos e opiniões não passam disto, opiniões, e uma opinião não é um fato. Não fique se analisando constantemente, não se julgue, nem tampouco dê atenção aos julgamentos ou opiniões de outras pessoas; a única coisa que você conseguirá com isso é sofrer e sofrer.

Elsa se pergunta repetidamente o que seu pai vai dizer. Ninguém entende por que ela passa o dia todo trancada em casa, e seu pai menos ainda. Mas sabe de uma coisa? Você não precisa ter a compreensão das pessoas que o cercam. Não vou dizer que ser compreendido não ajuda, pois sem dúvida ajuda, mas a incompreensão dos outros não deve pesar, até porque poucas pessoas são capazes de sentir uma empatia profunda.

O desejo de ser aceito

O desejo de ser aceito é uma das estratégias mais antigas para controlar e normatizar os membros de uma comunidade. Pense que você nasceu onde nasceu por mero acaso, e que é possível que não se encaixe nesse lugar.

Então, se você não se encaixa em um ambiente determinado, recolha suas coisas e caia fora; você tem pés, não raízes. Não fique onde não é respeitado. Busque seu lugar no mundo, certamente ele existe. Você é único por muitos motivos, mas certamente há um lugar onde se encaixa. Não renuncie a sua idiossincrasia para ser aceito, não renuncie a sua identidade para ser "aparentemente" querido. Quem não o respeita não o ama; quem não o compreende não o aceitará; quem não o aceita não pode estar a seu lado.

A confusão está armada. Temos Elsa sofrendo para justificar o que pode e não pode fazer, sua vida e sua dor, diante de um amplo tribunal de inquisidores formado por pessoas importantes para ela, e presidido por ela mesma e sua desproporcional e descontextualizada hiperexigência. Elsa não para de se perguntar por que não tem energia, por que até o peso de seu cabelo lhe dói, por que não pode levar uma vida normal, por que não é capaz de vencer a batalha contra a dor. Mas tanto faz a resposta! O que realmente importa é o que ela sente, não o que deveria sentir. Você tem que adequar sua vida a suas necessidades? E daí? A quem tem que dar explicações? Pare de se julgar o tempo todo e aceite sua identidade, aceite-se do jeito que é e não pare de crescer. E, por favor, pare agora mesmo de se julgar e se torturar com os "deveria", com os "se", e aproveite os momentos bons que o presente lhe oferecer.

Você sofreu uma mudança dramática na vida, uma mudança que, além de tudo, não escolheu e que tem uma evolução incerta em alguns aspectos e negativa em muitos outros. Mas o que importa é que sua identidade não seja afetada. Se Elsa passar a se ver como uma infeliz desvalida (como era o caso), além das consequências negativas da doença, terá de lidar com um autoconceito negativo, terrivelmente injusto e falso.

Você é muito mais que suas circunstâncias

Uma coisa é sua identidade, e outra bem diferente são suas circunstâncias. Você não é um doente; você é uma pessoa afetada ou condicionada por uma doença. Nunca esqueça que, antes de tudo, você é uma pessoa. Você é uma pessoa, uma maravilha da natureza, um compêndio de virtudes, um recipiente cheio de projetos, um pacote de oportunidades, um sem-fim de possibilidades.

Você é uma pessoa, especial e única. Não confunda o que você é com o que está acontecendo. Só há uma coisa pior que confundir sua identidade com suas circunstâncias: acreditar que os outros o veem exatamente da maneira como você não quer se ver.

Não me canso de repetir a minha filha que ela não deve se importar com o que digam dela. Qualquer pessoa pode formar uma opinião sobre nós, mas essa opinião não tem por que ser necessariamente certa. Opinar é livre, assumir essas opiniões também. E uma coisa que aprendi com o passar dos anos é que as aparências enganam.

Quando Fulano vem falar coisas de Beltrano, está dizendo mais coisas de si mesmo que de Beltrano. Em suma, elimine de sua identidade aquilo que acha que as pessoas dirão de você e, mais ainda, o que elas dizem de você.

Não esqueça...

- Você continua sendo a mesma pessoa de sempre, mas com condicionantes novos.
- Não se preocupe com o que as pessoas digam de você e de sua doença.
- Você é seu pior juiz. Relaxe e pare de se julgar tão duramente o tempo todo.
- Curta os momentos bons que o presente lhe trouxer.
- Você é muito mais que suas circunstâncias, não esqueça. Sua essência transcende em muito a dor e a fadiga que sente.

Pense diferente

Em sua maioria, as pessoas não conhecem a si mesmas; não têm nem ideia de como são. Ao longo da vida, vamos incorporando o que pessoas tão criteriosas quanto a tia que nos ama, a avó que está brava, o professor que se lembra de um aluno difícil, ou o valentão da classe que aterroriza todo mundo afirmam que somos. Nem eu, um esforçado psicólogo, posso saber como você é só de olhar, e uso diversas técnicas e instrumentos para tentar entender e dar forma a sua personalidade, identidade, estilo de pensamento, valores e prioridades. Chegou a hora de pensar diferente. Não importa como você seja, e já vou explicar o motivo.

Você, sua prima, seu companheiro e inclusive eu nos comportamos de maneiras diferentes em função do modo como somos tratados, do lugar em que nos encontramos e até do momento em que estamos. Possivelmente, a pessoa que o está julgando tem uma visão parcial de como você é, e acrescenta a ela uma boa dose de sua própria colheita. Como você vai confiar na opinião dela? Para alguns amigos meus, eu sou o sujeito mais sério que existe, enquanto, para outros, sou um verdadeiro maluco. Sabe por quê? Porque, para os aventureiros boêmios, sou certinho, mas, para os rotineiros estáveis, sou uma verdadeira máquina de novidades e riscos.

Então, como ficamos? Sou um boêmio ou um homem sério? Na realidade, não importa; o que importa não é o que sou, e sim as decisões que tomo. E agora chegou a hora de você me perguntar: suas decisões correspondem a sua identidade? (Você estava pensando justamente nisso, não é? Estava na ponta da língua!) Pois bem, minhas decisões correspondem a minhas prioridades, a meu estado de ânimo no momento da decisão, a meus objetivos, à disponibilidade de recursos, ao contexto, enfim, a uma infinidade de parâmetros.

Queridas Elsas do mundo, vocês são maravilhosas, e é assim que devem se ver. Não há nada de errado em sentir o que sentem. Sim, algumas pessoas não vão entender, mas isso não deve ser motivo de sofrimento.

Sinto muito por você estar sofrendo. Entendo perfeitamente, acredite, entendo. É angustiante não ter um inimigo claro contra o qual lutar, e é por isso mesmo que você deve mudar um conceito-chave. Você não deve lutar contra sua doença, e sim mudar seu ritmo e conviver com ela. Sua vida é outra, mas nem por isso sua essência mudou. Você é muito mais que o corpo que agora a limita, não esqueça. Você é capaz de se recompor e de adaptar sua vida a seus condicionantes. Basta aceitar suas virtudes e suas limitações e trabalhar para que estas condicionem sua vida o mínimo possível.

Ser ou não ser

Uma coisa é como você é, e outra, diferente, é como se comporta. Quantas vezes você pensou: "Nossa, esse não é meu filho"? Se observar seu comportamento, você vai ver que é difícil elaborar uma conclusão que sirva para prever o futuro. O comportamento é multicausal e complexo. Você não se comporta com seus amigos da mesma forma que com seu companheiro, nem se comporta com seus amigos quando está cansado da mesma maneira que quando está descansado. É importante que você procure se conhecer para se entender e desenvolver suas virtudes, e a chave dessa viagem interior reside em dialogar consigo mesmo em vez de se julgar constantemente.

Transforme um determinante em uma influência

Quando sofrer em silêncio por causa de sua identidade, ou quando esta é afetada por uma doença ou um acidente, você precisa refletir muito seriamente sobre seguinte afirmação: o que aconteceu é uma influência importante, mas, por sorte, não é um determinante. Ou seja, sua doença é um elemento importante, pois marcará sua vida e a condicionará, mas não é um determinante, de jeito nenhum, visto que seu destino não está escrito.

Você é como é, mudou, está limitado por um acidente, por uma doença ou por crenças, mas isso não determinará sua vida. Bem, na realidade, pode determinar sua vida, mas só se você permitir. Se acreditar que não pode fazer nada, sua vida girará ao redor de seu problema. Mas, veja, sempre dá para fazer alguma coisa, sempre temos que fazer algo.

Exceto você mesmo, ninguém poderá livrá-lo dessa pesada carga. Quando a questão é recompor a vida, devemos começar procurando o maior pedaço que nos resta e utilizá-lo como ancoragem. E sabe qual é? O de sua própria identidade, o pedaço que o descreve melhor. Muito bem, talvez você mesmo não se conheça. Nossa identidade se forma a partir de retalhos, de desejos de nossos pais, de medos, de esquemas e de ideais. Mas essa identidade não necessariamente tem correspondência com suas virtudes e potenciais.

A maior parte das pessoas não se conhece. Meu trabalho consiste em conectá-las consigo mesmas e com sua verdadeira fortaleza emocional. Procure seu pedaço maior. Como? Você não sabe qual é? Ora, seu pedaço maior corresponde ao enorme potencial que você tem. Por isso, começaremos definindo como queremos nos ver. Mas não como queremos nos ver no futuro, e sim como queremos nos ver agora, no presente.

Problemas de vontade?

Você tem um problema físico que nada tem a ver com a vontade. Sim, você tem dor, cansa-se com facilidade e sofre muito para se recuperar depois de um esforço. Logicamente você está triste, deprimido, cansado, estressado e nervoso, mas, ainda assim, deve entender esse estado como uma consequência, não como uma causa.

No entanto, esse estado emocional (por exemplo, a depressão) e seus sintomas podem complicar seu quadro, de modo que é mais que aconselhável que você se trate especificamente, em vez de se ignorar. Qualquer pessoa que sinta dor ou que veja seus planos diariamente frustrados vai ficar deprimida ou estressada; qualquer pessoa, não se esqueça disso.

Desenvolva todo seu potencial

Lembra-se de Lary León? Lary afirma que estamos todos aqui para uma missão e que temos um objetivo, porém não saberemos qual é enquanto não desenvolvermos todo nosso potencial. Então, mãos à obra: como você quer se ver? O que você sempre quis fazer? Já sabe? Bem, agora, vamos à segunda parte da pergunta, a mais complicada: como você deve adaptar seu objetivo a seus condicionantes atuais?

Elsa sempre quis se dedicar ao mundo da culinária, mas, com o início de sua doença, precisou parar de trabalhar com isso, pois não conseguia acompanhar o ritmo do dia a dia. Depois de ficar abatida e de renunciar a seu sonho, ela conseguiu se refazer e transformar esse sonho e compatibilizá-lo com suas necessidades. Começou a escrever um blog, a seu ritmo, sem imposições, elaborando materiais didáticos e ajudando outros profissionais graças a sua experiência e sensibilidade.

Não há nada pior que a incerteza...

Embora Elsa tenha suportado uma *via crucis* de médicos e a incompreensão das pessoas próximas, inclusive sua própria família, ela não tem um diagnóstico claro; tem que se conformar com um rótulo vago e difuso que a deixa desorientada. Pode ser difícil entender, mas esse é um problema grave que explica a maior parte do mal-estar de Elsa, por dois motivos. O primeiro é que quem tem um diagnóstico, um rótulo ou um nome, dispõe de uma base para informar e justificar seu estado a outras pessoas.

"Você não trabalha?"

"Não, estou lutando contra um câncer."

Pronto, seu interlocutor sabe o que está acontecendo com você, como isso o condiciona e explica o que faz ou deixa de fazer. Quando uma pessoa tem uma explicação clara, um âmbito de referência claro, tem uma ideia do que está acontecendo, e assim não precisa ficar fazendo conjecturas, nem pedir mais explicações, nem sufocar com mais perguntas.

Repitamos a cena:

"Você não trabalha?"

"Não. É difícil de explicar. Não tenho energia, dói tudo. Bem, é complicado..."

"É uma doença?"

"Sim, não, bem, é uma síndrome. Bem, ainda está sendo estudada."

"Mas o que você tem? Como se chama?"

"Bem, tenho que ir..."

Como a cena mudou de figura, não é? Na primeira interação, você sai dela compreendido, admirado e ajudado, como um herói que está travando uma dura batalha. Contudo, da segunda interação, sai desanimado e abatido, chega até a pensar se tudo que está passando não é psicológico; sai triste, sentindo-se sozinho e questionado ou julgado.

O segundo motivo é que, sem ter um âmbito de referência claro, você não se permite dar nome ao que realmente tem, e seu autoconceito e autoestima ficam afetados, o que provoca a piora de seus sintomas. Você não tem um inimigo claro, e, quando não há um inimigo claro, não se sabe em quem atirar. Sem um alvo, sem um objetivo, não temos uma diretriz certa para investir nossos esforços, de modo que vamos perdendo energia em batalhas que não nos ajudam.

Embora não saber quem é o inimigo seja terrível, proponho que você assuma e aceite esse fato. Sei que há certas coisas que você não sabe, mas não podemos pretender controlar tudo. Algumas coisas fogem a nosso controle, outras não podemos nem entender, e muitas não têm nenhuma razão aparente. Muito bem, eu proponho que você mude o foco: da incerteza para a certeza. Não sabemos que doença você tem, como ela vai condicionar seu futuro e como vai evoluir, mas sabemos que você é uma pessoa extraordinária que conserva todas suas virtudes.

Não esqueça...

- Aceite-se e curta o processo de se conhecer e se estudar, no que diz respeito tanto ao que faz, diz, pensa ou sente quanto ao que não faz nem sente.
- Pare de se julgar e comece a dialogar consigo mesmo.
- Transforme seus determinantes em influências. Você consegue!
- Administre a incerteza e o medo.
- Todos nós temos um talento e uma missão a cumprir. Junte seu talento com sua missão e você será e fará feliz.

Entre em ação

Chegou a hora de entrar em ação, de dar o primeiro passo para se reconectar com a vida. Todos nós temos um talento e uma missão, de modo que vamos juntá-los para voltar a viver intensamente; vamos recuperá-los para poder recuperar a alegria de viver.

Recalibrar as expectativas

Começaremos pelo início. Elsa precisa reaprender a criar expectativas mais realistas em seu estado atual. Ela era capaz de trabalhar mil horas, praticar mil esportes e sair com mil amigas, mas isso foi no passado, e o passado já acabou. Se Elsa não for capaz de adaptar suas expectativas a seu presente, sofrerá, pois não dá para viver um presente em plenitude com um pé em um passado aparentemente melhor, nem planejar um futuro atraente.

Nossas expectativas devem ser atualizadas de quando em quando, assim como um sistema operacional ou um aplicativo. Como as expectativas funcionam? Elas são uma espécie de previsão do futuro baseada em suposições que partem de determinado ponto. Vou explicar. Nós sabemos onde estamos, com que recursos contamos e do que somos capazes e, com base nesses parâmetros, atrevemo-nos a levantar algumas hipóteses sobre o futuro. O problema é que às vezes erramos nas expectativas porque nosso ponto de partida não é real.

No caso de Elsa, seu ponto de partida era a imagem que ela tinha de suas capacidades, mas não havia atualizado essa ideia para adaptá-la a seu presente, a seus novos condicionantes; continuava ancorada no passado. Ao criar uma expectativa com base em algo que ela era capaz de fazer antes, mas não agora, a frustração estava dada. Por exemplo, se queria andar de bicicleta, inconscientemente imaginava um passeio baseado nas lembranças do passado. Havia feito o Caminho de Santiago de bicicleta, era capaz de pedalar nas subidas mais íngremes por horas a fio sem se cansar, curtindo paisagens incríveis e uma doce sensação de fadiga compensada por um esforço enriquecedor. Assim, ficava animada para andar de bicicleta, mas, quando saía, via suas expectativas completamente frustradas, pois após somente uma hora de passeio pelo vale já tinha que voltar empurrando a bicicleta, incapaz de continuar pedalando por causa da dor nas pernas. Depois de várias tentativas frustradas, ela decidiu pôr a bicicleta à venda e renunciar a uma parte de sua vida, e tudo isso por não atualizar suas expectativas segundo seu estado atual.

A bicicleta de Elsa

Bicicleta não é só para o verão. A bicicleta é um dos melhores instrumentos que existem para ser feliz. Eu, pessoalmente, adoro todas as bicicletas. Não curto colecionar coisas, mas, se um dia decidisse colecionar algo, seriam bicicletas, sem dúvida.

Adoro as *mountain bikes*, que nos permitem atravessar qualquer terreno, percorrer grandes distâncias e curtir um belo passeio acima das nuvens. Mas também gosto de um passeio tranquilo à beira do mar na lendária *cruiser*, de um deslocamento urbano rápido com uma bicicleta de pinhão fixo ou de descobrir uma cidade com uma Townie.

Falando em bicicletas, um dia acompanhei Elsa a uma bicicletaria, sabendo de seu amor por essa invenção genial. Saímos do consultório para dar uma volta, mas eu tinha um claro destino em mente. Uma vez lá, pedi a um vendedor informações sobre as bicicletas elétricas. Elsa ficou indignada; disse que bicicleta elétrica não era bicicleta.

"Querida Elsa", respondi, "vamos escutar o que este homem tem para nos explicar, e depois avaliar a possibilidade de montar uma pseudobicicleta e curtir paisagens e sensações, ou esquecer e nunca mais andar de bicicleta".

Pois aconteceu o que tinha de acontecer: em menos de uma semana, Elsa já tinha sua nova bicicleta elétrica para curtir longos passeios no meio da natureza graças ao auxílio do motor.

Querido leitor, não renuncie a algo de que gosta se puder adaptá-lo a suas novas necessidades e realidades. Atualize e ajuste suas expectativas, e você será feliz.

Assim, não importa o que você foi capaz de fazer, nem suas conquistas passadas; o que realmente importa é o que você é capaz de fazer agora, e o que necessita para conseguir.

Uma intervenção global e sistêmica

Abordar um caso como o de Elsa requer uma ação conjunta da área física, emocional e social. Elsa precisava reduzir seu nível de ansiedade, que estava condicionando sua energia e sua capacidade de recuperação. O estresse, por si só, não provoca nenhuma doença, mas abre as portas para que se manifestem várias alterações relacionadas ao sistema imunológico, digestivo, cardiovascular, musculoesquelético, respiratório etc.

É importante avaliar a possível ajuda de uma medicação adequada, corretamente administrada e monitorada por um psiquiatra. Existem antidepressivos e ansiolíticos que exercem um efeito colateral na fadiga e na dor associada a esse tipo de síndrome, além de ajudarem a conter a sintomatologia psicológica associada à dor e à fadiga constante.

Não esqueçamos que um corpo estressado e triste como o de Elsa é vulnerável. Por isso, precisamos lançar mão de todos os meios para desestressá-lo. Não esqueçamos que, além da indicação farmacológica, podemos baixar o nível de tensão com outro tipo de recurso, como banhos de imersão, de sol, massagens etc.

Além de proporcionar a Elsa recursos para aprender a criar expectativas mais realistas e adequadas a sua situação, a seu nível de energia e a seu estado geral, complementamos o trabalho psicológico desconectando a fadiga e a dor da autoestima, melhorando o autoconhecimento e proporcionando ferramentas para tomar decisões livres de preconceitos e de pressões externas e internas.

Por fim, era muito importante trabalhar com o entorno. O marido de Elsa e seus filhos precisavam compreender que o que ela sofria nada tinha a ver com vontade ou falta de vontade; que Elsa sofria algo que os médicos e a ciência desconhecem e que decidiram catalogar como síndrome de fadiga crônica e fibromialgia; que essa síndrome é parte de doenças desconhecidas ou mal diagnosticadas e que são agrupadas por seus sintomas. Enfim, que não é que Elsa não queria, é que não podia. Outra coisa que eles deviam levar em conta era que deveriam aproveitar quando Elsa estava bem para fazer coisas juntos e deixá-la descansar quando precisasse. Talvez precisassem aprender a fazer algumas atividades sozinhos, ou adaptá-las, mas, quando ela estivesse bem, deveriam aproveitar para viver.

Recuperar a energia

Se quiser recuperar o máximo de energia possível, você precisa adequar sua vida a suas necessidades. Aqui vão alguns conselhos:

Simplifique sua vida para poder se concentrar no que realmente importa

Para isso, a primeira coisa que deve fazer é analisar o que é realmente importante em sua vida. Comece redefinindo suas prioridades e seus objetivos. Discrimine o importante do secundário e aquilo que exige sua atenção do que não. Como você já não pode estar em todas as batalhas, precisa distinguir as que merecem sua atenção e energia das que não.

Reconsidere se o que você faz tem algum sentido

Reconsidere todas suas tarefas e rotinas diárias para ver se faz sentido continuar fazendo essas coisas, ou se chegou a hora de dar uma guinada na vida. Delegue tudo que puder. Eu lembro que um de meus melhores conselhos a Elsa foi que programasse uma ida à Ikea para comprar edredons. Para ela, pôr o edredom dentro da capa deveria ser considerado esporte olímpico! Essa tarefa, que ela repetia semanalmente, podia ser eliminada por completo, já que agregava muito pouco valor. Elsa comprou um jogo duplo de edredons para todas as camas da casa e guardou todas as capas; assim, todos dormiam cobertos com os edredons, e, uma vez por semana, ela arrumava a cama com um edredom limpo e jogava o sujo na máquina de lavar. Acabaram-se as capas e o esforço adicional.

Reveja você também suas tarefas e elimine todas aquelas que não agregam valor. Não esqueça, o objetivo é guardar energia para o que realmente importa.

Aprenda a viver em um ritmo diferente

Muitas pessoas afetadas pela fadiga e fibromialgia têm em comum o fato de terem sido muito cheias de vida e energia antes do surgimento da doença. Se for esse seu caso, você precisa aprender a viver a um ritmo diferente. Reveja suas conclusões, pois é comum chegarmos a uma conclusão equivocada e sem sentido depois de sofrer. No caso de Elsa, depois de tentar em várias ocasiões, ela acabou decidindo nunca mais andar de bicicleta. Grande erro! O problema não era a bicicleta; ela precisava mudar algumas coisas para poder continuar andando de bicicleta. Não renuncie; adapte, modifique e mude.

Faça as atividades em seu ritmo

Você pode passear, mas faça passeios curtos e que lhe permitam parar para descansar ou voltar quando quiser. Pode sair à noite, mas aprenda a identificar a hora de voltar para casa. Pode brincar com as crianças, mas tenha alguns brinquedos preparados para que elas possam se divertir sozinhas. Não renuncie a nada, apenas imponha a sua vida o ritmo de suas possibilidades.

Lembro o caso de uma pessoa que amava a montanha, mas que não podia continuar fazendo as excursões de que tanto gostava. Então, eu a aconselhei a comprar um 4x4 conversível, uma mesa de piquenique e uma câmera fotográfica e ir para a montanha. "Nossa, ir para a montanha de carro é um pecado", foi sua reação. "Experimente, e depois me conte", falei. E então a pessoa reaprendeu a curtir, a seu ritmo, uma das paixões às quais havia renunciado.

Quebre o ciclo vicioso de emoções negativas

As emoções negativas retroalimentam a fadiga e a dor. Para quebrar esse ciclo, inclua emoções positivas em seu dia a dia, busque-as e programe-as, pois elas o ajudarão a compensar as emoções negativas. Como comentamos em outro capítulo, tire a água do barco, saneie sua conta-corrente emocional, compense o sofrimento com experiências positivas.

Interiorize a ideia de que sua fadiga e sua dor não têm nada a ver com sua vontade. A mente não pode tudo nem é causa de tudo que acontece com você. Eu odeio com todas minhas forças aquelas pessoas (médicos e psicólogos, inclusive) que fazem um diagnóstico amplo, nada específico, dizendo que o que você tem é psicossomático, uma depressão ou uma ansiedade. Alguns profissionais, quando não sabem explicar algo, dizem que tem origem psicossomática e assim transferem ao paciente uma culpa e uma responsabilidade que este não pode nem deve administrar. A verdade é que precisamos continuar investigando milhares de doenças mais ou menos frequentes, mas que não conhecemos detalhadamente.

Aprenda a se conhecer, a conhecer esse novo corpo que está lhe pedindo que imponha um ritmo mais pausado

Escute seu corpo e suas necessidades. Identifique os sinais de esforço excessivo para poder descansar. Lembre que possivelmente sua capacidade de recuperação está afetada. Qualquer esforço vai custar caro; faça só o necessário. Talvez você tenha que aprender a dizer não, a evitar se envolver tão ativamente em tantas atividades e a racionar sua energia. Primeiro pense em si e depois nos outros, porque, se você estiver bem, os seus também estarão.

Qualquer ocasião é uma oportunidade maravilhosa para recomeçar. Na segunda-feira, amanhã, este mês, em setembro, depois das férias ou agora mesmo. Não fique desejando levar a mesma vida que tinha antes. Sua vida mudou, talvez de maneira irreversível. Sugiro que aceite isso, pois esse é o primeiro passo para começar a construir uma nova vida mais compatível com suas necessidades.

Sugiro que redefina sua vida em função de suas necessidades e que envolva o resto de sua família e as pessoas próximas. Vocês não precisam fazer todas as atividades juntos; talvez possam ir a um parque temático, desde que haja a possibilidade de ficar em um hotel dentro do parque, para que você descanse quando precisar. Talvez vocês possam ir juntos à montanha, mas não precisam fazer uma maratona. Querido leitor, você tem duas conversas pendentes: uma consigo mesmo e outra com sua família.

Ignore o que as pessoas dizem

Dependemos em excesso da opinião externa, da aprovação das pessoas próximas e do reconhecimento de outras que mal conhecemos. Nós nos comparamos para ter uma referência, uma medida, mas essa referência é absolutamente falsa e distorcida. Tomamos como referência uma medida que não indica nada e organizamos nossa vida em função de um constructo irreal. Sofremos, ficamos irritados e deprimidos por algo irreal, mas que damos por certo.

Considere suas próprias necessidades

Você tem direito a isso. É comum antepormos as necessidades de todos às nossas. Grande erro. Como se não bastasse, quando satisfazemos nossas próprias necessidades, sentimo-nos mal, culpados e egoístas, como se estivéssemos fazendo algo de errado. Já passou por isso? Sabia que o principal mecanismo de controle de uma pessoa egoísta é fazer sua vítima se sentir egoísta quando esta pretende fazer algo por si mesma? Se pensar bem, você concordará comigo que, ao satisfazer suas próprias necessidades, ficará com um humor melhor e suas interações com as pessoas próximas serão mais enriquecedoras e prazerosas.

Solte o lastro

Pare de se perguntar repetidamente como você é e como deveria ser e concentre sua atenção no que está fazendo, livre de julgamentos e interpretações. Aproveite o presente, saboreie o que estiver fazendo, pare de se torturar, de examinar e de questionar. Elimine de seu dia a dia as dúvidas acerca de sua identidade, de sua doença e de seu futuro. Limite-se a fazer, a sentir, a falar, a curtir... Coloque todos seus sentidos no que você estiver fazendo e vivendo e, quando uma dúvida ou um pensamento intrusivo assaltá-lo, convide-o a se retirar, como já vimos em um capítulo anterior.

Seu corpo se cansa, sua mente também

Subestimamos o efeito da fadiga mental em nosso dia a dia. Quando sua mente se cansa, passa a funcionar pior; e, sim, nossa mente tem capacidades finitas. Aprenda a identificar quando sua mente está cansada e a ver uma luzinha verde ou vermelha em função de seu estado mental. Uma mente cansada é pessimista e negativa, toma decisões piores, perde a criatividade e é tendenciosa. Quando sua mente estiver cansada, dê-lhe repouso e não tome decisões nem tire conclusões. Aproveite os momentos de lucidez e de luzinha verde para escrever mensagens para si mesmo, para ler quando sua mente estiver com a luzinha vermelha acesa, dominada pelo pessimismo e pela fadiga. Assim, você terá um ponto de ancoragem que lhe permitirá se recalibrar e não cair no poço da negatividade.

Troque seus sonhos por experiências

Vou ser franco com você. Não sabemos por quanto tempo estaremos aqui, cheios de energia e com capacidade para fazer o que quer que seja. Tanto você quanto eu. Eu, pessoalmente, há muito tempo decidi transformar meus sonhos em realidades e experiências. Sempre me imaginei vivendo na montanha. "Quando me aposentar", pensava. Pois no ano de 2013 me mudei para La Cerdanya, um lindo vale no coração dos Pirineus. Não foi difícil nem fácil. Foi trabalhoso.

Portanto, não deixe para amanhã o que você pode viver hoje. Vi casos demais de pessoas que jamais poderão realizar seus sonhos, seja por uma doença, por um acidente ou por obra do acaso. Viva o presente, discrimine seus sonhos românticos daqueles que realmente quer viver e vá atrás destes.

Por onde começo?

- Aceite que sua vida mudou e que você precisa reorganizá-la.
- Recalibre suas expectativas e ajuste-as a suas novas circunstâncias.
- Tenha uma conversa consigo mesmo e com sua família.

Como faço isso?

- Realize uma abordagem global, sistêmica, planejada e estruturada.
- Simplifique sua vida ao máximo.
- Reveja o sentido daquilo que está fazendo.
- Incorpore o conceito de troca de marchas para adaptar seu ritmo a suas necessidades.
- Leve em conta suas próprias necessidades.
- Solte o lastro.

Conclusões

Mottainai, a arte de se dar uma nova chance

– Mottainai! – *gritou Chojiro.* – *Nunca desperdice algo que é valioso!*

Estamos chegando ao fim de nossa conversa. Confesso que procurei imaginá-lo, dialogar com você durante muitas horas, durante todas as que passei escrevendo, desenhando e pensando no conteúdo de *Kintsugi*. Eu o levei aos mais altos cumes, a verdes prados e sonoras correntezas; você me acompanhou entre marmotas e camurças, ao sol e à sombra, no bosque e no lago, em todos os lugares onde escrevi o livro que agora termina.

Eu o imaginei quebrado, mas também o imaginei se recompondo, lutando para sorrir de novo, para dar esse passo à frente, para viver de novo intensamente a vida, nossa mais valiosa posse. A vida, nossa vida. Sua vida. Não dê sua vida a ninguém. Divida-a, se quiser, mas não permita que ninguém a roube, nem deixe de viver por quem quer que seja. Você só tem uma vida, e tem a obrigação de vivê-la intensamente. Talvez tenha chegado a hora de avaliar se está vivendo sua vida, a vida de outra pessoa ou a vida que querem que você viva.

Não desperdice algo tão valioso: sua experiência e sua vida. Você pode ter sofrido, mas também se reconstruiu. Se aprendeu com aquilo que viveu, você possui o mais valioso dos conhecimentos: a experiência. Essa experiência que viveu lhe permitiu crescer e ser mais forte. Agora você está mais bem preparado para viver, tem mais recursos, conhece-se melhor e sabe do que é capaz. Não desperdice essa pérola em forma de conhecimento e experiência; mas de maneira alguma guarde-a no baú das recordações: mantenha-a sempre bem presente. Não desperdice sua experiência, aquilo que demonstra sua fortaleza emocional.

Eu o convido a se unir à filosofia *mottainai*! Bem, devo confessar que não encontrei referências a uma filosofia *mottainai* como tal, e não terei a presunção de criar um novo conceito filosófico, mas, de qualquer maneira, permita-me utilizar esse conceito japonês para ilustrar a atitude que você deve ter e encerrar este diálogo de páginas, emoções, confissões, recursos e casos.

Mottainai se refere ao conceito de dor e tristeza que sentimos quando perdemos um recurso (material ou não) de grande valor, como um ensinamento, o tempo, uma experiência, um sonho, uma emoção, uma ideia ou até mesmo um pensamento. Por outro lado, *mottainai* também tem uma acepção positiva, que é a motivação para aproveitar, para dar-se uma segunda vida ou não desperdiçar aquilo que é valioso (de novo, material ou não). Bem, não sei se você tem essa motivação, ou se eu a estou dando. De qualquer maneira, se for capaz de ver que está perdendo algo valioso, será capaz de fazer algo para evitar essa perda; ou, no mínimo, aproveitará o ensinamento, a experiência ou a vivência.

Agora você sabe o que significa o termo *mottainai*, mas não basta saber. Não será o conhecimento que o ajudará a viver a vida que deseja, e sim sua aplicação prática. Às vezes, acumulamos dados, lemos e nos documentamos, mas não entramos em ação. Pior: ignoramos precisamente o motivo dessa inação. É como se tivéssemos medo de ter uma nova chance, de empreender uma nova vida, de nos dar uma nova vida. Pois você está enganado! Você tem direito a se dar uma nova chance, a começar de novo. Você não começará do zero; começará mais sábio, com tudo que aprendeu. A vida é uma sucessão de quedas e de voltas. Você vai cair, tudo bem. Vai se levantar de novo. Cairá repetidamente, muitas vezes, mas isso não importa. O que realmente importa é que se levante a cada vez.

A chave está na educação

No futuro, haverá grandes mudanças na educação. Eu estou trabalhando para que os professores e as crianças aprendam a se conectar com sua fortaleza emocional; participo de congressos e de grupos de trabalho, tenho uma linha editorial voltada para a sensibilização e crio material didático para que as crianças de hoje sejam futuros adultos saudáveis, equilibrados, fortes e capazes de se reconstruir diante de uma adversidade.

Minha proposta, meu cavalo de batalha, é que a educação emocional seja trabalhada em profundidade nas escolas, de uma maneira transversal e a cargo de docentes especialistas. Inclusive, tomei a liberdade de propor um temário baseado no ensino, desenvolvimento e aplicação das competências emocionais como unidades didáticas. Temos que sistematizar a educação emocional nas escolas, e não relegá-la ao interesse de um determinado professor ou ao trabalho transversal não definido.

Temos muito trabalho pela frente, precisamos ensinar muitas coisas a nossos alunos e filhos. Ensinemos os jovens a dominar as competências emocionais. Dizemos sem parar às pessoas o que têm de fazer, mas não somos capazes de lhes dar diretrizes concretas ou dizer como fazer. À frustração de não saber como fazer, somamos a de se sentir culpado por não fazer algo que parece tão fácil.

Enfim, preparemos nossos jovens para a vida, para transformar a adversidade em um desafio, para se levantar tantas vezes quanto caírem, para aprender com o que viveram, para que tenham um *ikigai*, para que sejam capazes de se recompor e, acima de tudo, para que tratem com amor e respeito tanto a si mesmos quanto as pessoas próximas.

É tarefa de todos educar nossos jovens, de todos. É uma responsabilidade compartilhada. Nossos filhos, nossos jovens estão nos observando constantemente, e nós não podemos deixar de ser uma referência sadia para eles.

Agradecimentos

Nossa vida é como é graças a todas as interações que temos; interações, todas elas, que conformam meu universo, minha mensagem e meu dia a dia. São muitas as pessoas que tornaram possível que este livro esteja em suas mãos. Não quero esquecer ninguém, nem estabelecer um *ranking* de contribuições (você já sabe que não gosto de competição), mas, de qualquer modo, sei bem por quem começar meus agradecimentos.

Você, querido leitor, faz parte de minha vida. Quero lhe agradecer por ter decidido que em *Kintsugi* poderia encontrar uma ajuda para se recompor, por confiar a mim tão delicada tarefa e por me ter presente em seus momentos mais difíceis. Meu respeito, meu reconhecimento e meu agradecimento é para você.

Obrigado também a todos os leitores de meu primeiro livro. *Fortaleza emocional* foi o resultado de um tímido sonho que veio ao mundo discretamente e com a humildade de quem não sabe o que o espera. Vocês, queridos leitores, acolheram meu sonho, deram-lhe segurança e o fizeram grande, consolidando-o e valorizando-o. Muito obrigado.

O que começou sendo uma aventura ousada é, hoje, uma estratégia consolidada com um firme compromisso de futuro graças a todas as pessoas que trabalham para formar uma grande equipe. Obrigado a Anna, Laia, Eugenia, Elisabet, Octavia e Marcela. Sempre imaginamos que por trás de grandes conquistas há uma grande equipe de pessoas, mas, neste caso, é surpreendente ver as coisas que pode fazer uma pequena equipe formada por grandes pessoas.

Obrigado a todas as pessoas que compartilharam comigo suas experiências, a meus pacientes e a meus amigos. La Cerdanya é uma zelosa guardiã de mil histórias, que, digeridas e camufladas, formam o conhecimento que aqui registro e compartilho. Sem vocês, sem suas confidências, sem suas histórias, meus leitores se sentiriam mais sozinhos, mais incompreendidos, mais isolados. Sua valiosa contribuição permite ilustrar que, em muitos casos, aquilo que passamos é frequente, que não estamos sozinhos e que não somos estranhos.

Queria agradecer a todas as pessoas que conheci e que decidiram que queriam me ajudar a fazer meus conhecimentos e experiência chegarem a mais pessoas. Obrigado a Quim, Jorge e María, da Televisión Española; obrigado a Saúl, Albert, Carme e Arnau, Marta e David, Espartac e Xavi, Susanna e Elvira. Obrigado a todos os jornalistas que emprestaram suas redações, microfones ou câmeras à difusão da psicologia com o objetivo de melhorar o bem-estar emocional das pessoas.

Por fim, desejo expressar minha mais profunda gratidão a uma pessoa que me emprestou seus conhecimentos de ceramista para que eu pudesse dar forma a meus relatos; uma pessoa que vi tornear um pedaço de barro até transformá-lo em uma delicada peça de *raku*; uma pessoa capaz de, com suas mãos, transformar em arte tudo que faz, seja comida, cerâmica ou crochê. Querida, aceite meu discreto agradecimento em sintonia com seu discreto passar por esta vida, tentando fazer o mínimo de barulho possível. Obrigado a você e obrigado a seu companheiro esforçado e inteligente, provocador de grandes sorrisos, intendente genial, narrador de notícias espetacular e divertido, e companhia loquaz e nobre. Minha vida é melhor graças a sua companhia.

E, para as pessoas mais próximas de mim, só tenho palavras de gratidão, pois foram elas que me inspiraram a cada dia, que me emprestaram seu fôlego quando o meu faltou, que me facilitaram sempre que puderam a laboriosa tarefa de escrever um livro. Núria, minha esposa, a pessoa com quem qualquer caminho se transforma em uma aventura, e Alicia, uma fada provinda das montanhas do norte capaz de fazer magia só de sorrir. Tenho muito a aprender com Núria e Alicia. Ambas são extraordinários exemplos de superação, de luta e de bom humor aplicado ao dia a dia. Elas já sabem, mas eu gostaria de ser como Núria, e, quando crescer, como Alicia. Elas já sabem, mas, se minha vida é maravilhosa, é porque tenho duas pessoas maravilhosas ao meu lado.

La Cerdanya, setembro de 2016